文化情報資源と図書館経営

新たな政策論をめざして

柳 与志夫
Yanagi Yoshio

勁草書房

刊行に寄せて

田村　俊作
（慶應義塾大学教授）

柳さんと初めて会ったのは、国立国会図書館が関西館構想のための各種調査の一環として、全国の公共図書館の将来構想（ビジョン）の調査を糸賀雅児さんと私に依頼に来たときだから、もうかれこれ二五年以上も前のことになる。春山明哲さんも交え、三田の中華料理店で四人で調査のあれこれについて打ち合わせたことを思い出す。

その後、私が国立国会図書館に客員調査員として通うようになると、国立国会図書館内でしばしば顔を合わせることになった。ときには館内の喫茶室でコーヒーを飲みながら、四方山話に興じた。国立国会図書館をはじめとする図書館について語ったのは無論だが、話が哲学や美術に及ぶと、その造詣の深さに驚いたものだった。やがて付き合いは館外に及び、今度は柳さんが大変なグルメであることに気付かされることになった。柳さんにお店を選んでもらえば間違いがない、と考えているのは私だけではあるまい。

関西館の建設がはじまるころ、柳さんは私が所属していた図書館研究所に異動してきた。当時、図書館研究所が担っていた図書館に関する調査研究機能をどのように存続させれば良いのかが問題となっており、故・平野美恵子所長の下、互いにアイディアを出し合って検討を重ねた。結局調査研究機能は関西館に移り、図書館研究所が廃止されたことにより、私の国立国会図書館通いも終わりを迎えた。

その後しばらくの中断期間を経て柳さんと再び関わりを持つようになったのは、柳さんが千代田区に出向してからである。ここで柳さんはさらにまた新たな顔を見せることになる。区役所の新築移転に伴い移転することになった区立千代田図書館の構想から開館後の運営に至る迄を担ったのだ。図書館員や区の職員の他に、区議会議員、古書店主、神田の街おこしに関わる人たち、国立情報学研究所、図書館関係者などの協力を得て、柳さんは骨太で筋の通った構想を立て、構想に肉付けをしていった。私は構想からその実現に至る過程にそれほど関わったわけではないが、それでも柳さんが多様な知識と能力を持つ人々を巧みに組織化し、その知恵を千代田図書館の構想に組み込んでいこうとしていることは理解できた。

こうして千代田図書館は完成し、評判を呼んだところで、柳さんは国立国会図書館に戻って今日に至っている。現在の柳さんは、単に図書館に留まらず、美術館、博物館といった文化情報資源の利活用を実現するためのさまざまな制度整備や実験的なプロジェクトに関心を持ち、関わっているように見える。政策に目を向けている分、交遊の範囲も一段と拡がっているようだ。

こうしてみてみると、柳さんの図書館職員としてのしごとは、同じ道筋の中で拡大深化を遂げてきているように思われる。その方法は、図書館情報学を中心とする学問的な成果を十分に意識しつつ、具体的な取り組みについて構想を立てて、関係者と共にその実現をめざす、という理論的演繹的な方法である。これは私の方法、つまり、現場で働いている人々の声の中から、現場の可能性を開いて行く方向を考える、というやり方とは正反対であるが、それだけに、私は柳さんの方法を高く評価し、その成果に注目している。図書館をはじめとする文化情報資源の可能性を理詰めで考え、したたかな計算の下で新しい制度やサービスを設計することは、とかく因習に捕らわれがちな現在の「業界人」におしなべて欠けている姿勢であり、それだけに貴重である。経営に論理を持ち込もうとする柳さんが、因習を思い起こさせる歴史に興味を示さないのも、いかにも柳さんらしい。

本書に収録された論考は、そうした柳さんの知的な歩みの記録である。これはこれで歴史的な展開を遂げているように見えるのは柳さんのスタイルには合わないかもしれない。しかし、その方法は恐ろしいほど首尾一貫していて、常にその時々の学問的・知的な成果を踏まえて、文化情報資源の利活用に関わる理論的考察を行なう、というものである。つまりは歴史的展開と見えるものも、理論的考察の拡大・深化として読むべきなのだが、公共図書館経営に関わる初期の論考や、図書館のマーケティングやPRに関する中期の論考も、今日なお理論的意義を失っていないのは、さすがに論鋒鋭い柳さんである。

本書は図書館経営と文化情報資源政策に関するわが国初めての理論的な論集である。そのようなものとして、広く文化情報資源に関心を持つ人々に私は一読を勧めたい。

文化情報資源と図書館経営——新たな政策論をめざして／目　次

目　次

第Ⅲ部　図書館経営を支える機能

第Ⅳ部 新たな政策論への展開

第Ⅰ部　図書館経営論の思想的基盤

第Ⅰ部　まえがき

図書館経営論は、当然ながら図書館の存在を前提としている。それでは、その図書館とはどういうもので、知識世界全体の中で今後どうあるべきなのか。その社会的意義はどこにあるのか。そうした原理的な問題を考えた論考を三点ここに並べた。

最初の第1章は、図書館界では図書館サービスや運営上の最後の拠り所的な扱いをされている「図書館の自由」について、具体的事例紹介やイデオロギー的主張の多さに比べて、自由概念そのものを政治的・社会的・経済的文脈の中で図書館の使命と関係して論じたものがほとんどないことに不満を感じて、小泉徹氏との共著として書いたものである。

第2章は、従来の物理的形態の資料に加えて、ネットワーク情報資源（今ならインターネット情報源という方が一般的だろう）が、図書館で扱うべき資料・情報資源として登場してきた執筆当時の状況を受けて、図書館が対象としている情報・知識の性質を原理的に考えてみようという趣旨で書いた。ここで言及したテクストとコンテクストとの関係など、改めて現在の状況で考えてみたい気がしている。

第Ⅰ部最後の論考である第3章は、公共図書館の「公共性」とは何か、というもっとも基本的な問題を考えようとしたものだが、まだ萌芽的な概念を提示することにとどまっている。公共的知識基盤の形成は、現在の私の関心領域である文化情報資源政策にとっても中核的課題であり、今後も取り組みを続けたいと思っている。

最初の「図書館の自由――その根拠を求めて」から三番目の「公共図書館の経営――知識世界の公共性を試

す」までの間に二〇年以上の時間が経過しているが、「公共図書館の経営」の最後（本書　五二頁）で、図書館の公共性の保障における「図書館の自由」の意義について触れていることに今回改めて気がついた。その意味で、当初からの発想を一貫して考えてきたように思う。読者には最初から順番に読んでいただけると幸いである。

第1章　図書館の自由——その根拠を求めて

出典：『現代の図書館』二三（二）、日本図書館協会、一九八五年六月、一〇七—一一七頁。小泉徹氏との共著。

——この長い年月のあいだ、私の自由意志はどこにいたのでしょうか——
アウグスティヌス『告白』山田晶訳

序

「図書館の自由宣言」採択三〇年にあたる一九八四年初頭、品川区立大崎図書館で「図書館の自由」をめぐって半年以上にわたって問題が紛糾していることが、新聞報道によって明らかになった。区議会議員のひとりが社会科学系図書の収集が偏向しているとして、蔵書リストの提出をもとめたのが事の発端である。職員組合は、これは「図書館の自由宣言」のいう検閲にあたるとして反発したが、議員は区民の税金が使われている以上、その使い方を調査するのは当然であるとの態度をくずさなかった。結局、区議会事務局に蔵書リストを提出するということで一件落着したが、(1)大崎図書館の例は、かなり大きな問題を含んでいることがわかる。すなわち住民（代表）の知る権利は、「図書館の自由」とどのような関係にあるのか、という問題がそれである。

ところが「図書館の自由」という理念はいまだ必ずしも明確なものとはなっていない。確かに、「図書館の自由」をめぐっては、多くの文献が書かれ、判断の材料として提供されてきた。しかしそれらの文献の多くは、「図書館の自由」をめぐって問題が生じたときいかに対処すべきか、そしてその場合根拠となる判例は何か、あるいは「図書館の自由」は言論・表現の自由からいかに発展してきたか、といった問題に関心を集中させており、「図書館の自由」とは何か、という基本的な問題提起には必ずしも充分にこたえていない。(2)

小論は、「図書館の自由」をめぐる論点を整理するとともに、「図書館の自由」を複数の自由の理念型《モデル》との関連の中で考察することを目的としている。むろんそれは「図書館の自由」とは何か、という問題提起に包括的な解答を与えることにはならない。しかし「真理はもし反論されることがないならば、ドグマや偏見に堕落してしまいがちであり、人びとはやがてそれを生きいきとは感じなくなってしまう」(3)と言われている。また「自由と生を享受してしかるべきは、日々それを贏《か》ち得ねばならぬ者のみ」(4)とも言う。したがって「図書館の自由」が真理であり、また否定しえぬ権利であるとすれば、それは挑戦されることによってのみ成長してゆくものであろう。小論はそのささやかな挑戦の試みである。

1　日本における「図書館の自由」論の系譜

以下では、これまで日本でどのように「図書館の自由」が論じられてきたかを、事例・判例紹介、中立論、学習権及び知る権利論の三つの典型的議論に分け、その背景を考えながら特徴と問題点を指摘したい。特にそこでは「中立性」「学習権」「知る権利」等の分析概念とそれをささえる論理の批判的検討が中心となる。

(1)　事例及び判例紹介

日本に先んじて近代的図書館が成立し、「図書館の自由」に関する豊富な事例を蓄積している欧米図書館の事情紹介が多くの人により絶えず行われてきた。例えば、大滝則忠はアメリカ合州国中心の事例を系統的に発表している。[5] それらの論評は、米国公共図書館員の検閲観の歴史的変化の調査、自由侵害の事例紹介、さらに侵害に対して起こされた訴訟（特に蔵書をめぐって）に裁判所が示した判例を紹介するなど、今後同じような問題が日本で生じた場合の参考となることを意図している。またそこでは特に憲法判断に関わる知的自由の問題に遡って「図書館の自由」を考えるための素材が提供されている。

こうした事例を蓄積し、整理することは、日本の場合も含め今後とも必要であろう。しかし、それが英語圏に偏るのではなく、独自の図書館の伝統を持つフランス、ドイツ等の事情も紹介されることが望ましい。そしてその場合、政治・経済・社会的また文化的背景の分析と比較が伴わなければ、日本の社会風土における「図書館の自由」を考える参考にはなりにくい。合州国で裁判になることが日本でなぜならないのか、あるいは将来はなりうるかを問題にしなければならないであろう。各事例の紹介は、以下に述べる議論の多くに影響を与えているが、それはあくまで材料の提供にとどまっており、そこから何を問題点としてとり出し、論じるかにその価値がかかっていると言えよう。

(2)　中立論

この立場は、「図書館の自由」の基盤をその中立性に求めるもので、山下信庸がその考えを代表するひとりである。山下は図書館機能の本質が、偏りのない資料収集と利用者への提供という意味での中立性にあると考える。したがって、「資料収集の自由の根拠は、収集する資料が中立性を確保できているか否かで決められる」(6)のである。それが、当然偏ることもある「個人の自由」と、「図書館の自由」との違いである。中立性を重視する根拠として山下は、利用者の知る自由を主眼として図書館がサービスを行えば、その蔵書構成は一方に偏り、利用者が知ることを欲しない、あるいは知ることができない資料へのアクセスが保証されなくなる可能性が生じることをあげている。つまり現在の需要だけでなく、将来必要とされるかもしれない資料を収集することが図書館にとって重要なのである。図書館ができる限り様々な考えを代表する資料を収集し、提供することが中立性を意味するとすれば、それは利用者の「知る自由」よりも、著者や出版者の「表現の自由」をより本来的な自由と考えていることを示している。事実、山下は、「利用者の『知る自由』に迎合するあまり、本来の表現の自由を守ることが手薄となり、『中立的』立場に破綻を生ずることになれば『図書館の自由』の理論的根拠は崩壊するだろう」(7)と述べている。

したがって、「図書館の自由」とは、あくまで図書館の中立性を守るために言わば二次的に存在するというのが、中立論の基本的な「自由」理解と言ってよい。ここにはふたつの点で問題がある。ひとつは、「自由」と「中立」の概念に、ある混乱が生じていることである。一方で「中立を守るため自由が必要である」と考え、他方で「収集・提供の自由をささえるのは中立性である」とするとき、それは一種の同義反復に陥っている。ある程度内容が明示されている「中立性」に対し、それに依拠する資料収集の「自由」や、提供の「自由」は決して明確化されてはいない。あえて言えば、そこでは「自由」が中立性を言いかえたものにすぎず、独立した概念とは考えがたいのである。

第二に、この中立性という概念自体、特に蔵書構成や資料提供について言われるとき、概念としては成立しても現実に有効性を持つだろうか。つまり「中立」がここでは、例えばある問題に関して考えられるあらゆる観点・立場の資料を集めると言うように観念的・静的にとらえられ、普遍的立場のごとく理解されている。しかし、実際には中立は現実の諸関係の中で言わば事後妥協的に決定されるものであり、事前に何があらゆる立場・観点かを知ることはほとんど不可能である。この意味で、山下は中立を動的にではなく、あまりにも静的にとらえすぎていると言えよう。

以上のような山下の「図書館の自由」論は、次に述べる学習権・知的アクセス権にもとづく自由論と対比した場合、情報や知識の受け手の自由よりも、発信者の表現の自由に重点をおいていることにその特徴が認められよう。

(3)　知る権利と自由

山下の中立性に立つ「図書館の自由」論に対しては、知る権利、学習権の立場から批判が寄せられている。その立場を代表するものとして、次に河井弘志と塩見昇の論稿を検討したい。

河井はまず中立性という概念自体を批判する。その批判の基本的視座は、公務員の政治的中立性に対する疑問にある。公共図書館で働く公務員たる図書館員は、公共の利益のために勤務上の政治的中立性が要求される。すなわち、全体としては「あらゆる立場の図書を収集する」という図書館の中立性の原則を守ることになる。しかし実際には、ある政治的主張を持つあるいは特定政党の見解を反映する資料を収集し、利用に供する場合も出てくる。その場合、その特定政党との関係に注目すれば、行政当局はその図書館員の政治的中立性を問題にしようとしてできないわけではない。(8) このように図書館の中立性——特にそれをささえる公務員の中立性——は、理念的にはともかく現実には確固たる基盤の上にあるとは言いがたい。これを克服するため、河井はここで学校教育における中立性を援用する。

河井によれば、学校教育の中立性は、時の政府によってきわめて恣意的に特定の思想を排除するために利用されやすい。むしろ教育の自律性、独立性に学校教育は拠って立つべきものなのである。そしてそれをささえるのが市民の信託を受けた教職員の自主性であり、それを可能にしているのは教育学によってささえられる専門的自律性である。同様に、図書館の中立性も、科学的な図書館学にささえられた図書館員による図書館の自律性、独立性に依拠する。したがって、図書館の中立性と言うとき、それは単にあらゆる立場をとりこむことだけではなく、公権力から独立している必要がある。公共図書館の望ましい「公共性」とは、「公権力によって設置され公共財源によってまかなわれながら、公権力支配から独立し、一般に公開されながら、社会的圧力から独立した立場を保持するもの(9)」なのである。図書館行政は、学校教育行政と同様あくまでその条件整備たる外的事項にとどめ、図書館の運営は図書館職員の自律性に委ねられるべきなのである。そこに「図書館の自由」があると河井は指摘する。

以上からわかるように、河井の議論はどこまでも図書館を学校教育との類比でとらえているところに特徴がある。その結果そこにはふたつのレベルの問題が生じる。まず第一に、類比が可能である根拠は、図書館が社会教育機関であることに依存している。そしてそのことは河井にあっては無批判に暗黙の前提とされ、その理由はほとんど示されていない。しかし、図書館が社会教育機関として機能していることは決して自明の理ではない。そうあって欲しいと望むことと、社会的・歴史的現実を混同してはならないであろう。第二に、学校教育の自律性、独立性という考え方自体が、いまだ明白な事実でも理論でもないにも拘らず、それを前提としている。ここでも願望と現実の混同がある。要するに、河井にあっては、図書館の自律性は二重の虚構にささえられているにすぎない。そしてその虚構をささえるのは科学的な教育学、図書館学なるものでしかない。そして「住民の信託を受けた図書館は、あらゆる支配・規制から独立して判断し処理する」という自律性＝自治の基盤が国民の知る権利・学習権にあると河井が示唆するとき、それは次の塩見昇の主張との間に接続点を見出す。(10)

塩見は、「図書館の自由」の概念規定として「図書館（員）が住民の真実を求める知的要求、自主的な学習要求を住民の権利としてとらえ、それに積極的にこたえていこうとするとき、その活動を支える理念」と述べ、その内容として、資料収集及び提供の自由、図書館員の身分保障、利用者のプライバシー擁護などを考えている。(11)ここから塩見の考える「図書館の自由」の特徴として次の三点が指摘できる。第一点は国民の「知る権利」が無条件に前提とされていること、第二に、図書館（員）が利用者に奉仕するための「自由」であること、第三に、前二者つまり「知る自由」と「図書館の自由」とを結びつけることである。

この根拠づけとして、塩見はまず「知る権利」が表現の自由から歴史的に発展して来たことをのべる。「知る権利」は思想・信条・学問の自由や教育権を前提としながら一方でそれらの諸権利を実質化するものなのである。そして小林直樹の説を引き、現代の基本的人権として平和権、環境権、学習権、自治権と並んで情報権（知る権利）を位置づける。これは、読む自由にとどまらず、情報源にアクセスする権利であり、図書館はその一部を保証するのである。こうした情報の国民への平等な提供という理念を具体的に実践したのが、利用者の要求に応える貸出及び予約業務の徹底であり、そこに「知る権利」の実質化をになう図書館の社会的責任があるとしている。

塩見は以上の主張を補強するため、米国図書館協会内における「図書館の自由」の解釈をめぐるふたつの意見の対立を紹介している。すなわちそれは、伝統的な図書館の中立性（思想の自由な広場）を重要視する考えと、より積極的なアウトリーチ・サービスによる図書館の社会的責任（ひいてはその教育機能の重視）を唱える立場の対立である。[12] 何年にもわたる激しい論争の後、一九八〇年に米国では結局「図書館の権利宣言」から、図書館が「民主的生き方を教育する機関」とする規定が削除されることになった。このことを塩見は批判して、自ら主体的に選びとる学習権の考えからすれば両者の立場は対立するものではないこと、さらに進めて、「図書館が『民主的生き方を教育する一機関』であるからこそ、『情報や思想のひろば』であることが必要」[13]であると述べている。図書館は何よりもまず教育機関として位置づけられるのである。

こうして知る権利から出発した塩見の主張は、河井同様、学習権を保障する教育機関としての図書館に行きつく。そしてこの中で、「学習権」と「知る権利」、「情報」と「思想」はそれぞれ表裏一体の矛盾なき概念として扱われる。しかし第2節でみるように、それらは決して理論的にも社会的にも完全に整合的な概念ではない。したがってここでもまた、議論の前提となる学習権あるいは対となる民主的教育機関とは何か、知的アクセス権とは何かという問題を理論的に明確化し、根拠づける課題が残されている。また図書館が社会的責任を果たすということの内容も問われねばならない。それらが明らかにされない限り、民主的教育機関であることから、情報や思想のひろばとしての図書館の収集・提供の自由が演繹されることは自明のことにはならない。

以上、従来の「図書館の自由」論をその典型をあげて検討してきたが、最後に共通の問題点を指摘しておきたい。その第一点は、「自由」が中立性、学習権、知る権利等の観点から論じられているが、それらの観点はア・プリオリに仮定されたものにすぎず、肝心の「自由」概念自体は明確化されず、その歴史的・社会的分析がおろそかにされていることである。またこれに関連して、主張すべき理念が先行し、日本の社会・政治的状況との具体的な整合性が明示されていないことも問題であろう。

第二点としては、「自由」及び中立性等諸観点が主に政治的文脈において理解され、経済的視点が欠けていることも問題である。以下にみるように、歴史的には自由概念は経済的文脈においても常に議論されてきたのである。

そこで次の第2、3節では、我々は「自由」の概念そのものを、その政治・社会・経済的文脈を明らかにしつつ、図書館との関係において検討したい。

2　市民的自由の構造

第2節では、「図書館の自由」を市民的自由の枠組みでとらえる立場を検討する。この立場こそ、第1節で見た従来の「図書館の自由」研究の前提をかたちづくるとともに、図書館と社会との関わりを考察するにあたって、もっとも有力な視座を提供してきたものである。事実、「図書館の自由宣言」およびその解説の基調をなしているのは、この立場だと言っても言い過ぎではない。(14)

この立場に立つとき、「図書館の自由」はそれ自体として主張されることはない。それは言論・表現の自由を基盤としながら、七〇年代以降、知る権利の中にその根拠をもとめつつある。この立場に立って「図書館の自由」を包括的に論じているものに渡辺重夫の諸論稿がある。渡辺は従来の「図書館の自由」研究をふり返って、それらが言論・表現の自由に根拠をもとめる「自由権説」と、地域住民の学習権に論拠をもとめる「社会権説」にわけて理解できることを指摘する。しかし渡辺によれば、いわゆる情報化社会の進展により、この両者だけでは「図書館の自由」としては不充分になってきた。情報の受け手としての読者の権利を守るだけでは、「図書館の自由」を守ることはできない。つくられる情報そのものが操作されているためである。そこで渡辺は新しい人権概念にもとづく知る権利を主軸とした「図書館の自由」を提唱する。こうして「図書館の自由」は、言論・表現の自由、学習権、知る権利、プライバシー権などを含む「複合的目的を持った図書館の自由」としてあらわれ

てくる。すなわち「図書館の自由」は、生存権を核とする市民的自由の体系の一部として位置づけられるのである。(15)

ところが、「図書館の自由」という観点から見るとき、この市民的自由という枠組みは三つの弱点を持つ。すなわち、その前提となる自由民主主義理論における国家の概念規定のあいまいさ、また自由民主主義理論それ自身の内在的矛盾、そして、これらの市民的自由と「図書館の自由」とのかかわりの希薄さ、がそれである。そこで次にそれを検討するが、そのためにはまずJ・S・ミル、T・H・グリーンにまでさかのぼる自由民主主義理論全体との関わりの中で考察しなければならない。彼らこそ功利主義的社会観から出発して、個人の個性的能力の発現という至上価値に到達し、そこから逆に国家を構想していった思想家だからである。(16)

(1)　自由民主主義理論の再検討

まずこの理論全体の中に占める国家の意味という問題を考えてみよう。ホッブス以来の功利主義的国家論の伝統に立って、この理論は国家の根拠を効用（utility）にもとめる。「最大多数の最大幸福」を達成できない国家には存在理由は認められないのである。しかもミルやグリーンにあっては、「最大多数の最大幸福」だけではなお充分ではない。国民ひとりひとりの個性を伸張させるという至上目的を持つことによって、国家ははじめて道徳的是認を与えられるのである。こうして国民にとっての効用という規準から国家を構想するところに、国民の権利要求の根拠が生ずる。国家が国民の効用のために存在するならば、それを最大化する権利を国民は有することになる。学習権や知る権利は、この延長上に理解できる。

ところがここにいくつかの問題が生ずる。ひとつは、国家の存在理由は国民にとっての効用にあるべきかもしれないが、実際には必ずしもそうではないということ、つまり国家に対して権利要求をするというのは、あたかも猛獣に自らの安全を委託するに等しい場合があるということに他ならない。また仮に国家が、仁慈あふれるリヴァイアサンであると仮定して、国民の生存権に発するすべての権利を承認したと考えてみよう。このことは逆に言えば生殺与奪の権利を国家に与えたことになる。およそありとあらゆる権力は、自らの根拠を国民の保護にもとめてきた。そして保護が強化されればされるほど、抑圧もまた強化されてきた。西欧の近代国家が、公共の福祉の名のもとに、学校、監獄、軍隊、警察、病院といった諸制度を整備し、それらの制度を通じて近代国家の理念を再生し続けてきたことは、すでに知られているとおりである(17)。そのような存在である国家に対して権利要求をするということの意味はどこにあるのか、少なくとも疑ってみる必要はあるだろう。理想を追いもとめていった果てに見いだされるものが、恐るべき「素晴らしき新世界(18)」となる可能性もある。

とはいえ国家の問題は、必ずしも自由民主主義に固有の難点ではない。ところが自由民主主義の理論には、もうひとつ内在的な弱点が存在する。それはこの理論の前提とする人間観が、たがいに両立しえないふたつの見方から成り立っているという事実である。

一般に自由民主主義理論は、ふたつの正当化の根拠を持つ。一方は、自由民主主義社会が、他の社会よりも個人の選択の自由を認めることによって、個人の満足ないし効用を極大化する、と主張する(19)。そして「効用の極大化をある社会の究極的な正当化の根拠として取り扱うことは、人間を本質的に効用の消費者とみなすこと(20)」に他ならない。もう一方の根拠は、自由民主主義社会が、各人の持っている潜在的能力を極大化する、と主張する。そして「この主張は、人間の本質を効用の消費者としてではなく、……自らの人間的属性の創造者・享受者とみなす見解を土台としている(21)」。

このふたつの人間観のうち、学習権や知る権利の主張がどちらを前提としているかは、考えてみるまでもない。各個人は自らの人間的本質を実現する機会を平等に与えられる資格があるのみならず、人々の潜在的能力は実質的に平等であり、それを開花させる権利を持つということである。しかしこの主張には難点がある。それは「自由民主主義社会が資本主義的市場社会であるという事実、そして資本主義的市場社会は、まさにその本性によって、ある人々の能力の一部を他の人々へまるごと継続的に移転することを強制し、……自らの生まれつきの潜在的能力を行使し発展させる平等な個人的自由を極大化するというよりは、むしろその自由を減少させてしまうという事実」[22]の中に存在している。したがって資本主義的市場社会においては、人間の実際のありようは、能力を発揮する者としての人間ではなく、自己の効用を極大化すると同時に他者から生ずる効用を消費する者としての人間でしかない。

そして資本主義的市場社会での人間のありかたは、そこにおける知の性格をも規定する。そこには客観的、絶対的な知はもはや見いだされない。そこにあるのは他の諸要素との意味連関を断ち切られた「情報」であり、かつて体系立てられ意味づけられていた「知識」は解体され、消費物として消費者にのみこまれてゆくのである。[23]

(2)　「図書館の自由」と市民的自由

このような状況の中で、「図書館の自由」は市民的自由の枠組みとどのような関係に立つのであろうか。まず第一に指摘しなければならないのは、同じ基盤に立つ表裏一体のものとして理解されている学習権と知る権利は、実はかなり性格の異なる図書館像を想定しているという事実である。学習権にもとづく図書館は、知識を授ける社会教育機関を想定しており、知る権利にもとづく図書館は情報センターを想定している。そして両者を統合する社会的基盤は今までのところ見いだされていない。むしろ知を解体し、商品化する現在の消費社会のありかたは、両者の図書館像そのものを解体してゆく。学習権の主張は確かに学ぶことを欲する人々に機会を与える根拠となる。しかしそれは同時に自己の効用を高めようとする人々、他者の効用を消費しようとする人々にも平等に機会を与えることになる。学習権理論の主唱者は、学習権の思想は、生涯にわたっての国民統制的発想からくる「生涯教育論」とは鋭く対立するという。[24] しかし実際にその両者を区別するてだてはない。知る権利もまた同様である。これによってより良い民主主義社会を築くための情報を手に入れる人々もいる。しかしこの権利は私利をはかる人々にも平等に開かれている。そしてこの場合も、両者の間に明確な線を引くことはできない。

したがって、言論・表現の自由、学習権、知る権利、プライバシー権利などを含む「複合的目的をもった図書館の自由」は、資本主義的市場社会においては整合的概念とはなりえないように思われる。一見、理念的に整合しているように見えるこの概念を成立させているのは、「新しい人権」という概念にすぎない。そして「新しい人権」概念は、あまりにも政治理念に傾斜しており、社会的、経済的基盤の考察を欠いている。経済的基盤の考察を欠いた理念が、他者からの攻撃に対していかに無力であるかは、図書館の料金制をめぐる論争においてすでに明らかである。[25]

結局、市民的自由という枠組みは、それだけでは「図書館の自由」の根拠を構成しえないと言えよう。しかしこれは市民的自由の概念に意味がないということではない。その一部は絶対不可侵のものとして今後も維持すべきであろう。例えば、言論・表現の自由は、一七世紀以来イギリスを中心として次第に確立し、すでに実定法上の権利として憲法に明記されている。[26] それを否定すべき理由は何もない。ただ「図書館の自由」を全面的に言論・表現の自由から演繹することには留保が必要である。その享受者が特定でき、しかもそれを侵された場合も救済措置が可能な言論・表現の自由とくらべるとき、「図書館の自由」は歴史的に大きな広がりを持っている。言論・表現の自由と「図書館の自由」の両者を包摂する理論的枠組みが要請されよう。

またプライバシーの権利も、情報化社会の進展とともに、近年その重要性を高めつつあると言える。いわゆる情報化社会においては、国家、自治体のみならず、企業もぼう大な個人情報を集積している。その中にあって自らの意志とは無関係に情報を集められた個人は、それらの情報の使い方を全くコントロールできない。そこでこれらの個人情報が公けになることを防ぐ権利が必要となる。これがプライバシー権である。この権利は一九世紀末以来、米国の裁判所で次第に認定され、一九七四年には、プライバシー法として実定化された(27)。

プライバシー権をめぐる以上の経緯からしても、それが今後も重要な意味を持ち続けるであろうことは疑いない。それは管理化のすすむ社会にあって個人の最後の防波堤となる役割をになっている。そして図書館においてもこの権利が重んぜられなければならないことは言うまでもない。しかしプライバシー権は、図書館にのみ認められるものではない。「図書館の自由」はプライバシー権の一部ではないし、またその逆でもない。

知る権利と図書館の関係もこれと似ている。知る権利もまた情報化社会という現実の中から生まれてきたという点で、プライバシー権と対をなす。すなわち、国家、自治体、大企業の一方的情報操作のもとで、情報の受け手の主体的自由をどのように守るか、という危機感が、知る権利の思想を生み出したのである。ことにベトナム戦争と公害問題は、情報操作の危険性を白日のもとにさらしたと言ってよい。したがって、知る権利においては、人間は単なる情報の受け手ではなく、正しい情報にアクセスする権利をも持つ(28)。

現代の情報独占社会において、知る権利が重要な役割を持つことは否定できない。しかし「図書館の自由」という視座から見るとき、この理論もまた周辺的なものにとどまる(29)。すでに指摘したように、そこでは情報という概念の多義性に考慮がはらわれていない。しかもそこで図書館の占める位置はごく一部にすぎない。そして図書館は単に知る権利を保障する機関にとどまるものではない。

プライバシー権や知る権利とくらべるとき、学習権は図書館の本質にはるかに深く根ざしている。コリン・ウィルソンやエリック・ホッファーなど「独学者の栄光」は、図書館の名とともに語られてきた。学習権理論に問題があるとすれば、それはその前提にあった。すなわち、大多数の人々はウィルソンでもなければ、ホッファーでもないという自明の事実である。確かに独学者たちは図書館で学んだし、現在も学んでいるであろう。しかしおそらく彼らほど学習権から遠い人々はいない。彼らにとって学ぶということは、人に要求する権利ではなく、生きる営み以外の何物でもない。そして図書館もまたそうした人間の営みの物理的表現であるとすれば、その自由の根拠は近代市民社会だけではなく、ひろく過去にさかのぼって求められなければならないであろう。

3　自由の諸類型

第3節では、我々が今一般に自由という言葉によって理解している市民的自由に対し、ヨーロッパ精神史の中で生まれ、また生き続けている別の「自由」概念について述べたい。以下ではそれらを絶対的自由、公共の自由、知の自由、の三つのモデルとして示すことにする。(30) これらの「自由」概念は、それぞれの図書館像を想定し、それと結びつくことによって、現在でも図書館の「自由」の一部を構成し続けていると考えられるからである。

(1)　絶対的自由

いかなるものにも拘束されず、またいかなるものも自らの自由にすることができる状態、それを絶対的自由の理想とすれば、過去、現在に（そしておそらく未来にも）未だ実現されないという点で、絶対的自由が「まわりの『存在』と一致していない意識」(31)と定義されるユートピア的意識と歴史上結びついて表現されてきたことは不思議ではない。そしてその表現形態は多様であり、マンハイムによれば至福千年説、自由主義、保守主義、社会主義の四つに分かれる。その中で最も古く、しかし常に新しいユートピア的意識の形態が、ミュンツァーを代表とする再洗礼派の至福千年説であり、ユートピア的意識形態の典型としてここから他の三つの形態が派生し、さらに対立することになった。この至福千年説は、ユートピアを遠い未来や彼岸の世界に求めるのではなく、存在を超越した絶対的な現在の意識に見ようとしたものである。そしてそこではキリスト教的伝統において本来まったく別の領域に属する精神と政治が、政治の精神化という形をとって人間の意識へと内面化されることになった。個人の非合理的な精神のうちにのみユートピアを認めたという点で最も純粋なユートピア的意識と言える。これは、自由主義、保守主義、社会主義という他の意識形態が、むしろ精神の政治化によって自由を合理的かつ社会的な関係に求めたことと対照をなしている。マンハイムは、「動乱と生命と、法律のないそれゆえに自由な新しい世界」を求めたバクーニンにその現代的形態を見出している。

　これに対して、フランス革命期に、文化の肯定、人間存在の倫理化、そして何よりも「自由」の理念を標榜した自由主義は、きわめて未来志向的であった。そしてそれが市民の自由の基盤を理念的にも社会的にも作りあげた。人々が常によりよき未来に向かって学習する意欲（そして権利）を持ちつつ努力するものであるという人間と社会への信頼も、その延長線上にあると言えよう。しかもこの自由主義は「存在とは、理性的なものへ向かって無限に近づいてゆくものだ[32]」という直線的進歩の概念にささえられ、無制約体験を呼びさます自由意志に転化するという点で、やはりユートピア的意識に他ならなかった。そしてこの自由主義的ユートピア理念が、前節で検討した市民的自由の理念の核となっていることはすでに明らかであろう。市民的自由の理念の基本にあるのは進歩史観であり、進歩の果てにすべての問題が解決されるというユートピア的幻想が自らを正当化しているのである。

　こうしたユートピア概念の起源は、プラトンの国家論に求められよう。そこで次にプラトンの「国家」に簡単に言及してみたい。プラトンは民主政の基盤を自由と平等にあると見なしている。しかし、両者は人間の欲望の解放を促進する結果、国家の統制原理としての資格を失っており、結局は衆愚政治に陥ることになる。そこで彼は、ポリスをユートピア的に再編成した哲人国家を構想した。プラトンは、国家の統治者は公共性を守るためにその私有財産と家族の維持を禁止されるべきであると考える。なぜなら、富や家族があることによって、国家や市民に対する公正さが保てなくなるからである。別の言い方をすれば、統治者（哲人）からその私的性格（私有財産や夫婦制度）をとり除くことによって、逆に統治者を家長とする、市民全体を包みこむほど拡大した家族としての国家の編成を考えたとも言えよう。しかし皮肉にもこの哲人支配のユートピアは、徹底した専制支配を導くことにもなるのである。

そこで最後に、このユートピア的自由概念の問題点を検討してみよう。まず第一に、プラトンの『国家』やその影響下にあるトマス・モアの『ユートピア』に見られるように、ユートピアは理想的人間を前提として社会を構成するため、逆にすべての人の自由を奪わざるをえないという基本的逆説をかかえこんでいる。第二に、ユートピアは実際には、「どこにもない場所」なのだから、ユートピア的意識の発現形態は至福千年の形式をとる場合が多い。そしてこの形態をとるユートピアがどれほど抑圧的な支配を行うかということは、ミュンスターの恐怖政治から現代の諸革命に至るまで数えあげるまでもない。

結局ユートピア的自由の中で評価すべきものは、その目標の崇高さと、批判の方法としての有効性であろう。「どこにもない場所」の規準で現状を批判するとき、現状にひたりきっている者の眼に見えないものが見えてくる。そしてそののびやかな批判の眼こそ知の自由に連なるものであり、図書館が継承し、擁護してきたもののひとつでもあろう。

(2)　公共の自由

プラトンと同じ古代ギリシャの世界に生きながら、アリストテレスは、プラトンとかなり異なる「自由」を構想した。その違いは、基本的には両者の理想とする国家観に根ざしているが、直接的には、アリストテレスが私有財産を「自由」存立の基盤と考えた点に、はっきりと示されている。しかもそれはアリストテレス独自の見解というより、古代ギリシャ人の常識にのっとっていた。

アリストテレスはその『政治学・第2巻』の中で、次のようにプラトンを批判する。アリストテレスによれば、政治が行われる公的領域と、経済の成立する私的領域は明確に区別されるものであった。そして私的領域たる家が成立するためには、家財家産（奴隷も含む）の存在が不可欠の条件とされた。経済的行為とは、生活するために必要な物質の生産・交換・消費という「必要」に縛られた行為なのである。したがって、それは生命の維持という人間の必然的営みであるがゆえに、不自由なものと理解される。ポリスを形成する市民は、家長として家族及び家財を支配し、経済上の不安を消しさった後、自由人の資格である政治への参加が可能になると考えられた。そうである以上、市民にとって私有財産の否定はポリスの否定につながる考え方であった。

こうして、家（oikos《オイコス》）が経済（oikonomia《オイコノミア》）と結びついた私的領域からはなれたところに、政治の成立する場である公的領域が存在する。独立した個人としての自由人にとって、私的領域の成立はその前提であり、彼が自由なのは、万人が共有する場としての公的領域（公共性）においてのみ自由なのである。このように人間の自由を公共性に求め、政治という活動《アクション》にこそ自由が発現されるとするアリストテレスの考え方は、政治と経済が社会的に一元化されている市民社会に住む我々にはきわめて疎遠な思想であろう。アリストテレスにあっては、消費される場としての家と、自由な公共世界を共有しつつ、そこで永続的に営まれる政治との間に、「社会」の介在する余地はなかった。

我々が、自由をもっぱら私的領域、例えば「プライバシー（privacy）」に求めるとき、実はそれが〝奪われた（deprived）〟領域として、自由な公共の場と対比された時代があったことを思いおこしてみる必要がある。現在では私的権利と考えられている「表現の自由」「読書の自由」についても同じことが言えよう。言論はまず政治において最も重要なものであるとギリシャ人は考えていた。国家あっての自由であり、自由と国家は対立するものではなかった。そこでは、自由は政治に参加することと同義であり、政治から独立した「中立的な自由」などというものは、そもそも考えられないのである。そしてさらに注目すべき点は、今日の公共図書館が冠する「公共性」概念が、ギリシャで発生したという事実であろう。

(3)　知の自由

前述のように、政治における言論、理性の重要性をアリストテレスは唱えたが、しかし彼にとって「人間の最高の能力とは、logos すなわち言論あるいは理性ではなく、nous すなわち観照の能力」(33)であった。これは理論的な知、すなわち実益のために求められるのではない知と言いかえてもよい。このような何ものにもとらわれない知、という意味での知の自由は、その後ローマ、ルネサンス期を通じて知識人たちが常に憧れ、求めてきたものであるが、それにひとつの哲学的根拠を与えたのが一七世紀のデカルトである。それに先立ってベーコンは「実験」の発見によって、地域拘束的経験から解放され、自然を人間の精神の条件のもとにおくという新たな自由を人間が獲得する道を開いていた。そして一七世紀は科学革命の時代でもあった。

デカルトは、必然的に不確実性が伴う世界の認識に比べて、自己の精神に関しては、「精神は精神が生み出し、精神の内部に留まっているものだけを知ることができる」(34)のだから、逆に世界と切離された精神の確実性が保証されていると考えた。それは、人間精神の普遍性と精神（知）の自由をも約束するのである。人間精神の構造を反映するものとしての、数学の諸科学に対する優位という考え方はここに起因すると言えよう。そしてこうした知の自由をもとに、国境を越え、政治と日常的社会から脱した天才たちの知的社会が形成されるのである。

ところで、この自由な知的社会をささえていたのは何であろうか。当時すでに、ギリシャからローマへ受継がれた公共性の概念が崩壊し、それに代わる「社会」が私的領域と対立するに至っていた。その「社会」とは、財産所有者の組織という点で、政治のみでなく経済の場でもあった。デカルトの生活をささえていた基盤は、まさにそのような彼自身の財産であり、同時に財産社会の典型としてのフランス宮廷（貴族）社会なのである。(35) すなわち、それはパトロンつきの知と言えよう。(36) デカルトに続く天才ライプニッツは、精神の普遍性と世界との一致を見出すべく努力したが、彼もまたその生活を貴族に負っていた。そして、世界中の知識を収集・組織化するための各国アカデミー及び図書館の設立者としてライプニッツが期待したのは、もちろん市民ではなく宮廷であった。(37) しかしそのことによって知の自由が脅かされるなどという危惧は一切いだかれていないのである。

このように、ルネサンス期から啓蒙主義の時代にかけて、社会に依存しながら社会から独立した普遍的知の宝庫として、図書館は自由で開かれた場所であるべきだという理念が生まれてきた。この理念は、図書館を社会教育機関あるいは情報センターと見なす枠組みには入りきらないが、決して葬られることのないひとつの重要な図書館像であり続けている。

4　展望

以上、「市民的自由」、「絶対的自由」、「公共の自由」、「知の自由」という四つの自由のモデルを提示し、それらとの連関の中で「図書館の自由」を考察してきたが、最後にまとめとして、「図書館の自由」とは何かという基本的な問題提起に対する簡単な解答を試みたい。

まず第一に確認したいのは、右に述べた四つのモデルのいずれも、それだけでは「図書館の自由」を構成しえないこと、にもかかわらずそれらのいずれも何らかの「図書館の自由」を構成する要素となっているということである。そしてそれら四つのモデルは、部分的に競合しつつも、相互に独立した概念を構成する。すなわち四つの自由のモデルは、その内容において和解しがたい対立を内在させているのである。たとえば市民的自由の概念には、私的領域の自由（プライバシー）という概念が含まれるが、公共の自由においては私的領域は公共性（＝自由）を奪われた（deprived）領域として出現する。また絶対的自由の前提となる人間観は、逆にすべての自由を抑圧する根拠をかたちづくる。したがってこれら四つの自由のモデルを統合し、あるいは都合のよい部分を析出して「図書館の自由」を構成することはできない。

それでは「図書館の自由」はどのように構成できるのであろうか。我々は、それを対立するモデルの競合・併存する動態それ自身の中に求めたい。つまり「図書館の自由」を考えるにあたって、何らかの静態的な自由の状態を想定し、それを目標として掲げるのではなく、さまざまな自由が対話的緊張関係にある状態として「図書館の自由」を構想することに他ならない。それによって「図書館の自由」は、固定したスローガンから現実の中に解放され、その緊張関係の中でより強固なものとなってゆくであろう。

また我々はそれによって「図書館の自由」を守る、より強力な武器を手に入れることになる。さまざまな自由概念を駆使しながら、そこに内在する矛盾を引き受けずにすむからである。経済学が市民的自由の理念を掘りくずそうとするとき、我々は公共の自由概念をもってそれに対抗することができる。また市民（納税者）の権利の名のもとに図書館の自由が侵されるとき、我々は知の自由を対置することができる。大崎図書館の例で言えば、蔵書目録はもとより公開されているのであるから、それを見せればすむことである。しかし蔵書それ自体が問題となる場合、図書館は決してゆずるべきでないであろう。要望のある蔵書を購入するのは当然であるとしても、それは図書館の意志と責任のもとでなされるべきである。たとえ多数者の意志の名のもとにであれ、知を抑圧することは認めるべきではない。

しかし「図書館の自由」が、上に述べた四つの自由のモデルによってなお充分に根拠づけられないという事態にかわりはない。究極的に何を根拠として「図書館の自由」をえらびとることができるだろうか。我々は、余りにも当然のことであるが、それを図書館とそれをささえる人々に求めたい。そしてその場合、図書館をささえる人々のうちに、図書館員や利用者ばかりでなく、図書館を維持している人々や、図書館を持つことを誇りに思う人々をも含めたい。これらの人々の集合意志が、図書館資料とそれに象徴される何ものかをはぐくみ育ててきたのだから。

現代は、図書館にとっても「図書館の自由」にとっても困難の多い時代である。一見はなやかな情報化社会の幻想は、あたかも「図書館の時代」がついに到来したかのごとき錯覚をあたえる。図書館もひとつの時代を生き抜かなければならない以上、それに対応してゆく必要はあろう。しかし図書館がその中にのみこまれることは、図書館の自己喪失以外の何ものでもない。「図書館の自由」の根拠が図書館以外にないのと同様に、図書館の根拠もまた「情報化社会」や「学習社会」の中に解体してゆくものではない。情報化社会や学習社会といった概念は、知識や知識の獲得が商品化され、消費される効用となっている現状をあらわすものでしかない。図書館ははるかな過去から、人間の営みのひとつとして生き続けてきた。そしてそれが今後も変わらないとすれば、図書館の根拠も時空を超えたさまざまの理念が現在に生きるところにしか存在しえないであろう

したがって、「図書館の自由」は図書館が自ら守り育ててゆくものに他ならない。そしてそれを守るためには多様な武器を用い、現実と妥協する必要もある。しかし使った武器や現実が「図書館の自由」だというわけではない。「図書館の自由」を他者に向かって主張するだけでは、それを守ることはできない。それを守ることのできるのは、図書館をささえる人々の意志だけである。「華氏四五一度」(38)の世界においてさえも、図書館は生き残

ってゆく。そしてその極北の地ではじめて「司書の使命」(39)が問われるのである。(40)

注

(1)『朝日新聞』朝刊、一九八四年一月二四日、『毎日新聞』夕刊、一九八四年一月三〇日、三一日。
(2)第1節参照。
(3)アイザィア・バーリン『自由論』小川晃一他訳、みすず書房、一九七一年、四二一頁。
(4)ルードルフ・フォン・イェーリング『権利のための闘争』村上淳一訳、岩波書店、一九八四年、一四〇頁。
(5)大滝則志「初期アメリカ図書館員の検閲観」『参考書誌研究』一七・二五号、一九七二年二月、一九八二年九月、一一一〇頁、五〇―五九頁。「アメリカ図書館界における知的自由の問題状況――最近の『シルベスター』事件を中心にして」『現代の図書館』一〇巻一号、一九七二年三月、三二―四三頁。「図書館蔵書をめぐる米国憲法判例の動向」『法律時報』五二巻一一号、一九八〇年一一月、四五―五〇頁。ほか多数の論評がある。
(6)山下信庸『図書館の自由と中立性』鹿島出版会、一九八三年、五二頁。
(7)同上、九九頁。
(8)河井弘志「『図書館の中立性』について」『「図書館の自由」を考える資料集・第2集』図書館問題研究会東京支部、一九七六年、三〇―三一頁。
(9)同上、四三頁。この「公共性」理解がいかに本来の公共性の概念から隔たったものであるかのついては、第3節（2）を参照。
(10)同上、四八―四九頁。
(11)塩見昇「『図書館の自由』と『知る権利』――六〇年代末―七〇年代初期アメリカにおける論議を素材として」『図書館評論』一八号、一九七七年、一一三頁。以下の記述は主に同論文による。
(12)同上、一一五頁。
(13)塩見昇「ALA『図書館の権利宣言』の改訂――その経緯と改正点についての一考察」『図書館と自由・第4集・図書館と自由をめぐる事例研究　その2』日本図書館協会、一九八一年、六三頁。

（14）図書館の自由に関する調査委員会編『図書館の自由に関する宣言』（一九七九年改訂）日本図書館協会、一九七九年。
（15）渡辺重夫「『図書館の自由』の法的性格（Ⅰ）（Ⅱ）」『私学教育研究所紀要』一八巻一号、一九巻一号、一九八二―八三年。「図書館利用者のプライバシーの権利――図書館に対する捜査機関の介入との関連で」『図書館学会年報』二八巻三号、一九八二年。
（16）深田弘『J・S・ミルと市民社会――ネオ・ブルーラリズムの提唱』御茶の水書房、一九七二年。日下喜一『自由主義の発展　T・H・グリーンとJ・N・フィッギス』勁草書房、一九八一年。
（17）ミシェル・フーコー『監獄の誕生』田村淑訳、新潮社、一九七七年：同『臨床医学の誕生』神谷美恵子訳、みすず書房、一九六九年：イヴァン・イリッチ『脱学校の社会』東洋他訳、東京創元社、一九七七年。
（18）オールダス・ハックスリー『すばらしい新世界』松村達雄訳、講談社、一九七四年。
（19）M&R・フリードマン『選択の自由』西山千明訳、日本経済新聞社、一九八〇年。
（20）C・B・マクファーソン『民主主義理論』田口富久治監訳、青木書店、一九七八年、六頁。
（21）同上、七頁。
（22）同上、一七頁。表現を一部変更した。
（23）「『週刊本』発刊のことば」朝日出版社、一九八四年。またジャック・デリダ「大学の瞳＝被後見人――『根拠律』と大学の理念」高橋哲哉訳『思想』七一八号、一九八四年四月も参照。
（24）堀尾輝久「人権思想の発展的契機としての国民の学習権」小川利夫編『住民の学習権と社会教育の自由』勁草書房、一九七六年。
（25）小泉徹・柳与志夫「有料？無料？――図書館の将来と費用負担」『現代の図書館』二一巻四号、一九八三年一二月、二四一―二五一頁（本書第4章）。
（26）香内三郎『言論の自由の源流――ミルトン「アレオパジティカ」周辺』平凡社、一九七六年。
（27）堀部政男『現代のプライバシー』岩波書店、一九八〇年。
（28）堀部政男『アクセス権とは何か――マス・メディアと言論の自由』岩波書店、一九七八年。
（29）堀部政男「図書館の自由と知る権利」『法律時報』五二巻一一号、一九八〇年。

(30) 以下の記述は主として、カール・マンハイム「イデオロギーとユートピア」『世界の名著・第五六巻』高橋徹・徳永恂訳、中央公論社、一九七一年とハンナ・アレント「人間の条件」志水速雄訳、中央公論社、一九七三年を参考にした。また必要に応じてプラトン『国家』、アリストテレス『政治学』等を参照したが、直接の引用以外は参照個所は示していない。
(31) マンハイム、前掲書、三〇九頁。
(32) 同上、三四〇頁。
(33) アレント、前掲書、四〇頁。
(34) 同上、三二〇頁。
(35) アドリアン・バイエ『デカルト伝』井沢義雄・井上庄七訳、講談社、一九七九年、二六六—二六七頁。
(36) 日本では、図書館員にとって、市民はサービス対象としての「利用者」でしかないが、英米の図書館では "user" という語と共に、貴族がいなくなった現代でも "patron" が日常的に使われている。直接図書館を利用しない市民でも、図書館にとっては patron であることを忘れてはならない。
(37) 下村寅太郎「スピノザとライプニッツ——「天才の世紀」の哲学と社会」『世界の名著・第二五巻』中央公論社、一九六九年、四四—六六頁を参照。
(38) レイ・ブラッドベリ『華氏四五一度』宇野利泰訳、早川書房、一九七五年。
(39) ホセ・オルテガ・イ・ガセット「司書の使命」会田由訳『オルテガ著作集・第八巻』白水社、一九七〇年。
(40) 小論の目的は、あくまでも「図書館の自由」の理論的枠組みを再検討し、新たな枠組みを提示することにとどまる。したがってその現実的可能性は今後の実践に待たなければならない。また、司書の使命、専門性については別の機会に論じたい。

第2章　知の変化と図書館情報学の課題

出典：『びぶろす』四六（六）、国立国会図書館図書館協力部、一九九五年六月、一三四―一四二頁。国立国会図書館の許諾の下に転載。

1　社会資本としての知識

図書館は、個人や社会によって生み出された情報と知識の蓄積と提供に関わる社会的装置として機能してきた。その意味では、古代アレクサンドリア図書館から現代のデジタル・ライブラリー構想まで、その外観の違いにも拘らず、本質的な変化はないと言えるかもしれない。しかし、その範囲、様態、機能において、そこで「情報と知識」「蓄積と提供」という言葉が担っている内容は、一見価値中立的に見えながら、各時代での社会的価値・役割を反映して大きく異なっている。「情報の蓄積」と言っても、そのために選ばれた情報と選ばれなかった情報の意図的あるいは無意識の区別、その異なる記録様式の適用などを考えれば、それは単なる情報の堆積ではない。

本稿では、情報と知識の蓄積と利用が現在及び近い将来においてどのような社会的様態を持つのか、そこでの図書館及び図書館情報学の果たすべき役割の観点から考えてみることにしたい。

(1) 情報と知識

情報は、客観的実在を反映しそれを伝達できるように記号化したデータを、特定の目的に役立つように加工したもの、とされている。(1) ここで言う加工とは、意味を持つ単位に編成することと理解してよいだろう。その情報を集積し、ある価値体系によって組織化したものをここではひとまず知識と呼ぶことにする。情報や知識は、個人的に保有される場合と社会的に保有される場合があること、また、知ること(行為)と知っていること(状態)、知られたこと(対象)と知っている主体との一応の区別を指摘しておきたい。

情報と知識の関係を、その蓄積と利用の観点から、あえて知識に言及せず情報の発生・流通・蓄積・利用の循環の図式のみで記述することも可能であろうが、個人レベルで見れば、知識を得るために情報を取り込み、蓄えられた知識を有効に利用するために再度情報化するとも言えよう。

情報経済学で情報を財として捉えるとき、そのフローとストックの両面から考えることができるが、それは一般的な情報の流通と蓄積の関係に対応している。財としての情報を一般の財と比較した場合、そこに大きな違い(情報の特殊性)があることは事実だが、(2) フローの側面については共通の理解を得やすいように思われる。しかし個人や図書館に蓄積されているものはフローと同じ意味の情報なのか、それともそれは知識と呼ぶべきものなのだろうか。

近年、社会資本整備の一環として、情報インフラストラクチュアの整備が喧伝されている。そこでは光ファイバー網の敷設など設備面だけでなく、情報スーパーハイウェイ構想に象徴されるように、それによって流通・利用される大量の電子化情報の蓄積と提供も合わせて議論の対象となっている。ハイウェイがいくら建設されても、そこを走る自動車がなければ意味がないのと同じ理由である。そしてそのようなハード面とソフト面が統合された文化的社会資本の例を一九世紀に形成された英国の博物館群に見ることができる。そこに収蔵された品々からは、現代人も様々な情報を受け取ることができるが、そこに見いだされるものは、単に蓄積された情報と言うべきものだろうか。

ここで情報フローに対する情報ストックの意義を考えるために、まず本来の使い方である資本ストックの持つ意義を見てみたい。

資本は投資されて（フロー化して）こそ意味を持つが、そのためにはストックの用意が必要とされる。そして、資本のストックには三つの側面を指摘することができるように思われる。

その第一は、当然のことながらフロー化を可能とする蓄積性であり、そこでは量が問題となる。第二に、異なる利用を可能とする多面性――例えば、現金、株、債券など状況に応じた保有とフロー化ができる――が求められる。言わば質的な面での重要性である。第三の側面は、利用と保有の安定性（安全性）を保障するシステムの持つ信頼性であり、それがなければ蓄積性も多面性も有効に機能することは難しい。国立銀行を頂点とする金融システムへの信頼は、近代国家における資本のストック化の前提であろう。

では、この三つの側面を情報ストックに当てはめてみるとどうなるであろうか。

フロー化しうる情報の蓄積性は、明らかな第一の側面である。第二の多面性については異なる利用、解釈を可能にする様々な仕組み――例えば、マルチメディアやハイパーテクスト、フルテクストと抄録・索引の関係など――をあげることができる。図書館あるいは図書館情報学が長年にわたって行ってきた書誌コントロール（目録規則や分類体系の考案とその適用）――それが現在有効に機能しているかどうかは別として――は、情報の利用と保有の安定性を保障するシステムの一つと見做せよう。金融システムと同様の言い方をすれば、知識のシステムへの信頼性がなければ、安心した情報利用は難しい。このように考えれば、単なる情報の蓄積ではなく、情報・知識の「ストック」の持つ意義が明らかになるように思われる。こうしたストックを国レベルで保障することが、社会資本としての知識の実質的内容とも言える。ロンドンやワシントンの博物館群が目に見える形で示しているのは、そのような知識のストックなのであろう。

(2)　情報と知識の伝達

情報を財の観点から考えたとき、その生産・流通（伝達）・消費の在り方それぞれに変化が起きていることは識者の指摘するところであり、(3) 企業経営のリエンジニアリングにおける情報の決定的役割に見られるように、社会に与える情報の影響力は増大するばかりである。また、情報メディアの多様化や通信・コンピュータ技術の発達も顕著であり、情報の生産・流通・利用を一体化したインターネットの普及はその変化を典型的に表している。しかしこのような目に見える変化とは別に、情報と知識の伝達をめぐって、より深層の大きな変化が生じつつあるように思われる。

近代までの社会的な情報・知識の歴史的伝達様式を大まかに分けると、古代社会のような口承による同じ場の共同体験としての「祖述」、中世の騎士物語や聖人伝のような物語の共有化とそのテクストの多義的な解釈を重視する「叙述」、近代科学が典型的に示すような客観的真理の重要性と教科書によるその普及をめざす「記述」、の三つの様式を特徴的に認めることができるように思われる。様々な記述を寄せ集め、体系化した知識の増大こそ、真理への接近の道であると言うのが、近代における暗黙の（時には明示された）前提であった。そして、このような近代主義への、現代の科学史や思想史を中心とした批判は、すでに周知のことである。

それでは現代の情報環境の変化を考えたとき、記述に代わって現在あるいは将来を特徴づける伝達様式は何であろうか。おそらくそれは、確立された客観的真理とそれを発見・学習する主体との固定的・静態的関係ではなく、インターネットの発展がすでに象徴的に示しているような、主体間あるいは主体と知識の関係（象徴的には次節で述べる著者とテクストとの関係）が相対的・動態的に定められる複合的情報ネットワークとなる可能性が強い。

もちろん情報ネットワークだけなら、それは古代から会話や手紙を使って行われた情報伝達様式である。現代はそれが多様な情報メディア、コンピュータ・通信技術と融合し、高度化・複合化しているところに新たな局面がある。そこでは情報・知識の可変性・境界性が特徴となり、伝達の行われる場（情報空間）が重要となる。どのような情報ネットワーク（場）に誰が、どのような意図で、誰に対して語ろうとしているか、が第一義であり、これまでの公的・私的といった区別もそこでは余り意味をなさない。そのような伝達様式をここでは仮に「話述」と名付けておきたい。ここで注意したいことは、話述が話者（ネットワーク参加者）や状況に依存するとは言え、それが成立するためには、何を共通の知識として作り出し、共有するかの合意が必要なことである。つまり、祖述の持つ共同体験性、叙述のテクスト解釈の多面性と合わせて、記述によって得られる客観的知識（必ずしも真理である必要はない）の要素を話述は保っていなければならない。そして、それこそが新しい社会資本としての知識と言えるものかもしれない。図書館とは、歴史的にまさにこのような知識共有の場であろうとしたのであり、そこでは言葉（logos）だけではなく、場（topos）が重要な位置を占めている。

2　情報・知識とその担い手

(1)　著者とテクスト

あるテクストを持つ情報メディア（本はその代表）に含まれる情報量とそのテクスト作成者の集団性・個人性に注目して作ったのが、図2－1（三八頁）である。情報量の軸で分ければ、聖書や国富論が、そこにいかに啓発的含蓄があるにせよ、現代諸科学の教科書やインターネット上のネットワーク情報源より情報量が少ないことは明らかであろう。

また、著者性の軸でみれば、古典的研究著作や教科書が特定の個人（複数の場合も含めて）の手によるのとは異なり、聖書や電子ネットワーク上のフォーラムでは、著者は特定できないか、あるいはできてもそれは重要視されないのである。情報量と著者性の関係が、歴史的には図の矢印の方向に進んでいるように見えることも興味深い。

前節（2）で述べた知識伝達の観点から、その担い手としての社会と個人との関係をこの動きに準えてみても良いかもしれない。つまり、a．古代の世代間の伝統文化の伝達のような社会から社会へという流れ、b．天才の世紀と言われる一七世紀西欧のような個人が社会に大きな影響を与える時代、c．学問が確立し、個人著作の教科書であっても、それは特定個人のパーソナリティによるのではなく、背景とする学界（社会）を代表しており、それを個人が学校で学ぶように、社会から個人への知識伝達が強制力を持つ近代、d．ネット通信が典型的に示すように、参加者が不特定多数であっても、情報の発信・受信は個人から個人へを基本とする現代、というようにである。

次に著者性の問題を、情報メディアからさらにそれが含むテクストに進めて考えてみたい。一般の本では、何がその本のテクストで、著者が誰であるか、は明らかであり、その確定は当然のことのように思われる。しかし歴史的に見れば、「著者」や「テクスト」が確立したのはそれほど昔のことではなく、神話や説話、教典の時代はもちろん、パスカルやライプニッツの著作において著者とテクストの関係を確定することは難しい。著作権に象徴される、特定のテクストと特定の著者との一対一対応の関係は近代の発明なのである。そこでは知的財産権としての著作権と併せて、テクストに対する創造者としての著者の特権性（著作者人格権）が措定されている。

ところが、そこに大きな変化要因が技術面から現れてきた。例えば、ハイパーテクストやマルチメディアがそれである。オンライン電子事典の編集を考えてみる。そこではテクストの複合性（他項目や辞書の参照、文字・動画・写真・音声などの並用）と可変性（執筆者による必要に応じての改訂、読者の自由な書き込み）、共同執筆（しかも通時的な）が通例となり、テクストと著者それぞれのオリジナリティの意義が揺らいでくる。従ってテクストと著者の一対一対応も不確かなものとなる。

安定したテクストから可動的テクストへ、確定した著者から可変的な著者群への移行によって、テクスト間の関係、テクストとコンテクストとの関係、テクストと著者の関係、著者間の関係、著者と社会的コンテクストとの関係を考慮せずには済まなくなってきたのである。つまり、これまで「著者」の名のもとに隠されていたテクストと社会的コンテクストとの関係が露になったとも言えよう。それはすでにフーコーやデリダによって二〇年以上も前に指摘されていたことであり、社会心理的にも人々に受け入れられてきたように思われるが、情報技術の進展がそれを明白なものにしたのである。そしてこの変化は、図書館あるいは図書館情報学にも大きな影響を与えることになる。なぜなら近代に確立した目録法における著者記入や書名記入は、当然ながら、テクストの統

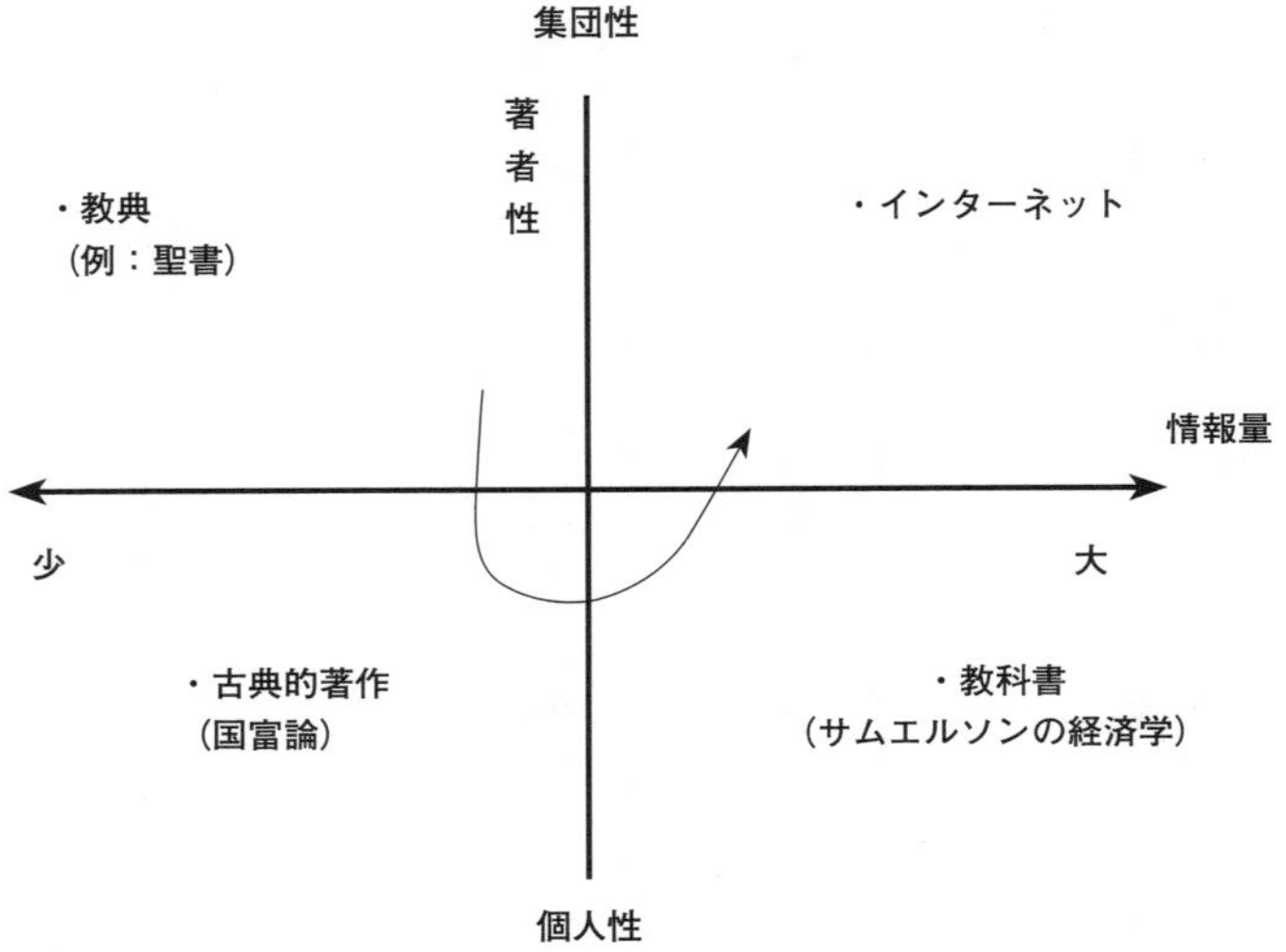

図2－1　情報量と著者性との関係

一を保障する書名や著者の確定を前提にしていたからである。

(2) 操作的知識と客観的知識

ここで改めて知識とその担い手（知識を作り、保ち、使う主体）の関係を考えるために知識の発生・利用の様態と担い手の個人性・集団性の度合いの二つを軸に構成したのが図2－2である。ここで言う操作的知識とは、担い手の恣意性や状況によって内容上の変化を受けやすい知識、例えばある人物の性格に関する知識や特定の政治状況に関する知識である（科学方法論で言う操作的概念とは無関係）。

一方、担い手の意図や性格、状況の変化を受けにくいものを客観的知識としておきたい。数学や自然科学の知識はその代表であり、パポー流に言えば、精神・物質と異なる第三世界ということになる。それは客観的真理を含意するものではなく、むしろ常に反証可能な対象である。

思考の便宜上、操作的知識と客観的知識の区別を行

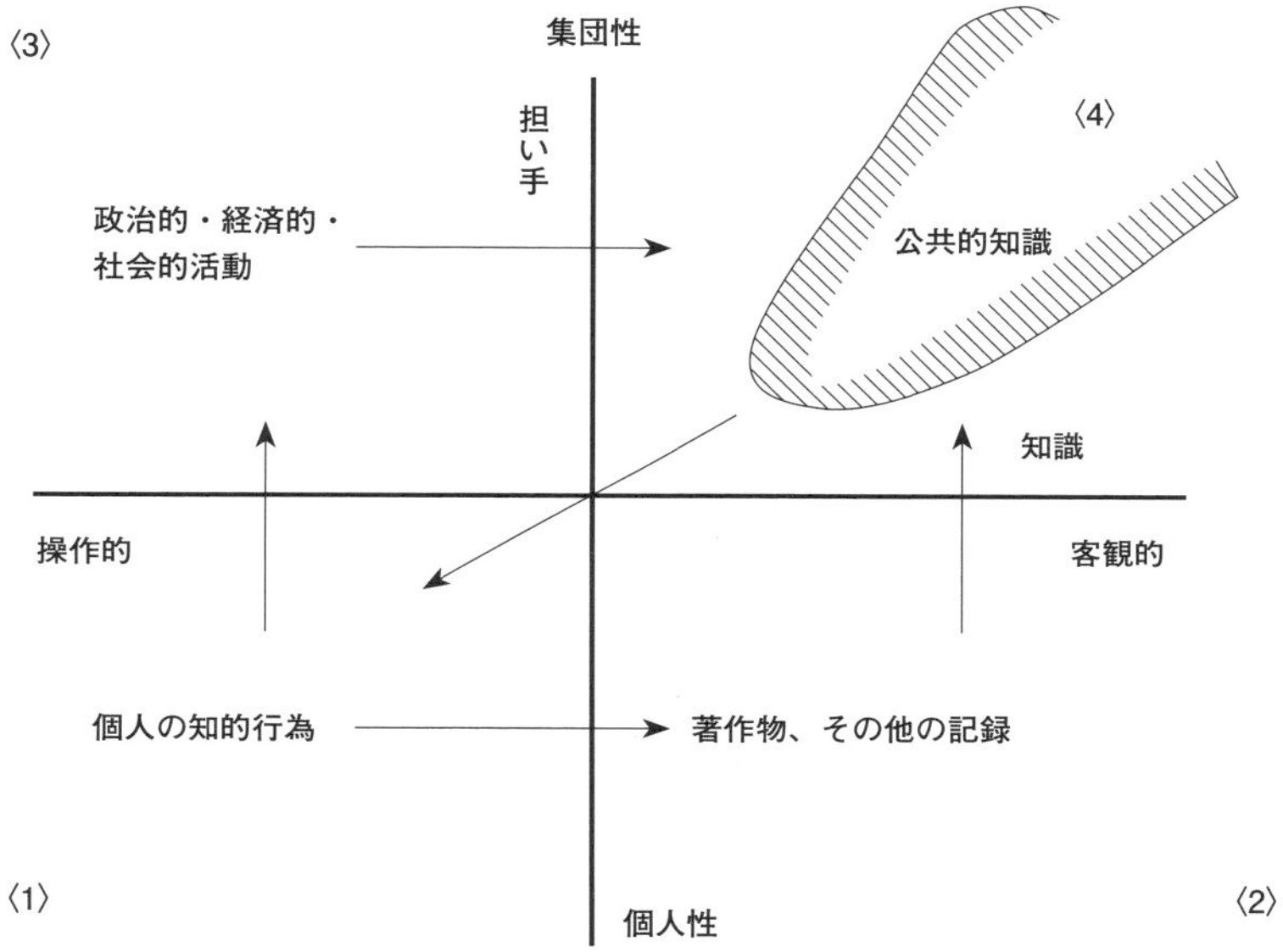

図2－2　知識と担い手の関係

ったが、その間に厳密な境界線があるわけではなく、相対的なものである。ある特定の知識がそれ自体でどちらかに本来的に属するわけではなく、同じ知識が異なる条件下では異なる様態を持つことになる。

この二つの軸によって構成された各領域の特徴をまず見ておくことにする。

〈1〉は、個人が私的にあるいは様々な社会的場で活動しながら、知識を利用・創造する領域であり、知識の内容・形式は確定されたものではない。「何かを知っている」よりも、「いかに知るか」あるいはオースティンの著作をもじって言えば“How to do with knowledge?”が重要である。

〈2〉には、個人の知的行為によって生み出された私的性資の強い記録、例えば日記、ホームビデオ、学術論文の草稿などが含まれる。

〈3〉は集団的行為による知識の形成・利用を示し、政府や企業における長期計画の策定から町内会や学級での話し合いまでその様態は多岐にわたる。〈1〉の個人は集団の構成員として関与する。〈4〉の領域は、〈3〉で産出された知識と〈2〉の記録物の一部から成る。「どのように知るか」よりも「何を知っているか」「知られていること」の世界である。そこから企業秘密などを除いた重要な部分が「公共的知識」とでも呼ぶべきものであり、原則的にすべての人に公開され、共用される。その典型は科学的知識であるが、文学作品や法律、新聞記事、広告なども含まれよう。

〈1〉での知的行為を実りあるものにするためには、〈4〉の公共的知識を十分に利用しうる保障〈〈4〉↓〈1〉の道〉が必要であり、伝統的に図書館はそのすべてではないにしても、一定の役割をそこで果たしてきたと言える。

一方、〈1〉から〈4〉へ直接向かう道は例外的であり（歴史的に見れば、古代ギリシャや近世ヨーロッパにおいて限られた知識人間で対面的にあるいは私的手紙のやり取りで行われていた）、通常は〈2、3〉の領域を経由すると考えるのが妥当であろう。本節（1）で触れたように、例えば、複合的ネットワークとしてのインターネットによる交信は、個人の知的行為を直接に公共的知識の形成へ結び付ける可能性を含んでいる（逆にそれを損なう可能性もあるが）。

しかしそれはあくまで可能性であり、新しい社会あるいは本来の意味での結社の形成の可能性を含んではいるが、個人対個人あるいは集団対個人の知的行為の範囲に止まるかもしれない。

それを現実のものとするためには、例えばネットワーク上の情報フォーラムで形成されたテクストをどの範囲で、いつの時点で、どのような形式で、公共的に利用できるテクストとして認知するか、その制度的・技術的書誌コントロールやテクスト蓄積などの保障が不可欠なのである。

このような状況下で、図書館が〈1〉⇕〈4〉の双方向性を保障すること、つまり公共的知識への個人のアクセスと利用と共に、その形成・発展に何らかの形で直接貢献する道（〈1〉→〈4〉の方向）を保障することに少なからぬ意義を見いだすことができる。図書館の自由とは、単に読書や資料利用の自由を守るという保護的側面だけではなく、個人の知的行為と公共的知識との双方向性を発展させる自由という積極的側面を含むものではないだろうか。そのためには、現代の情報環境下での公共的知識の形成とそれへのアクセス、創造的関与の方法の開発が必要であり、それがまさに図書館情報学の将来的課題なのである。

3　図書館情報学の将来

（1）図書館情報学の成り立ち

現代の図書館情報学の発生を近世ヨーロッパにおける王侯や教会の資料の整理・管理技術の開発に求めることに大きな異論はないと思われる。例えば、ライプニッツはハノーヴァーの貴族の文庫整理のために雇われた図書館員であり、そのための整理方法を考えた図書館学者でもあった。

そこで注目すべき点は、彼は辞書体目録の開発など整理技術や図書館経営面での工夫において成果をあげたが、それらはあくまですべての知識をその基本的要素に分析し、再合成することによって普遍学を打ち立てるという思想を実現するための技術的方法だったことである。現代的に言い換えれば、世界的規模の知識ベースの構築をめざしたと言って良いだろう。

このように、図書館情報学は知識・学問の普遍性と体系性への信頼とその探究、そしてそれを表現・実現するための技法の開発という二つの側面を持っていた。ＤＤＣやＵＤＣの開発も当然そのような意義を担っていたのである。そしてそこでの知識・学問の普遍性・体系性は、論理学や数学の基礎のうえに構築される自然科学を中心に考えられていたように思われる。

図書館情報学は、こうした理論的部分と実践的方法の二面性——書誌コントロールはその典型——を当初から持っていたが、その後の目録法や分類法の発展の中で、技術志向（より正確には職人芸的技法と言うべきかもしれないが）を強めていったことは否めない事実であろう。そしてそのような傾向への批判として、図書館情報学を他の学問と同様の近代科学の装いを持ったものにしようとする試みが一九三〇年代に米国を中心に起こり、実証主義的研究がその中心となった。(4)

また、社会科学的手法もそこでは多く取り入れられ、近年までその傾向は続くことになる。

これに対して、現代になり、また改めて自然科学や工学的研究の影響が強くなり始めている。その一例がOPACにおける主題による情報検索である。

書誌情報だけでなく、フルテクストを含んだデータベースにおける主題検索を効果的かつ効率的に行うためには、従来の分類法を中心とした主題組織法や情報検索理論では不十分であり、モンタギュー文法などの言語学、ファジィ論理、群論や射影幾何学を適用した分類理論、適合性に関する言語心理学、その他コンピュータ科学や認知心理学など、様々な研究分野の理論的成果の取り込みとその技術的応用あるいは共同研究が必要になっている。再び理論と技術の統合の時代に図書館情報学は入ってきたと言えよう。V・ブッシュのMEMEXはそれを可能にする総合的知識ベース構築の現代的構想として有名であるが、(5)こうした考えは実は図書館情報学成立当初から内包されていたのである。

（2）図書館情報学の課題

図書館情報学のこのような状況のもとで、前節で述べた公共的知識の形成とそれへのアクセス、創造的関与の方法の開発という課題に立ち向かうとすれば、どのような方向での研究が今後必要となるだろうか。

そこで気づくのは、図書館情報学自体は、客観的知識の創造に直接寄与することを目的とするわけではないことである（もちろん研究成果そのものは客観的知識となる）。図2－2に沿って言えば、むしろその目的は、知識とその担い手との関係を整理し、公共的知識の領域とその他の領域を明確にすることによって、個人と社会による情報・知識の創造と利用の進展と多様性を保障することにある。ここで言う知識とその担い手の関係とは、例えばハイパーテクストにおける、著者性の措定と利用するあるいは改変する権利との関係、常に変化しうるテクストの同定方法と改変のルールなどをあげることができる。そしてそれは目録と分類という形で長年図書館が行ってきたことと本質的に異なるものではないと言えよう。

こうした観点から、図書館情報学の今後の重要課題を、対象とすべき四つの次元に分けて列挙してみたい。

①　個人の次元

「読むこと、聞くこと」と「書くこと、語ること」との関係をテクスト・コンテクストを契機として考察すること。これまでの書誌コントロール論の拡大・再構築によって可能になると思われる。

②　社会の次元

「社会」が本来持っていた結社的価値を保ちながら、その知的行為の成果を公共的知識へ再編する方法を開発すること。電子情報ネットワーク上の特定の情報フォーラムでの成果をテクストとして構成し、情報源としての蓄積・利用を保障する方法の確立などはその一つであろう。

③　政府の次元

情報政策論の理論的枠組みを作ること。その中には、様々な種類の情報ネットワーク構築の政治的・社会的・経済的要因の分析や、情報アクセスの技術的・制度的問題が含まれる。

④　**公共の次元**

①～③の研究によって知識システムにおける蓄積性や多面性を保障したとしても、それが社会資本としての知識となるためには、信頼すべき知識の体系の裏付けが必要となる。しかしそれは、従来の分類表に代表されるような「固い」体系ではなく、状況変化や便宜性に応じた改変が容易な「柔らかい」体系でなければならない。具体的には、新しい索引言語による知識ベースの形成とそれと一体となった検索理論・システムの考案が重要課題の一つとなる。

このように、図書館情報学の将来は興味深く重要な研究分野を持つことになると思われるが、そこでの最大の問題は、むしろ研究を推進する人材を質・量ともにどのように確保して、支えていくかにあるかもしれない。

注

（1）松井博「情報の本質」『情報アクセスのすべて　増補改訂版』丸山昭二郎他編、日本図書館協会、一九九二年、三頁。
（2）柳与志夫「ネットワークの意味するもの」『びぶろす』、四四（三）、一九九三年、一一―一三頁。
（3）今井賢一他編『日本の組織一六・高度情報社会の戦略と組織』第一法規、一九八九年、九六―一八八頁。
（4）マイケル・H・ハリス『図書館の社会理論』根元彰編訳、青弓社、一九九一年、一九頁。
（5）田中久徳「Memexという道標」『国立国会図書館月報』三八九、一九九三年、三〇―三一頁。

第3章　公共図書館の経営——知識世界の公共性を試す

出典：『別冊　環　一五　図書館・アーカイブズとは何か』藤原書店、二〇〇八年一一月、一二八—一三三頁。

いきなり私事になるが、私が図書館に勤めてもう三〇年が過ぎた。その大部分は国立図書館という、図書館の中でも特殊な種類の図書館にいたわけだが、比較的最近の二年半だけは公共図書館の現場も経験している。自分でも改めて驚いてしまう長さだが、その間に図書館に対する親近感というか距離感に変化があった。

もともと現代哲学を大学で学んでいたが、ラッセルやオースティン以上に、一番好きな哲学者はライプニッツだった。彼が貴族のお抱え図書館員でもあり、世界中にアカデミーと図書館をつくり、それを統合しようと計画したことにも関心を惹かれていた。図書館の現場は、そんな理想とはほど遠いものだったが、それでも仕事や図書館情報学の勉強を通じて、図書館の可能性や改革に前向きな気持ちを持ち続けてきた。

しかし、この一〇年ほど、自分の考えていること——それが何かは最後で述べる——を実現するには、どうも図書館という枠組みでは、理念的にも、制度的にも狭すぎるのではないかと感じ始めて、文化・知的情報資源の経営《マネジメント》あるいは政策論に関心の比重を移していた。ちょっと図書館の将来を見限ったところがあったかもしれない。ところが、また最近、図書館、特に公共図書館の可能性をもう少し追究してみたい気になってきた。それが短い公共図書館経験の効用かどうかはわからないが、その「可能性」について、以下で考えてみたい。

1　公共図書館とは

公共図書館は、「公共」と「図書館」の二つの言葉でできている。二つとも日常的な言葉として誰でも理解しているようでいて、その実、一般に理解されている意味は「誰でも」「ただで本を貸してくれるところ」といったところだろうか。公共図書館の可能性を考えるためには、もう少しその言葉の本質を考えてみる必要がある。

まず公共性を考えるために、四つのレベルを設定して、その対立軸を表にしたのが表3－1である。そうすると、軸の右側、つまり「非政府・非営利で、社交性を重んじ、公共の利益を追求すること」の方に公共性という言葉が比較的なじみそうだ。しかもこの四つの要素を統合すると、日本で一般に理解されている公的機関（政府や自治体）に支えられた公共性ではなく、「民間公共」とでも呼ぶものになっている。それは不思議なことではなく、米国公共図書館発祥のひとつとされるフィラデルフィア公共図書館は、フランクリンら有志が自弁でまかなう会員制図書館から発展し、現代米国を代表するニューヨーク公共図書館も、民間基金、寄付、政府補助金、収益などで運営される、いわば私立図書館である。

この公共性の構成要素には、「公共」利益という言葉が入ってしまい、同語反復になっている部分がある。では、「公共」とは何か。おそらくそれはひとつの概念では括れない、いくつかの概念が歴史的・理念的に合わさったものであり、一義的に意味を決定できるものではないだろう。しかしここでは、議論を進めるために、公式性[1]（official）、共通性（common）、公開性（open）の三つの要素を含んだ概念と理解しておきたい。従来の公共性をめぐる一般的言説では、このいずれかの概念が中心になっていると思われるからである。

表3－1　公共性を構成する対立軸

国家・政治レベル	政府	非政府
市場・経済レベル	営利	非営利
行動様式（生活レベル）	親密性	社交性
行動原理（理念レベル）	私的利益	公共利益

この公共概念から現在の公共図書館を見ると、自治体が設立し（公式性）、年齢や社会背景を問わず誰でもが読むことのできる本や雑誌を扱い（共通性）、開館時間内ならどんな人でも入館して利用できる（公開性）という意味で、民間施設はもとより、他の公的施設と比べても、公共図書館ほどこの三つの要素を兼ね備えているところはないのがわかる。

それでは、「図書館」の方はどうだろうか。

ここで図書館の一般的定義をあれこれ考えることは、とりあえず関心の外にある。「情報・知識を媒体化した資料を収集し、整理し、保管して利用できるようにした施設」とでもしておこう。図書館資源におけるインターネット情報源や電子ジャーナルなど外部情報資源の比重が大きくなるにつれて、「収集」がいったい何を意味するかという重要な問題が提起されているが、ここでは置いておく。論じたいのは、こうした図書館の諸機能を支えている本質的機能は何かということだ。私なりの結論を言ってしまえば、それは蓄積性、編集性、信頼性の三つの要素からなる、文化情報資源の公共的利用の保障である。

蓄積性とは、フローとしての資料を長期にわたって蓄積し、ストックとしていつでもフロー化できる価値を持たせる機能であり、編集性は、資料を目録化、今でいえばメタデータ化し、さらに抄録、翻訳、合冊、編集、デジタル化、ハイパーテクスト化などの加工を行い、ストックがそのままの形ではなく、様々な出力形態で利用できるようにする機能である。近代に確立した出版物という形式の完成度が非常に高かったため、特定著者の分散したテクストの収集・編集、テクストの校訂など、近世まで普通に行われていた図書館でのテクテスト編集機能が、近現代の図書館では忘れられがちになっていたが、近年のデジタル化の進展によって改めて見直され始めたことは興味深い現象と言える。

さらに、資料分類法による知識体系の提示や版の管理によるテクストの真正性の保証などが支える信頼性も、知識の世界を安定させ、安心して図書館の資料を利用するためには不可欠の機能である。誤解のないようにしたいのは、こうした信頼性の装置が、永遠で、無謬であることを意味するわけではないことだ。知識分類の体系も変化する。現在世界の多くの図書館で使われているＤＤＣ（デューイ十進分類法）が、知識工学で使われるオントロジーやタクソノミー、あるいは利用者参加型のフォークソノミーなどに置き換わることは十分あり得る。肝腎なことは、知的な共通基盤となる集合性や階層性のまったくない、ばらばらのテクストや資料を使うことは難しいということである。

この三つの図書館機能が、それぞれ公共性の三つの要素に対応する側面があることに注目してみてもいいだろう。つまり、信頼性は公式性に、蓄積性は知識の共通基盤を作るという意味で共通性に、そして編集性はその必要に応じて誰にでも利用できる形で提供するという意味で公開性に対応している。こうした形で「公共」と「図書館」の間に接点を見出すことができる、というのはいささか強引だろうか。

2　公共図書館から

「公共」「図書館」のあり方を少し考えたところで、現実の公共図書館はどうなっているか見てみよう。

現在、日本のほとんどの公共図書館は、自治体によって設置・運営される公立図書館である。今や、非常勤職員の増大、業務委託の拡大、指定管理者制度の導入などにより、公立図書館経営の現場は、千差万別の状況でひとくくりに論じることは難しくなっている。しかし、本来の運営形態は単純である。司書資格のある職員を独自に採用し、原則として図書館から異動させずに図書館内で経験を積んでいく司書職制度をとっている自治体と、一般職の自治体職員を通常の人事異動で配置する自治体に大別されるが、その基本は、運営経費をすべて自治体予算でまかない、職員はすべて地方公務員（司書資格の有無は別）、自治体所有地に建設・保有している図書館施設というように、経営資源であるヒト、モノ、カネのすべてにわたって一〇〇％自治体丸抱えの、いわば官立図書館が実態だった。そこに「民間公共」という概念が入り込む余地はない。では、こうした公共図書館は、官立ゆえの強みを発揮できたのだろうか。

例えば、司書職制度を採用している図書館では、それが職員相互の専門性を高め、お互いに切磋琢磨する方向に働くよりも、「公務員」司書の身分保障になりがちだった。労働条件維持の観点から日曜開館や夜間開館に反対する一方で、専門職であることを示すべき新規サービスの開発はほとんど行われず、貸出に特化したサービスの改善にとどまることが多かった。そもそも経営の本質は、経営権の独立、つまり必要な経営資源を組織の内外から調達できるか否かにかかっている。その意味で、「官」の内側にしか経営資源をもたない図書館に最初から経営はなかったと言ってもよいかもしれない。

こうした状況に、近年大きな環境変化が押し寄せている。それは自治体の財政難による図書館予算削減や公務員定数削減という内部の問題と、公営事業の民間開放・市場化という外側の要因が絡んでいる。そして図書館の市場化は、ＰＦＩによる資金調達面、ＭＡＲＣ（機械可読目録）購入や資料装備のような図書館サービスの供給面、図書館運営要員の委託など、経営資源のあらゆる分野にわたっている。そもそも公共図書館サービスは、無料貸本屋批判からもわかるように、排除性・競合性をもつ財としての性質から、市場になじむ部分があった。

書店でも公共図書館でも本は主力製品である。では、同じタイトル、たとえばハリー・ポッターの本は、書店と図書館で同じものなのか、違うものなのか。私的財である商品として流通し、最終的には個人の所有となる本と、図書館が所有し、一種の文化財として現在及び将来の図書館利用者すべての人が借りることのできる準公共財的な本とでは大きく性質が異なることは確かだろう。図書館には商品を公共の文化資源にしていくという濾過装置が働いている。そのために、選書・発注・整備・目録化・書架配置・貸出手続き・修復・保存等にかかる人件費など、実はひょっとすると本自体の価格以上の大変なコストがかかっている。しかし一方で、利用者の要望にこたえるために、ひとつの図書館が何十冊ものハリー・ポッターを購入し、次々と貸し出した場合、それが公共の文化資源と言えるのだろうか。

現在の司書資格は専門職の資格としてはあまりにもその知識・技能の要求水準が低すぎるが、それでも図書館運営を支える最低限の人的保障であった。しかし実際には、全国の図書館では、正規職員の司書有資格者が一名以下の図書館が半数を優に超える状況となっている。そのような図書館では、司書有資格を採用条件とする非常勤職員採用や業務委託を拡大したため、図書館に興味もなく、意欲もないが、権限はもっている正規公務員職員と、司書資格をもって現場の実務を支えるが、権限もなく、低賃金で働く非常勤職員や委託職員の組み合わせという奇妙な状況が現出している。

このように、公共図書館の現状は、いわばなし崩しの市場化が進み、本来ならようやく内外の経営資源を使って図書館経営を確立していくべき機会に、経営の方向性が見えないまま呆然と立ちつくしているかのように見える。

情報や知識を商品として取り引きする市場が成立し、そこを出版物やCD、情報・調査サービスなどの製品・サービスが流通している。また、近年では、企業が持っている内部知識（内部文書、ノウハウなど）を資産化し、経営資源として活用しようとする知識経営（knowledge management）の考え方が普及しつつあり、情報・知識の市場化はますます強まっているかのようである。

しかし、人が情報や知識を日常的に得る場面を考えてみると、書店・古書店で書籍を購入することももちろんあるが、それ以上に家庭や職場、学校・大学・図書館などの公的機関、インターネット情報源（その背後に広告産業があるが）、友人・知人とのコミュニケーションなど、その多くを非市場的な場で獲得している。その中でも、公共図書館が、その公共性（公式性・共通性・公開性）と情報・知識の蓄積性・編集性・信頼性において、特別な地位にあることがわかる。問題は、現実の公共図書館がその地位にふさわしい役割をこれから果たしていけるのか、そのためにはどのような条件が必要なのかということである。

3　公共図書館へ

現実の公共図書館政策あるいは図書館現場の改革の方向については、本書第一三章で述べる[2]が、ここでは理念的な課題をひとつ取り上げておきたい。それは公共性を支える仕組み、境界性の担保の問題である。

「公共性」には、市場や日常的利害関係、人間間の葛藤を逃れ、すべての人が公平かつ公正に扱われる安定的な「場（物理的だけでなく、理念的な）」のイメージがあるように思われる。しかし、そこには当然、私的利益の世界から隔てる境界線が存在するはずだ。公共性の概念に時代や地域で異なる部分がある以上、その境界線も絶対的なものではなく、常に変化するが、細胞膜が細胞内物質の出入をコントロールするように、その最大の機能として境界の内外を区別する。つまり公共の世界に入ってくる情報・知識、そして人を「選ぶ」ということがあるはずだ。それが公共世界にふさわしいか否かを日々時間の経過の中で価値評価する機能なしに公共性は成り立たない。つまり、トポスとしての公共性に加えて、クロノスとしての公共性の側面があるのだ。公共性のもつ包含や公平というイメージの裏側に、それを担保する除外や区別という機能があることに目をつぶってはいけないのではないだろうか。そして当然ながら、そこに社会的偏見や政治性が入り込む危険性がある。公共図書館が、文化情報資源の公共的利用を保障する場として機能していくためには、こうした境界線のせめぎあいから逃れずに、立ち向かっていく勇気を図書館員がもたなければならない。それが「図書館の自由」の本質的な意義だと思う。

今世界は市場優位の社会が普遍化しているように見える。しかし、それはモノ（商品）中心の社会にふさわしい形態をとっているだけで、市場のアプリオリな優位性・普遍性を保証しているわけではない。人間・自然関係や情報・知識・知恵が優位を保ち、市場はマージナルな役割しか与えられていない社会がかつてあったし、これからもありうる。冒頭で述べた、私がここしばらく考えていること、それは、文化情報資源の公共的利用を保障する仕組みをどのように構築していくか、ということだった。そのひとつの方策として、情報・知識の生産から利用に至るサイクルの中で、その公共的利用に関心と責任感をもつ人たちが、業種や職務を横断して集える「場」と「時」を保障し、さらに、そのような機能の実現を担う新しい人材を育てることに、公共図書館は貢献できるのではないかと思っている。その意味で、改めて公共図書館の可能性に注目している。

注

（1）ここでいう「公式性」は、政府・自治体によるという意味に限定せず、民間企業・NPOを含めて、公共目的の正式な組織的裏づけがあるという意味で捉えたい。

(2) 初出は、柳与志夫「公共図書館経営の諸問題」『図書館の活動と経営』大串夏身編、青弓社、二〇〇八年。

第Ⅱ部　図書館経営のガバナンス

第Ⅱ部　まえがき

これまで図書館経営を論じるにあたって私が強調してきたことは、経営を支え、経営方針を定める図書館ガバナンスの重要性、そして何よりも、経営とガバナンスの区別の重要性だった。私が図書館に職を得た際（一九七九年）には、図書館界では「公共図書館＝公立図書館」という図式が広く受け入れられていたように思う。それに対する違和感が、経営とガバナンスを考え始めるきっかけだったように思う。

「第5章　公共図書館の経営形態」は、同じような感情を抱いていた同僚の小泉徹氏との議論の中で生まれたものである。そこで考えた「非直営図書館の可能性」は、一九八七年の発表当時まだその萌芽もなかった「公の施設における指定管理者制度」の意義と問題点を先取りしたものだった。これからの公共図書館のあり方を考えるうえでの根本的な問題として、図書館界での活発な論議を期待して提示したつもりだったが、当時は、そしてその後も、ほとんど本格的な議論にはならなかった。

二五年後に発表した「第7章　社会教育施設への指定管理者制度導入に関わる問題点と今後の課題」は、皮肉にもその時間的空白がもたらした結果を客観的にまとめたものになった。

「第6章　都市経営の思想と図書館経営の革新」は、図書館・図書館サービスを、行政・行政サービスと切り離して、あるいは場合によっては対立的に論じがちな図書館界の風潮に対して、行政経営全体のあり方と連動して図書館経営を考えるべきことを主張したものである。「図書館は、『公立性』に閉じこもることによってその根拠を見出さずに、むしろ『公共性』を追求することによって他の図書館（別の自治体や館種）との連携を強化すべき」（本書　一三八頁）との考えは、今も一貫して変わっていない。

第Ⅱ部冒頭の「第4章　有料？無料？――図書館の将来と費用負担」は、一見、図書館経営技術論的な問題と思われる有料サービス導入の是非が、図書館のガバナンスのあり方と図書館運営方針形成に関わる根源的な問題であることを示したものである。ここで論じた有料論・無料論それぞれの根拠の分析は、いまだに古くなっていないように思われる。むしろ、公共図書館への電子書籍導入をめぐる現在の状況を見るとき、ここで提示した課題は、今後本格的に検討されるための出発点になるのではないだろうか。また、私にとっても図書館経営論にその後取り組んでいくための出発点となった論考である。

第4章　有料？・無料？——図書館の将来と費用負担

出典：『現代の図書館』二一（四）、日本図書館協会、一九八三年一二月、二四一—二五一頁。小泉徹氏との共著。

——財布が頭の働きをするんですな
モリエール「町人貴族」鈴木力衛訳

1　有料論の背景

(1)　はじめに

一九七〇年代後半以降、政府・地方自治体の財政難を大きな契機として、図書館サービス有料化の議論[1]が、アメリカ合衆国を中心に高まりを見せてきたが、この論争は単に図書館界のみでなく、経済学者、教育学者等を含んだ広範なものとなっている。そこでの議論の中心は、一言で言えば、誰が図書館サービスの経費を賄うのか、つまり租税によるのか、連邦・州の補助金あるいは「利用者への料金賦課[2]」によるのか、という点にある。

むろん図書館サービスの有料制は新しい問題ではない。利用料金の徴収は、公共図書館の無料原則が確立した後も、複写サービス等既に多くの図書館で行われている。また、歴史的に見れば日本においても、一八九九年の図書館令では、図書閲覧料の徴収が認められており、一九五〇年の図書館法によって初めて無料原則が社会的に認知されたのである。(3) 貸出を中心としたサービス拡大が、図書館の予算・人員の拡大に結びついた時期が過ぎ、財政難と行政の効率化を理由とした図書館サービスの見直しが主張され始めている現在、有料制の問題は、日本の図書館界にとっても無縁のものとは言えないであろう。

にもかかわらず、無料原則は現代の公共図書館にとって、基本的に疑うことのできない前提となっている。公共サービスとは何か、図書館は何をサービスすべきか、といった理念的問題にまで遡っての有料化論は、この信念に対する根源的な問題提起をなしており、将来の図書館のあり方を考える上でも、極めて示唆的なものを含んでいると言えよう。

この小論では、米国における有料化論の高まりの背景と、有料論・無料論それぞれの論拠の検討・批判を通じて、公共図書館サービスにおける費用負担に対するひとつの考え方を提出したい。

(2)　情報化社会と図書館

有料化をめぐる議論を簡潔に整理しているT・J・ウォルダートとT・ベラードは、有料制が主張されるようになった背景として、①図書館のサービス方針の変更、②図書館財源の縮減、③民間情報産業の動向、④図書館及び情報産業と国家の情報政策との関連、の四点をあげている。(4) この内、②を除く三点は、七〇年代以降のいわゆる「情報化社会」の到来というひとつの文脈に属していると言ってよいであろう。

①の図書館の方針の変化とは、図書館が受身のサービスから、新しいニーズを掘り起こし、より広汎なサービ

スで応えようと変わってきたことをさす。すなわち、情報産業や情報技術の発達と、社会の変化に遅れまいとする情報センター化の動きがそれである。テレコミュニケイションの進展によって、各種ネットワーク情報源と家庭・職場が結ばれることになれば、伝統的図書館サービスはほとんど無意味になってしまうためである。(5) その中にあって、オンラインによる情報検索が今後の有力な図書館サービスとして浮上してきたが、それを実施するためには新しい財源が必要となる。公共図書館有料論の発端は、この機械情報検索の費用をどこが負担するかにあった。また同時に図書館は、「もし無料サービスによって要求が増大すれば、有料化によって、費用を賄わざるを得ない」(6) という立場に置かれることにもなった。

次に、米国における情報産業の発展について概観してみよう。情報産業の一九七四年の売上高を見ると、三四〇〇億ドルで、同年の米国GNP一兆四一三二億ドルの二四％に達している。(7) そしてその活動は、情報伝送、情報処理、科学技術情報サービスの各分野にわたり、産業・社会に深く浸透している。これには米国政府の政策と投資が関与しているが、それはスプートニク・ショック以来の教育関係費の増大——その中に図書館も含まれる——と、情報産業育成のための公共投資という形をとっている。ところが、料金制度の上に成立する情報産業にとって、同種のサービスを無料で行おうとする公共図書館は、公正な競争を阻害する存在となる。また、著作権をめぐる出版社と図書館の関係も深刻な問題を引き起こしている。(8)

しかし同時に、米国の図書館は、一次文献のみならず、目録・データベースからコンピュータ等の機器に至るまで、情報産業の製品とサービスの有力な市場でもある。図書館もまた、そうした新しい製品とサービスを利用することにより、自らのサービスの拡大をめざしてきた。つまり、一見、有料・無料で対立する情報産業と図書館も、前者は公的資金の援助や市場拡大、後者は有料サービスの利用などによって、相互依存の関係にもあると言ってよいだろう。

こうした民間、公共両部門の情報活動に対して、連邦政府の情報政策にも大きく二つの潮流がある。一つは、言うまでもなく情報を商品と考え、産業を振興するための経済政策である。他方、「情報に通じた市民」(well-informed-citizenry)の育成を目標とし、市民の情報への平等なアクセスを保証しようとする思想がある。七九年のWHCLIS(図書館と情報サービスに関するホワイトハウス会議)におけるカーター大統領の冒頭演説は[9]、その理想主義をよく表現している[10]。しかし、現実には、GPO(連邦政府印刷局)出版物の値上げやNTIS(商務省技術情報サービス局)の料金設定に見られるように、連邦政府は、財政難のために情報コストを料金で償う方向に進んでいるようである[11]。これは料金によって成立する民間産業・IIA(アメリカ情報産業協会)の歓迎するところでもある。

最後に、以上の状況を含んだ情報化社会の理念的前提の一つをここで明らかにしておこう。それは「情報」が経済的価値を持ち、商品化しうるという市場社会の原則である。このことは、社会的知のあり方が、体系的・有機的「知識」から、可分的・構成的「情報」に重点が移行していることと連動しているとも言えよう。かつては保存・閲覧を中心として、その蔵書量を誇った図書館から、貸出・レファレンス(参考質問)を重視し、貸出冊数をサービス指標として競う図書館への変化は、この状況を反映している。図書館は、ストックよりもフローを重視し、情報を追求することで、自らをより経済的文脈の中においている側面は否定できないであろう。

(3)　地方財政の悪化と図書館

米国の公共図書館は、その運営の財源の大部分を連邦・州政府と地元自治体に依存しており、特に自治体からの拠出が四分の三を占めている[12]。そのため、七〇年代以降の不況による地方自治体の財政難は、直接図書館経営に影響し、そのことが有料制導入論に火をつけることになったのである。また、カリフォルニア州における提案一三号[13]にみられるような固定資産税を中心とする市民の減税運動が、七〇年代後半から各地で盛んになったという事情も考慮する必要がある。

こうした困難が、図書館の有料論の大きな要因であるが、その前提となる米国の地方自治体財政の実態はどのようなものであろうか。以下二、三の特徴を指摘すると、

①ＧＮＰにおける州政府と地方自治体の支出割合が、年々増大している。[14]

②歳入源における税収入の割合が、低下している。特に財産税[15]の占める割合の低下は顕著である。[16]

③前項に伴って、連邦・州政府からの補助金、及び使用料・手数料の占める比率は増加している。[17]

ということがあげられる。この事実を日本と比較すると、[18]米国の地方自治体にとって、使用料・手数料収入が、もはや欠くべからざる財源となっていることは明らかであろう。したがって、米国においては、公共サービスに対する料金の賦課が、当局にも、市民にも違和感のないものとなっていると言えよう。そしてさらに、自治体予算に占める図書館関係費の割合も、この状況下で、六五年の一・二％から、七四年には〇・八％（一二億ドル）に低下している。特に図書館は、前述の固定資産税をその主財源としてきたため、直接の影響を受けている。[19]

以上のことからも、図書館の財源としての有料制が持つ意味の、米国と日本における深刻さの違いが理解されよう。こうした背景のもとに、有料論が、公共経済学をその理論的支柱としつつ、主張されるのである。

2　有料論の論拠とその前提

(1)「公共サービス」とは？

第1節では、有料論台頭の背景について考察し、①情報化社会の進展、②地方自治体財政の悪化、③それらに

伴う図書館の方針変更等が、図書館の有料化論と密接な関係を持つことを明らかにした。だからといって、図書館サービス有料化論者も、すべての財源を料金に頼ることができるとは考えていない。公的資金は図書館の主要な財源であることに変わりはないが、その全体に占める比率が問題なのである。そして、この問題は、図書館サービスがどの程度の公共性を持つかに依存しており、それは公共経済学の枠組によって解決すべきであると彼らは主張している。そこで、次に公共経済学の概念及びそこから導入される有料論について考察したい。まず、公共経済学が、公共性を分析するために使用する二つの概念「公共財・公共サービス」「外部経済性」について説明してみよう。

「公共財・公共サービス」には、二つの特性がある。第一は、それが個人よりも、共同して利用・消費されるときにより効率的であること、第二は、それを利用・消費することから特定の人を排除することが非効率的になることである。前者の例として、公共輸送、後者の例としては、街灯や環境汚染があげられよう。そして、この両者を兼ねる「公共財・公共サービス」として、国防・消防などが典型として考えられる。したがって、政府・自治体が供給する財・サービスは、必ずしもすべて公共財・公共サービスではなく、郵便やアルコールは除外されることになる。

次に、「外部経済性」（externality）についてであるが、これは市場取引によって生じる費用なり便益が、その市場の中では代償されないことをさす。教育・福祉・保健のように、まず個々人がその費用に対して便益を受け、そのことによって、社会全体も便益を受ける場合と、産業活動によって生じる環境汚染のように、外部不経済の場合がある。しかし、代償されないのは、その市場を限定していることによるのであって、環境汚染の場合、自然がその費用を代償していることになる。この経済の外部性は、その性質上、定量化しにくいと言える。(20)

(2) 有料論の論拠

前述の「公共サービス」の定義から、自治体が一般に行うサービスに、純粋な公共サービスがほとんどないことは明らかである。費用・便益を個々人に対して評価し、特定の個人をそのサービスから排除することが可能だからである。したがって、水道・ガス・公共輸送等の公共料金、諸登録・証明書や集会所・プールの使用料・手数料の徴収は、その当初から行われている。つまり、それらは「公共の便益を伴う民間財」[21]と言えるのである。また、図書館における複写サービスは、通常有料になっているが、それはこのサービスが、限定的、選択的、測定可能かつ個人において利用・消費されるためである。そして、この基準は、さらに貸出を初めとする伝統的図書館サービスまで拡大しうる基準であり、この経済学的観点によれば、図書館サービスの公共性は、かなり程度の低いものになると言えよう。これらのことを前提として、公共経済学は、以下に述べる図書館経営の効率性、外部効果の低さ（外部経済性の問題）、負担の公平の各観点から、図書館サービスの有料化を主張するのである。

最近、図書館学においても、図書館の経営管理の研究が盛んになっている。しかし、伝統的に公共図書館の図書館員は、その社会教育的機能を重視する余り、図書館サービスの費用便益分析に大方は無関心であった[22]。複雑性・多様性と定量化の困難さという不利があるにせよ、図書館は、自らのサービスを指標化し、どれだけの費用（労力）が、どの程度の成果をあげたかの効率性評価を明確にしていない。また各々の図書館サービス・資料を図書館経営全体の中でどのように配分し、強化・縮小するかの基準も、サービスの価値評価ができないために、利用統計と担当者の勘に頼りがちであった。以上の問題は、経済学で言えば配分効率の問題ということになろう。

料金制度を導入することは、利用者のニーズを測り、図書館サービスの価値評価とその配分に役立ち、また図書館が主体的に利用者のニーズを誘導・合理化し、さらに新しいサービス導入の判断の助けになると有料化論者は主張するのである。

有料化論の第二の根拠として、公的資金において、サービスを維持するほどの社会的メリットが図書館にはないとする論点がある。図書館を利用する個人に便益を与えることが、最終的に社会にも便益を与える（全体の負担を引下げる）ことになっているかという図書館の外部経済性に対する疑問である。

これには、外部効果を持つとされる公教育をひきあいに出して、図書館の社会教育上の機能を強調し、反論する立場がある。しかし、現実の図書館利用を見たとき、

a．子供の利用を図書館員は軽視し、教養ある成人の利用を歓迎しがちである。また、図書館学研究・教育における児童サービスの位置づけが低い、

b．レファレンスにおいて、「いかにして知るか」よりも、情報そのものを図書館員は与えようとしている、等の批判が見い出される。[23] 今後、図書館が情報センター化をめざせば、この傾向はさらに進むであろう。

それに加えて、教育機能への根本的批判としては、マネタリストらによる公教育そのものの有効性への疑問がある。彼らは、民間の教育・文化産業にまかせることで、より効率的教育が可能になり、民間経済を活性化する助けにもなると主張する。州の補助金が出ている高等教育では、補助なしでもやっていける人々がむしろ恩恵を受け、低所得者層はかえって排除されていること、また連邦政府の教育予算増大にもかかわらず、非識字者は逆に増加の傾向すらあることなどの要因がある。[24] そして、この理論を進めて行けば、図書館は、有料の民間情報産業で代替できるということになろう。

次にもうひとつの論拠として、税の公平が問題とされる。そこで、まず税の基本機能を考えてみると、それには、①政府・自治体の公共財・公共サービスの資金、②収入の再配分、③民間の支出・収入の抑制、の三点があげられる。[25] ②の収入の再配分という観点から図書館サービスを考えたとき、常に問題とされることが、全市民が図書館を利用するのではないという事実である。料金負担が可能な中流階級以上の人々が最も良く利用し、全市

民の二〇～四〇％程度しか恩恵を受けていないとしばしば指摘されるサービスに[26]、すべての人（とりわけ低所得者層）が税負担をすることは不公正である、とする議論は、有料化論の主要な論点のひとつとなっている[27]。

これには二つの側面があり、支払負担能力の原則（応能原則）と受益負担能力の原則（応益原則）がそれである。供給と需要、収入と支出というように、二項対立の観点を好む経済学者にとって、両者の均衡によって税の公平を考えるのは自然なことである。

一般に、所得税は累進課税制をとり、それを公的サービス（教育・福祉など）に向けることによって、税を国民に再配分する目的がある。他方、米国の図書館が主財源とする固定資産税は、逆累進課税である。国民は負担能力に応じて税を払い、公的サービスである図書館を利用するわけだが、前述のように、所得再配分の機能がそこで十分果たされているとは言いがたい。また、税負担に対応して、サービスを享受するものが、その量に応じて費用を負担することによって、公正さを確保しようとする受益者負担の原則が、さらに図書館サービスの有料化を支持する。利用者の選択性がある点で民間財としての性格を持つ以上、図書館サービスにおいて負担能力のある限られた人々の利用について、料金を徴収することは当然とされるのである。

（3）　有料論の理論的前提

これまでの議論からも、有料論が、公共経済学における「公共サービス」とは何か、という経済的文脈において主張されていることは明らかである。

たとえば「公共財・公共サービス」を本節（1）ではかなり厳格に定義した。しかし、「ある一人に与えられたとき、等しくすべての人にも利用可能であり、かつ付加コストなしに他の人にも与えることができる財・サービス」とする定義をとれば[28]、図書館サービスの公共性の度合も異なってこよう。今日の日本では、道路建設は、公的資金によって賄われている。しかし、これまでの「公共財」の定義からすれば、「自動車通行は市民の基本的権利を構成する要素ではなく、むしろ、選択的なかたちで消費されているもの[29]」なので、非利用者の負担の上に、マイカー利用者が道路サービスを享受することは、不当なことになる。つまり、何が公共サービスであるかを現実に決定する基準は、公共経済学の中にはないのである。したがって、図書館サービスを有料化することは可能であるとしても、どこまでを有料化してよいのか、その際限はないと言える。

この問題は実は、公共経済学が依拠する、新古典派経済学における社会共通資本のカテゴリー決定の困難さに源がある。公共財・公共サービス概念を基準とした効率性、所得再配分、受益者負担の理論は、生産手段の私有性と、完全競争的市場機構を前提とした新古典派経済学の枠に組込まれている。ある目的達成のためには、限られた資源（図書館資源でもよい）をどのように配分すれば最も効率的かを考える配分効率の基準や、サービスによりどれだけの便益を受けたかの評価は、市場機構を前提として成立するからである。そしてこのことは、前述した、市場社会における情報の商品化とも符合するのである。

3　無料論の論拠とその前提

(1)　無料論の論拠

第2節では、公共図書館にも有料制を導入すべきだとする主張の論拠とその理論的前提について考察したが、次に有料制に反対し無料制の維持を主張する論拠を検討してみたい。ここでウォルダートとベラードの提示した論拠をあげると、以下のようになる。すなわち、有料制の導入は、

①　社会的弱者に対する差別を助長する。

②民主主義社会にとって基本的な権利である情報へのアクセスを阻害する。
③長期的には情報サービスにおける公共の支出を削減することになる。
④公共図書館の関心を「金になる」分野に集中させることになる。
⑤料金を支払える者しか情報を得られない状況をつくりだす。
⑥租税にくわえて利用料金を二重に払わせることになる。
⑦結局、かえって社会的費用がかさみ、利益を上回ってしまう。
というものである。[30] これに「利用料金は図書館の伝統になじまない」[31] とする意見を加えれば、論拠はほぼ出つくしていると言えよう。しかしこのままでは論点があまりにも多岐にわたるので、以下では次の三点に整理して考えたい。

Ⓐ公共図書館は伝統的に公共性を認められ、無料であった。（前記、②④⑥）
Ⓑ有料制の導入は、民衆の「学習権」を阻害し、社会的差別を助長する。（前記、①⑤）
Ⓒ有料制の導入は、図書館活動の縮小再生産をひきおこすだけで割に合わない。（前記、③⑦）

ウォルダートらのあげる②、④、⑥の論拠をⒶに整理するのは多少強引の感がするが、必ずしも根拠を欠いているわけではない。公共図書館は、その名の通り公共制を認められているからこそ租税によって維持されているのであり、利用者は租税と利用料金を二重に支払う必要はないのである。そして公共図書館の「公共性」は、「民主主義社会において情報へのアクセスが基本的権利である」[32] という点に見いだされる。「もしも私たちが教養のある情報に通じた国民を持つべきであるならば、私たちには強力で開かれた図書館システムが必要だ」[33] とする信念は、図書館の「公共性」に確信を持つところにしか存在しえない。そしてまたその「公共性」に確信を持つからこそ、図書館員は「金になる」分野ばかりに関心を集中すべきではない、という倫理的立場が演繹されるのである。しかも「公共性」をこのように「経済活動」すなわち「損得」から切り離す思考、また「知識」を良き市民たる不可欠の条件と考える理念は古代ギリシアにまでさかのぼるもので、近代市民社会に固有の理念ではない。[34] 以上の文脈で考えるならば、②、④、⑥、はⒶの中に含めて考えてもよいであろう。

これに対して、①、⑤、がⒷに整理できるのは、ほとんど自明の理である。社会的弱者が経済的理由によって図書館から、ひいては情報から疎外されるならば、社会的弱者はいよいよ弱い立場に追いつめられる、それを防ぎ社会的弱者が社会的平等を達成するためにも図書館は無料制を維持すべきだ、というのがその趣旨である。[35] そしてこの考え方の前提に、民主主義社会においては図書館こそ「民衆の大学」なのだ、とする思考があるのはいうまでもない。[36] 近年高まりを見せている「生涯学習」の呼び声の中にあって、以上のような考え方が「学習権」として把握され、それを人間の基本的権利だとする主張も現われはじめているのは周知の通りである。

そういう時代であるからこそ、図書館の活動をさらに活性化しなければならない、そのためにも無料制は維持しなければ、というのがⒸの認識であるといえよう。それに加えそこには現実に予算を削減され、活動の縮小を余儀なくされている公共図書館の現場の声が反映している。もしも有料制を導入すれば図書館の利用者は減少し予算はさらに削減されるであろう、その結果図書館の財政はますます苦しくなり受益者負担の原則がさらに強化されるであろう、そして利用料金の高騰のために利用者はますます減少するという悪循環が繰り返されるであろう、という危機感がある。利用料金を設定するにあたって「どこに一線をひくべきか知ることは事実上不可能」[37] である以上、いったん有料制を導入すると際限がなくなり、結局は社会全体の費用負担を増大させ経済的にも割が合わなくなる、[38] という反論もこの立場に立っているといえよう。

（2）無料論の有効性

さて以上、有料制に反対する論拠を三点に整理し、簡単に紹介してきたが、それらの論拠ははたしてどの程度有効性を持つものであろうか。まず、Ⓐに関して言えば、諸外国においても図書館法の成立以来、公共図書館の運営は地方自治体の負担においてなされてきた。その意味で、無料原則は公共図書館の伝統のひとつに数えられる。しかしひるがえってみるならば、公共図書館の歴史自体、たかだか百数十年にすぎない。しかも図書館法の成立にあたってすでに、その無料原則に対しては、内容において今日の批判と大差ない批判が寄せられているのである。[39]したがって「公共性」が証明されない限り、無料原則は公共図書館およびその利用者にとって「伝統的な自明の理」ではなく、「既得権益」にとどまるであろう。

そしてこの「公共性」こそ図書館員のつまづきの石となり、有料論者の主要な攻撃目標となった。図書館員は公共サービスという概念をあまりにも素朴にとらえ、単純に「公共機関の行なうサービス」と考えている。しかし公共機関の行うサービスがすべて公共サービスであるわけではないし、公共サービスのすべてが無料のわけでもない、公共経済学の立場に立つ論者はこのように批判する。[40]そしてこの批判に対して公共図書館の側は充分な反論をなしえていない。たとえ図書館が民主主義社会の存立に不可欠だという前提を受け入れるにせよ、それは直接に無料原則につながるものではない。「公共制」に関する論争において無料論者が不利なのは、公共図書館が自らの「公共性」を自明のことと考え、自らのアイデンティティを「公共性」一般に解消させてしまった結果であると言えよう。

それならばⒷの「学習権」の立場に立つ反論は有効であろうか。ところがこの点もまた有料論者の厳しい批判を浴びた点にほかならない。公共図書館の利用者を社会階層から分析してみると中流以上が圧倒的に多い。これでは「貧しきもの」の負担にうえに「富めるもの」が利益を享受することになり、無料原則は社会的差別を解消するどころか助長しているではないか、というわけである。[41]「学習権」という言葉のあいまいさもまた批判をまねく。それは「学習する権利」のみをさすのであろうか、それとも「学習した成果が正当に評価される権利」をさすのであろうか。前者をもって「学習権」とするならば、学習が社会的評価に結びつくことがないのだから、社会的弱者はいつまでたってもそのままであろう。また後者をさすならば「学習権」は単なる社会的上昇のための一手段となり、「知識」もまた譲渡可能な資本の一部にしかすぎなくなるであろう。そしてもしそうならば、そこに受益者負担の原則を適用してもかまわないことになる。つまり「学習」という言葉の中に、「純粋な知識の探究」と「社会的に認められる能力の形成」という必ずしも同一とは言えない意味合いが同居しているのである。[42]

以上のような反論にくらべると、有料化が割に合うかどうか、という議論は、問題が経済性に関するだけに、有力な反論になりうる。しかし図書館を有料にした場合の社会的費用と、無料のままの場合の社会的費用を客観的に試算・比較した研究はまだ出ていない。そのうえ図書館活動にかかる社会的費用は、それに対する需要に応じて決定されるべきであり、図書館活動をあえて活発にしなくてもよい、という意見も存在する。[43]このような意見に対して、無料論者は説得的な反論を提出できるであろうか。

結局、公共図書館無料論の論拠は、あいまいなものにとどまっているように思われる。公共図書館が「近代市民社会」に不可欠の一要素であり、また「民衆の大学」だからといって、それらは決して無料原則を保証するものではない。警察であれ消防であれ、無料原則にしたがっている公共サービスは、いかなる社会においても不可欠のサービスである。[44]これに対して図書館の存在はいかなる社会にも不可欠の存在だと主張しうるであろうか。次節では有料論の理論的前提と無料論の理論的前提を比較・検討し、図書館の選択しうる道を考えてみたい。

4 展望

これまでの考察の中で、有料論の理論的前提が直接的であれ間接的であれ「市場社会」に求められること、それに対して無料論の理論的前提が「民主主義社会」であるところの「近代市民社会」にあることを明らかにしてきた。以下では両者を批判的に検討し、問題点を指摘したい。

（1） 有料論の問題点

まず有料論をとりあげてみよう。そこには確かに無料論よりも一貫した理論の流れが認められる。ある意味でそれは「現実的」とさえ呼びうるかもしれない。しかしその論理は図書館のものではない。それは経済学の論理である。しかもこの経済理論は、生産手段の私有を前提条件とした分権的市場経済にのみ適用されるもので、そこでは社会的資源は最初から除外されている。したがって人間は労働提供の生産要素としてのみ把握され、その社会・文化・歴史的存在は捨象されるのである。(45)

これに対しては、図書館も社会内存在である以上、その社会の論理にしたがうほかはない、という考え方もある。しかし経済学の論理のみが現代社会の論理だと言い切れるであろうか。制度化された経済学に対しては、今や米国においてさえも疑問が投げかけられている。(46) また経済学自身の前提となってきた「市場原理」そのものにさえも根底的な疑義がつきつけられている。(47) このように考えると、有料論の前提になっている「経済学」＝「市場原理」そのものが今や相対化され、その先験性があらわになりつつある時期だと言えよう。したがって有料論が一見論理整合的に見えても、そこには一定の価値判断が含まれているのである。

一例として無料制と社会的差別の連関をとりあげてみよう。有料論者は無料であるがために「貧しき者」の負担のうえに「富める者」が利益を享受しているという。しかしこれを言いだしたのはほかならぬ中産階級の「富める者」であって「貧しき者」ではない。そして公共経済学が公共サービスとしての図書館サービスを論じるのは経済的前提の範囲内でしかなく、そこでは図書館の社会的・政治的・文化的・歴史的存在意義は考慮されていない。受益者負担の原則から言えば、低所得者層の利用率の低さは確かに問題であろう。しかし公共図書館がその人々にも公開され、排除していない、という視点は、経済的には論じられない。

有料論者はまた言う、図書館の「公共性」には疑問がある、と。ここで公共経済学のいう「公共性」の議論に再度深入りするのはよそう。ただ一般に「公共性」を認められている国防、建設（公共投資）などについて考えてみるだけで充分である。米国の例をみても国防予算はいまや「国防」のためなのか、「国防産業」のためなのかわからないほど肥大している。にもかかわらず公共経済学はこれに対して積極的に発言し、その合理的基準を提示しているようには思われない。日高横断道路なるものとて、それが「公共」のためのものか、北海道開発庁および建設業者のためのものなのかは自明ではないだろうか(48)。それでもなおそれは「公共事業」なのである。結局、「公共性」という概念は、それぞれの時代の歴史的先験性を反映している、としか言えない。したがって図書館サービス有料論もまた、経済的外見をよそおいながらも、無料論と同じく、その基底では「公共」サービスをどのような文脈でとらえるのか、という政治的理念に関わっているのである。

とはいえ、それは有料論に何の意味もないということではない。無料原則が絶対不可侵の根拠にもとづいているわけではないことを示し、有料か無料かという問題も相対的な問題でしかないことを明らかにした点は、積極的に評価すべきであろう。第3節で見たように、無料原則の論拠は、有料論のそれにもましてあいまいだからである。

（2）無料論の問題点

まず第一に無料論の依拠する「民主主義社会」という概念の多義性があげられるが、ここはそれを詳しく論ずる場ではない。ただ「民主主義社会」であるところの「近代市民社会」が、同時に「市場社会」でもあるという事実を指摘しておけば充分であろう。(49) 問題はむしろあやふやな「民主主義社会」を疑わなかった図書館の側にある。すべての人に対して開かれているべきだ、という意味で公共図書館が「民主主義社会」と歩みを共にしているということは確かである。しかし「民衆」の支持こそ図書館のよって立つ基盤であり、「民衆」の生活向上こそが図書館のめざすものだ、ということになると、(50) 問題は異なってくる。この場合「民衆」とはいったいどのような存在なのだろうか。それは常に学びつつ社会に貢献する自立した自由で平等な個人の集団をさすのであろうか。むろんそのような個人はいるかもしれない。しかし総体として見た場合、「民衆」が読み書きの能力を獲得したのは、必要に迫られたり、あるいはそれがあった方が有利だったからである。(51)「真理が人間を自由にする」から学んだわけではない。また「民衆」の生活向上が図書館の目標だという場合、それは「学習」によって個々人の能力、ひいては市場価値を高め、結果として生活の向上に資するという意味なのであろうか。もしそうならば、図書館は確かに社会的差別の形成に手を貸していることになる。そうではなく図書館はすべての人の能力を高め、生活の向上に資するのだ、という反論もあろう。しかしどうして図書館がすべての人の能力を高められよう。一九六〇年代以来、米国で盛んになってきた「図書館非利用者への働きかけ」（アウトリーチ）は、むしろ図書館活動の質を低下させているとする見解さえ現われている。(52)

結局、図書館員は長い間、「民衆」とか「市民」などという言葉に先験的価値を認めすぎてきた、と言っては言い過ぎであろうか。(53)「民衆」は、「民主主義社会」の一員であると同時に、「市場社会」で能力を売らなければならない存在なのである。図書館員が日々相手にしている利用者は、図書館員同様、正しい選択をすることもあものでもなく、「民衆」によって正当化されるものでもないであろう。

れば、誤った選択をすることもある。したがって、図書館が「民衆」の支持なしに存在しえないのは言うまでもないにせよ、「民衆」の要求にこたえていさえすれば正しい選択ができるというわけではないのである。図書館員もまた自らの正しいと信ずる選択を提示しなければならない。そしてそれは「経済学」によって正当化されるものでもなく、「民衆」によって正当化されるものでもないであろう。

(3) 結論

有料論、無料論、そしてそれらの理論的前提を批判的に再検討することによって、この問題が単なる図書館経営の些事にとどまらぬ本質的問題に関わっていることを明らかにしえたと思う。確かに現在のところ、日本では有料化がさしせまって問題になってはいない。そこには戦後の図書館運動が一つの反省の上に立って進められてきたといういきさつもあろうし、また公共図書館の急速に充実した時期が日本の高度経済成長の時期と重なっていたため、財政面でそれほど問題がなかったという事情もあろう。しかしいまや状況は変わりつつある。いわゆる「行革」は地方におよび、人減らし、ＯＡ化の波は図書館にも押し寄せている。その中で「財源さえあれば」あれができるのに、これもやれるのに、という図書館員の気持ちを逆用して、有料化が導入される恐れがないとは言えない。そしていったん無原則に有料化の道を歩みはじめると、際限がなくなってしまうことはすでに述べた通りである。そのためにも図書館員は自らの基本的立場を確認しておく必要があるのではないだろうか。

しかしそれは「全面的有料化」、あるいは「無料制の維持」という選択の一方をえらぶことにはつながらない。有料か無料か、という問題は、現在図書館が置かれている状況の一端を示しているにすぎず、どちらを選んでも状況そのものが変わることはないからである。複写サービスやオンライン・サービスの発達により、「情報の移転(54)」が容易にできるいま、情報が商品価値を持つことは事実であり、そこで完全な無料制を主張することは不公平をひきおこす。米国で最近注目されはじめた「情報ブローカー」[55]の存在などは、公共図書館の無料、あるいはきわめて廉価なサービスをぬきにして考えられない。他方、図書館サービスのすべてにわたって受益者負担の原則を貫徹すれば、その対価は驚くほど高額にのぼり、多くの人々を図書館から排除することになるであろう。

そこで最後に以上の考察をふまえて、有料か無料かという問題に対するひとつの解答を試みに提示したい。まず有料論に関して言えば、情報の商品化という基本的認識は受け入れる必要がある。問題はどこまで有料化を認めるかということにつきる。ここでは一応「情報の移転」が容易であればあるほど、そこに「市場原理」を導入する余地があると考えたい。機械による複写は、筆写にくらべはるかに労力が少なく、それだけ移転しやすい。そのために複写サービスに料金を課すのは当然のことと考えられているのである。同様に、従来の検索にくらべてはるかに移転しやすいオンラインによる情報検索も、少なくともプリントされた製品に関しては有料化することもやむをえまい。またすでに商品化されているデータベースを利用する場合、利用料金が利用者に課されるのは当然である。

逆に言えば、「情報の移転」が困難になるほど無料原則は遵守されなければならない。「読書」という行為自体は移転不可能である。そのうえ結果として得た情報を商品化することには、労力と困難がともなう。したがって、資料を保管し直接利用させるという図書館の基本的機能は、公共の負担においてなされるべきであると考える。その論拠は何か。移転しえないものは商品となることがなく、「市場原理」に巻きこまれることがない、というのも論拠のひとつである。しかしそれ以上に、すべての人間が学ぶ機会を与えられるべきであること、そして学ぶ人間が言葉を通じて「知の世界」を共有しうる可能性があること、これらは図書館のよって立つ最後の基盤であり、歴史を通じて守ってきた価値だと主張してもよいのではないだろうか。情報が移転しやすくなったいまこそ、「移転しえないもの」の価値を守る必要があり、そこに図書館の存在する理由もあるように思われるので

ある。(56)

注

（1）この議論を簡潔に要約したものとして、
①Thomas J. Waldhart and Trudi Bellardo, "User Fees in Publicly Funded Libraries", *Advances in Librarianship*, vol.9, Sep. 1979, pp. 31-61,
②Miriam A. Drake. "Fee for Services in Libraries: Who pays ? Who should pay ?", in Miriam A, Drake (ed.), *User Fees——A Practical Perspective*, 1981,
のふたつをあげておく。日本では、川崎良孝氏による以下の紹介論文がある。
①「図書館サービスの拡大と有料制の問題（Ⅰ）」『図書館界』三四巻一号、一九八二年五月、一三一—一四三頁。
②「アメリカ公立図書館と財政危機——有料制論議への問題提起を含めて」『みんなの図書館』第六九号、一九八三年二月、三六—五三頁。

（2）ここでは『特定の情報サービスの引替に、図書館が決定し、個々の利用者について評価した代価』という Waldhartらの定義に従う。art. cit., p. 38.
なお「有料」論と「無料」論は、図書館サービスの直接利用への賦課の有無を一応の区別の目安とするが、厳密に境界線を引くことができないことは、本文の中で明らかにしていく。

（3）森耕一「公立図書館の無料制」『同志社大学図書館学年報』第五巻、一九七九年、一一一—一一九頁。

（4）Thomas. J. Waldhart and Trudi Bellardo, art.cit., p. 40.

（5）Miriam A. Drake, art. cit., pp. 25-27.

（6）"Editorial: User Fees", *Journal of Academic Librarianship*, vol.3, no.6, Jan.1978. p. 319.

（7）Marilyn Killebrew Gell, "User Fees I: The Economic Argument II: The Library Response", *Library Journal*, vol.104, no.1, Jan.1.1979, pp. 19-23, vol.104, no.2, Jan.15, 1979, pp. 170-173.

（8）これに関しては、例えば、George P. Bush (ed.), *Technology and Copyright*, 1972, pp. 60-437. を参照。

（9）*Information for the 1980's: final report of the White House Conference on Library and Information Services, 1979*, 1980, pp. 3-5.
（10）この両様の考えは、米国の対外科学技術情報政策にも強く反映され、日欧先進諸国に対して、米国の情報生産・流通の競争力をいかにつけるか、また発展途上国にどのように情報へのアクセスを確保するかが、経済的観点から問題となっている。柳与志夫・豊田淳子「科学技術情報の国際流通に関する米国の改善策」『科学技術文献サービス』第六〇号、一九八二年五月、二六―三二頁。
（11）Thomas J. Waldhart and Trudi Bellardo, art. cit., p. 43.
（12）因に、一九七四年では七四・九％である。*The Bowker Annual of Library & Book Trade Information 27th edition 1982*, p. 333.
（13）この簡潔な紹介は、川崎良孝、前掲論文②、四二―四四頁を参照。
（14）一九四〇年の一二・五％から、七五年は一七・五％になっている。また、連邦政府支出も二〇・四％から三六・七％と変化している。Marilyn K. Gell, art. cit., p. 20.
（15）財産税には、大きく分けて、不動産税（固定資産税）と個人動産税がある。
（16）税収入は、一九四〇年から七五年の間に、七七・六％から六二・七％、財産税は七二・〇％から五一・二％と大きく低下している。Marilyn K. Gell, art. cit., p. 22.
（17）補助金は、一九四〇年から七〇年の間に、二五・〇％から三八・八％になり、使用料・手数料は八・八％から二三・六％と三倍近い増加率を示している。
（18）日本の都市における歳入決算額に占める市税の割合は、米国と同様、一九六〇年～八〇年度間に、四七・八％から三七・八％と下降している。しかし、地方交付税・譲与税を含んだ一般財源は、五五・〇％から四九・八％の低下に止まっている。また、使用料・手数料は昭和五四年度、五五年度とも二・二％であり、歳入全体に対して極めて小さな比率である。『日本都市年鑑一九八二』、一九三頁。
（19）Marilyn K. Gell, art. cit., p. 171.
（20）この他に「ある事業を行うのにかかる費用とそれから生まれる便益を比較することで、その事業が経済的に妥当か否かを分析する方法」（英和・和英経済用語辞典）と定義される「費用便益分析」も重要な概念である。

(21) Marilyn K. Gell, art. cit., p. 22.
(22) 特に日本では、一般的に「サービス」の内包として無料であることを考える人が多く、サービスに費用がかかっていることすら忘れられがちである。
(23) Lawrence J. Whit, “The Public Library——Free or Fee ?”, *The New Leader*, vol.62, no.24, Dec.17, 1979. あくまでも当時の米国公共図書館事情を反映した立論である。
(24) こうした公教育批判の代表的なものとしては、M&R・フリードマン『選択の自由』西山千秋訳、日本経済新聞社、一九八〇年、二三九―三〇〇頁をあげたい。
(25) Marilyn K. Gell, art. cit., p. 21.
(26) 日本の場合、一九七九年に行われた調査によると、一年に一度以上公共図書館を利用した市民は、一四・二％である。『読書・公共図書館に関する世論調査』内閣総理大臣官房広報室、一九八〇年、八頁。
(27) 図書館の側の反応として、この批判に、新しいサービスと、サービス対象者の拡大で応えようとする考えがある。しかし、図書館が無料サービスを堅持する限り、そのサービスの種類・対象は限定され、むしろ財政難により、欧米の多くの都市では、これまでのサービス水準すらも大幅に低下させる事態になっている。さらに、料金収入を図書館が得ることで、逆に公的資金を減らされる可能性もある。
(28) Richard L. Phister, “The Allocation of Resources: An Economist's view on Libraries”. in Miriam A. Drake (ed.), *op. cit.*, p. 32.
(29) 宇沢弘文『自動車の社会的費用』岩波書店、一九七四年、一五七頁。
(30) Thomas J. Waldhart and Trudi Bellardo, art. cit., pp. 47-48.
(31) Richard De Gennaro, “Pay Libraries and User Charges”, *Library Journal*. vol.100, no.4, Feb.15, 1975, p. 366.
(32) Zoia Horn, “Charging for Computer-Based Reference Services: Some Issues of Intellectual Freedom”, in Peter G. Watson (ed.), *Charging for Computer-Based Reference Services*, 1978, p. 17.
(33) Roger Stoakly, “Why Should our Users Pay Twice”, in Miriam A. Drake, *op. cit.*, p. 51.
(34) ハンナ・アレント『人間の条件』志水速雄訳、中央公論社、一九七三年。
(35) Fay M. Blake, “What's a Nice Librarian like you Doing behind a Cash Register”, in Miriam A. Drake (ed.),

op. cit., pp. 43-49; R. Dean Galloway, "Letter to the Editor", *Journal of Academic Librarianship*, vol.4, no.2, May, 1978, p. 97, p. 124.

(36) Fay M. Blake and Edith Perlmutter, "Libraries and the Market Place", *Library Journal*, vol.99, no.1, Jan.1, 1974, p. 111.

(37) Roger Stoakley, art. cit., p. 52.

(38) Ibid., p. 53.

(39) *Parliamentary Debates (Hansard), Third Series*, vol.109, pp. 840-850, vol.110, pp. 154-162, vol.111, pp. 1174-1178.

(40) 本章第2節参照。

(41) 本章第2節参照。

(42) 市川昭午『生涯教育の理論と構造』教育開発研究所、一九八一年、二八八—二九九頁を参照。

(43) H・ジャービス、R・パック『減税闘争』千尾将訳、PHP研究所、一九八一年、二三六—二三七頁。

(44) 今日では警官出動費を徴収する例さえもあることに注目したい。『海外ニュースガイド』国立国会図書館調査立法考査局、第七九〇号、一九八三年八月、二四—二五頁を参照。

(45) 宇沢弘文、前掲書、一七頁。

(46) 宇沢弘文『近代経済学の再検討』岩波書店、一九七七年。佐和隆光『経済学とは何だろうか』岩波書店、一九八二年。

(47) カール・ポランニー『人間の経済』玉野井芳郎他訳、岩波書店、一九八〇年。

(48) 本多勝一『貧困なる精神』第一二集、すずさわ書店、一九八一年、一〇七—一一七頁。

(49) C・B・マクファーソン『現代世界の民主主義』栗田賢三訳、岩波書店、一九六七年。同『自由民主主義は生き残れるか』田口富久治訳、岩波書店、一九七八年。同『民主主義理論』田口富久治監訳、青木書店、一九七八年。

(50) ここでは一例として『図書館問題研究会綱領』をとりあげてみた。

(51) D. Cressy, *Literacy and the Social Order, Reading and Writing in Tudor and Stuart England*, 1980.

(52) この簡潔な紹介として、薬袋秀樹「〝社会実践主義〟か伝統的サービスか?」『社会教育学・図書館学研究』第六号、一九八二年、五二―五八頁がある。

(53) 公共図書館の機能に関するさまざまな歴史的解釈については、Robert V. Williams, "The Public Library as the Dependent Variable: Historically Oriented Theories and Hypotheses of Public Library Developement", in Donald G. Davis, Jr. (ed.), *Libraries and Culture, Proceedings of Library History Seminar VI, 19–22 March 1980. Austin, Texas*, 1981, pp. 329–341 参照。

(54) 「情報を獲得し、他者に伝達すること」と定義しておく。印刷術、複写、オンライン検索、ドクメンテーション、これらはすべてこの過程を容易にする方向に働いている。

(55) James B. Dodd, "Information Brokers", in Miriam A. DraKe (ed.), op. cit., pp. 123–132. もっとも「情報ブローカー」の存在は、無料であるがゆえに使いにくい図書館の機能を補完しているものと見ることもできる。

(56) S. D. Neill, "Knowledge or Information: a Crisis of Purpose in Libraries", *Canadian Library Journal*, vol.39, no.2. April, 1982, pp. 69–73.

第5章　公共図書館の経営形態――その課題と選択の可能性

出典：『図書館研究シリーズ』二七、国立国会図書館関西館事業部図書館協力課、一九八七年七月、三七―七四頁。小泉徹氏との共著。国立国会図書館の許諾の下に転載。

――すべて可能的なものは、それぞれ内につつんでいる完全性の度合に応じて、存在を要求する権利がある――

ライプニッツ『モナドロジー』*

*清水富雄・竹田篤司訳『世界の名著』第25巻、中央公論社、一九六九年、四五〇頁。

1　公共図書館と公立図書館

(1)　足立区立図書館運営委託問題をめぐって

一九八五年八月九日、足立区は「行革大綱（案）」を示し、その中で、区立図書館の運営の一部を公社に移管するとともに、地域図書館の一部をコミュニティ図書館とする方針を明らかにした(1)。言うまでもなく、この区案は、自治省主導のもとに展開されている「地方行革」の一環をなすもので、京都、長野等、他の地域における図書館活動の「合理化」、「委託化」の動きの延長上に理解すべきものである。(2) したがって区案は図書館とはほとんど無関係な所でつくられたもので、図書館の立場から見る場合、かなりずさんなつじつま合わせという印象をぬぐえない。(3)

まず第一に、行政の効率化をうたいながら、実際にどのくらい費用が軽減されるのか、具体的な言及がない。場合によっては、人件費を補助金に代えるだけの結果に終わる可能性もある。(4) また将来への見通しも示されていない。過去の例を見る限り、公社は乱立して無統制な状態になるのが普通であった。また公社の運営を最初から嘱託に頼ろうとする安易な姿勢にも問題がある。この道の行きつく果てが、「高給を食みつつ何もせぬ天下り理事」と「安い給与で働かされる非常勤職員」の組み合わせとなる最悪の事態も予想される。地方自治体が管理職の再就職先の確保に苦しむ現状では、これは悪夢ではない。

そして区案の最大の問題点は、業務を根幹と非根幹にわけ、それに沿って組織を再編するという発想そのものにある。図書館業務が常に根幹業務と非根幹業務の組み合わせからなり、図書館が存在すれば必ず両者が混在していることは、図書館で働いた経験を持つ者には自明の前提である。それを組織別に分断しようとする発想は、業務に対する無知を明らかにするものでしかない。このような分け方に問題があることは、京都においてもしだいに明らかになりつつある。(5)

しかし他方、職員組合側の反論を検討すると、それらも説得力を欠くように思われる。まず第一に、区案は〝教育機関としての図書館の性格を歪曲する〟というけれども、この前提自体、何の根拠も持たない。(6) 図書館は確かに教育機能を持っているが、同時に他の機能もあわせ持つ多義的存在であろう。これに関連して言えば、組合は教育委員会の責任を強調しているが、現在の学校教育のありかたを見る限り、教育委員会の責任の有無は、ある組織の活動の成否には何のかかわりもないとしか思われない。教育委員会制度が日本で機能しているかどうかは別としても、「教育」とか「教育委員会」などという言葉に過度の思い入れをするのは何の意味もないであろう。組合はまた区案が〝図書館の関連法規に抵触し、法の理念をふみにじる〟というが、具体的にどこに抵触するのか、はっきり示されていない。「図書館法」には私立図書館の規定が定められているし、「地方教育行政の組織及び運営に関する法律」にも抵触する部分はないように思われる。これに対しては、「法の理念」こそが重要なのだ、という考え方もありえよう。しかし〝住民の学習権を公的に保障する〟ことが、人々の学ぶ営みを公的機関へ依存させることを意味するならば、これ以上危険なことはない。知の世界を全面的に公的機関にゆだねることは、知の官僚化をまねくだけでなく、人々の自発的意思を無視し抑圧する愚民政策へと通じている。戦前の社会教育のたどった道をふりかえるならば、それは明らかであろう。(7)

次に図書館サービスの内容・機能について、組合側は次のように主張する。サービスに必要な人員が質・量ともに確保できない、と。しかし現在のやりかたならば、必要な人員を確保できる見通しはあるのだろうか。減量経営のもとでは、公務員の人員増が抑制され、労働強化とサービスの低下を招いているのが実情であろう。また組合の主張によれば、公社化されると、相互協力のネットワークからはずれる、無料公開の原則が守られないおそれがある、図書館の自由が守れない、という。しかし公立図書館以外の図書館を排除するようなネットワークは、図書館運動の前提にも目標にもなりえないであろう。無料公開の原則に関しては、公立、非公立の問題とは切り離して考えるべきである。(8)そして、図書館の自由が公務員の守秘義務によって守られているとすれば、「図書館員の倫理綱領」や「図書館の自由に関する宣言」にはどのような意味があるのであろうか。図書館の自由が公的機関であるか否かにかかっているとするならば、現在の社会主義諸国の図書館は、図書館の自由を謳歌していて良いはずである。

最後に労働条件について言えば、確かに区案によれば労働条件の低下は避けられず、それが受け入れがたいことは言うまでもない。しかし公立のままならば労働条件を守っていける可能性はあるであろうか。というのも、現状のままでは、労働条件の向上をはかるどころか、過酷な勤務がすぐれた図書館員を図書館から遠ざけ、超過勤務手当て目当ての人間を図書館に集めることになりかねないためである。そして公務員でなければ労働条件が守れないと考える思考の背後には、労働条件を人間の権利としてではなく身分的特権として理解するイデオロギーがひそんでいるように思われる。

(2)「公共性」の基盤

足立区の「行革大綱（案）」と、それに対する職員組合の反論を比較・検討するとき、両者の共有するひとつの前提があることに気づく。そしてそれは「公私の前提」とでも名づけるべき思考法である。まず第一に公的セクターと私的セクターは明確に区分され、その両者は全く異なる条件のもとに置かれる、という前提がある。しかし欧米では、大学、研究所等は補助金を受ける独立の団体であるのが普通である[9]。また公的セクターが公益にたずさわり、私的セクターが私益にたずさわる、という前提も認められる。しかし実際には、これは虚構にすぎない。現在の日本の政治構造の中で、私益が公的セクターを通じて追及されていることを指摘する文献も少なくない[10]。そして最後に、公務が重要な（根幹的）仕事であり、私的な営みは簡易な（非根幹的）仕事だという前提がある。そこでは人間の仕事の価値が、公私の区別に所属しているのである。

このような思考様式は、おそらく明治以降百年間の近代日本のあゆみの中で、しだいに形成されたものであろう。そしてそこでは、国家統合の原理として家父長制がとり入れられたことが、決定的な意味を持つように思われる[11]。すなわちそのもとで、国家はまさに「家」として出現し、家長（天皇＝公＝官＝統治者）の名のもとでの保護と抑圧、家族（赤子＝私＝民＝被治者）の名のもとでの服従と甘えの場となったのである。したがってそこでもっとも重視されたのは帰属原理であり、どこに帰属しているかによって人間の価値が判断されたのである。そしてこの帰属原理は戦後も存続した。「『一所懸命』の日本文化」のもとでは、人々が同等な立場に立って参加し、活動する開かれた「公共領域」としての「公」という観念は、定着する余地がなかったと言えよう。[12]

そして「公共性」をあいまいなままにして、「公共図書館」を「公立図書館」と読みかえたところに、今日の問題の発端がある。[13] というのも、「公共図書館」と「公立図書館」は厳密に区別されるべき概念だからである。前者がある社会（community）における図書館の理念を示すのに対し、後者はそれを実現するための経営形態のひとつにすぎない。そもそも「公」（public）と「官」（official, governmental）とは次元の異なる概念である。公共概念が古典古代にまでさかのぼるのに対し、「官」の概念は、近代国家の社会生活の多くの分野に浸透してはじめて成立するものである。[14]

これに対しては、英米の公共図書館は事実上公立図書館である、という反論がある。しかし西欧では、「国家」（res publica, commonwealth）そのものが、古典古代以来の公共性概念の受容のうえに成立してきた。[15] したがって、英国における図書館法成立の経緯をみても、公立図書館が公共図書館となる基盤である民間公共社会[16]（civil society）がすでに成立していたことを見逃すことはできない。それなくして図書館の自律（自由）を考えることはできないであろう。そして他方、公共図書館が公立図書館となる契機は、もっと別のところにあった。すなわち「読み書き能力」（literacy）と階級分化に密接な関係のあった当時の英国社会にあっては、読み書き能力の劣る労働者を教育することが、まさに公的事業として要請されたのである。[17] したがって、英国における公立図書館制度確立の背景には、古典古代から受けつがれてきた公共性に基盤を持つ民間公共社会と、その中での労働者の社会的統合政策という異質の原理が併存していたのである。このような事情は米国においてもほぼ変わらない。現代のアウトリーチをめぐる議論も、この流れの中で理解できよう[18]。

英米における公立図書館成立のこうした背景と比較するとき、日本の社会的文化的基盤との相違は自ずから明らかである。多くの知識人の悲願にもかかわらず、日本の近代社会は民間公共社会ではなかった。江戸時代以前の社会までさかのぼっても、公共領域を見いだすのは難しい[19]。そしてまた日本においては読み書き能力は江戸時代にすでにかなり普及しており、それと階級分化との関係もあいまいだった[20]。日本の社会において、江戸時代以降、民間の貸本屋、塾、書店などが今日の図書館の役割を果たしていたことにも注目しなければならない[21]。明治以降の図書館は、むしろ社会教育の枠組みの中で、臣民の思想善導のための公的機関として位置づけられたと言ってよいであろう。

むろんこうした状況は、戦後、特に中小レポート以降の公共図書館運動の中で変化を見せている。しかしその変化の方向は公共領域の創出へと向かわず、社会教育理念の再構成にとどまっているように思われる[22]。したがって民間公共社会の自立と責任という基盤を持たない日本では、公立図書館であればその公共性が保証されることにはならない。むしろ公共図書館の本質にかかわる問題が、公私の帰属をめぐる問題に矮小化されてしまうのである。事実、「足立区行革大綱（案）」をめぐる論議で問題になっているのは、実は図書館の経営形態ではなく、公務の範囲なのである。区側は図書館活動の一部を公務とそれにともなう特権から排除しようとし、組合側は図書館活動が被支配の領域に位置づけられることを恐れていると言ってよい。したがって両者ともに、図書館活動活性化のためにはどのような経営形態がのぞましいのか、といった観点からは、ほとんど何も論じていない。しかし図書館界に現在求められているのは、このような観点、すなわち図書館の立場に立ち、図書館論にもとづく経営形態論ではないだろうか。公立性を前提として図書館活動を規定するのは、問題の設定の仕方が逆になっていると言わざるをえない。

以下では、上に述べた問題意識に立って公共図書館の経営形態を考える。最初に図書館活動をとりまく環境を検討し、図書館経営に都市経営論の導入を試みる。そして次に図書館活動の中心をなす図書館サービスと図書館職員について考察したい。誰が何をするのか、そしてその活動はどのような位相に属しているのかを理解することなしに、図書館経営論は成り立たないと考えられるからである。

2　図書館のおかれた環境

(1)　図書館と社会

日本ではこれまで欧米と比較して、図書館の経営・管理に関する議論は少なく、またあったとしてもその紹介・適用と技術論が中心となってきた[23]。しかし経営論にとっての第一の課題は、その上に立って経営が行われる社会基盤の分析と、それに適合した経営形態の考察であろう。それを受けて、人事・会計・サービス方法等の個別の経営・管理論が展開されるのである。ここではまず日本の図書館に関係する社会的要因を考察したい。

言うまでもなく、図書館経営の目的はその社会が目標とする図書館活動を実現するための方法・手段として役立つことにある。そしてそれを有効とするためには、日本における図書館とそのサービスとは何か、その存立基盤と発展の方向を問うことが先決である。それでは公共図書館サービスの目的とは何であろうか。それは「文化の伝達[24]」と一言で言ってよいかもしれないが、もう少し敷衍するならば、「社会の構成員に、平等の機会をもって、社会の集団的記憶としての文化に関する知識・情報の最低限、できうれば最高ないし最良の部分を保持・伝達し、提供すること——いわば知の公共領域の保障」が目的であると仮定できよう[25]。この目的をはたすために、図書館は文化・教育・情報提供等の機能をもつのである。

公共図書館の目的・機能をこのように考えるならば、同様の機能をもつ機関が他にも多数あることは明らかであろう。学校・官庁・博物館等の他の公的セクター、情報産業・文化産業あるいはその他の一般企業の民間セクター、学協会・公益法人等の中間的セクター、さらに市民の自主的な各種団体・サークルなどが並存し競合する関係にある。したがって知識・情報の提供は、公的セクターあるいは公立図書館の独占的領域ではなく、上述のすべてのセクターに関連していることになる。このことは社会にとって不利益でも不便なことでもなく、知の独占を防ぐという意味ではむしろ好ましい事態であろう。しかもそこでの各セクターの役割は、特定の分野・サービス内容によって区別できるものでなく、複雑にからみあっている。それは医療や教育、福祉などにおいて、税金でまかなわれるサービスと料金をもとにしたサービスが混在しているのと同じである。そしてこの並存関係は、固定的ではなく、様々な要因によって動的に決定されるものであり、それぞれの機能の仕方が異なっているのである。[26] そこで次に、図書館がこの分野ではたす機能に影響を与えると思われる社会的環境要因を五点指摘したい。

(2) 五つの要因と図書館

① 行政の文化化

「三割自治」に代表される様々な問題を抱えながらも、地方自治体の中には、戦前あるいはつい二〇年前までは考えられなかった国に依存しない独自の行政を行うところが現われてきた。地域開発、また基本的行政サービス（保健・教育など）が普及した結果、各自治体が、より高度で選択的なサービスを住民に提供する必要が出てきたことがその背景にある。そして、それらが画一的・定式的ないわばハードなサービスでなく、多様で柔軟性に富むソフトなサービスであるところに、「行政の文化化」がさけばれるようになった理由のひとつがある。[27] こうした動きは、国のレベルでも国土庁や自治省主導の三全総計画における定住圏構想にとりこまれることになった。[28] また産業界でも「モノ」の生産から、サービスの提供に中心を移すことによって、産業を活性化しようとする声が大きくなっている。[29] そして、国民の意識と生活様式の変化がその大きな原因となっていることは、しばしば指摘されるところである。

自治体の行政は、これまでもそれが「行政サービス」と言われるように、許認可、管理、土木建設等にとどまらず、様々な広義の福祉サービスを行なってきた。しかし、それらは、文化行政ひとつを例にとっても、施設中心のいわゆる「ハコモノ」サービスが多かったと言ってよい。ところが近年、教育委員会に属していた文化行政の権限を企画部門に移すといった組織上の再編、また担当者の育成、住民参加の促進、民間資金の導入、サービスの多様化といった活性化のための政策・提言が具体的にうちだされ始めた。[30]

こうした観点から公共図書館の文化的機能を考えるとき、単に文化活動の結果である資料の貸出に終わらず、地方出版物の収集・発行、地方文化の掘りおこし・援助といったより積極的に文化を創出する活動が、地域（community）の図書館に期待されつつある。そしてこのような活動はすでに、東村山市立図書館、高知市民図書館など多くの地域で実践されている。[31]

②　地方自治体財源の縮減

行政需要がますます多様化、高度化してゆくのに反し、現在の自治体の財政は程度の差こそあれ収入がのび悩み、硬直化している。しかし、高度で選択的なサービスを一律に切捨てることは、行政の文化化という傾向を認めるならば、行うべきことではないであろう。したがって、収入・支出の均衡を保つサービスの政策的な選別と、その効果的・効率的な運用が、収入の増加とともに求められている。しかも一九八〇年代に入って、「地方行革」の名のもとに国からの要求が強まってきたことが、情勢をさらに厳しくしていることはすでに第1節でみたとおりである。

中小レポート発表以降の公立図書館の発展時期が、自治体財政の拡大と期を同じくしていることは否定できない。逆に現在の限られた財源の中では、図書館もまた今までのような高度成長が不可能であることも明らかであろう。硬直化した財政のもとで、図書館サービスが、他の行政サービスとの競合、選択の関係においておくれをとらずにすむ新しい経営の方向が求められているのである。

③　学校教育の再検討

戦前・戦後を通じて、その間教育イデオロギーの大転換があったにもかかわらず、「学校教育」自体への国民の信頼はきわめて強固であった。しかし、近年これまでの学校教育のあり方に対する批判・疑問が、様々な立場の人によって提出されるようになった。そして、制度化され、管理化された学校での校内暴力・登校拒否問題から、教材や学校給食等にみられる各種の教育産業の既得権益化にいたるまで、その批判の論点も多岐にわたっている。[32] さらにイリイチに代表される脱学校論やフーコーの知の制度化に関する研究にみられる学校制度そのものに対する思想的な批判も現れている。[33] これらの批判は、本来学習機能を中心として形成されるはずの学校が、その機能を低下させ、子供を管理する場になっているのではないかという一般の市民感情にも共鳴するところがあると言えよう。こうした学校教育への疑問は、日本だけでなく欧米にも共通して存在する。これに対して、たとえば米国では、学校によらない学習情報のネットワーキングが盛んになりつつある。[34] また、教育における選択の自由の重視と、公・私セクターの役割の見直しも、国の政策レベルにおいて政治・経済的観点から論じられている。[35]

この状況を考えるとき、図書館を教育基本法のもとにある社会教育機関として無条件に前提することは、図書館の可能性を閉じてしまいかねない。[36] 実際①でみたように、文化行政の活性化という文脈の中で、図書館や博物館を含めた「社会教育」機関のこれまでの固定的なあり方は大きく見つめなおされている。[37] それと同時に、継続教育、生涯学習の必要性も広く論じられており、そこでの公共図書館の役割も重要なものとなろう。

④　情報産業と情報政策

コンピュータ等のハードの分野に比べ、議論の活発さのわりには現実の対応が鈍かった情報サービス産業も、八〇年代半ばになってようやくその活動が活発になってきた。データベースの構築とその流通・利用に関する産業界の活動が報道されない日はないほどになっている。そして、コンピュータの導入を始めとして、各種二次情報サービスの提供（整理業務の委託等も含めて）など、公共図書館業務への民間情報産業の浸透は、一時代前の出版業界との細々とした関係とは次元を異にしたものとなりつつある。[38] また戦前のように、情報獲得の経路が非常に限られ、そこでの図書館の役割がかなり重視されていたのとは異なり、現在では個人が直接、情報産業を通じて様々な情報を入手することができるようになってきている。この両方の点から、情報の生産・保管・利用における図書館の機能の再検討がやはり必要となるであろう。[39]

こうした産業界の状況に対応して、国の情報政策の形成も活発化しており、各省庁は競って構想を提出している。[40] 図書館にとって直接関係があると思われる科学技術庁の科学技術情報を中心としたＮＩＳＴ構想や文部省の学術情報システムもようやく構想から実施の段階に移ろうとしている。公共図書館が、もしある種の情報提供機能を今後ももつ必要があるとすれば、こうした政策のもとに動いてゆく大学図書館、企業や国の機関との関係を何らかの形で保つような対応が求められよう。そしてそれはまた館種をこえた図書館協力の発展にもつながる契機をもっている。

このように、公共図書館はその自治体の内部だけで充足するのではなく、他の機関・セクターとの役割分担も含めた新しい関係をつくるためにますます運営の柔軟性を必要としているのである。

⑤ 企業および市民の参加

これまでに述べたように、文化・教育・情報の各分野における企業の進出と、そこにおける比重の増大は顕著である。そしてそこにはふたつの側面が認められる。ひとつはもちろん市場としての文化・教育・情報分野である。かつて市場的価値をもたないと考えられたものが、今では将来の有望な市場とみなされている[41]。もうひとつの側面は、地域社会を構成する一員としての企業の非営利的活動（社会参加）である。欧米での企業あるいは個人の非営利的援助は広範な分野にわたり、かつ巨額である。米国や英国の公共図書館発展史において、カーネギー財団等のはたした役割がきわめて大きいことは明らかである[42]。一方、日本ではこの種の援助（企業の文化・学術活動への助成）が一般的でないことは否定できないが、その萌芽はすでに認められる[43]。公共図書館が、公的資金によってまかなわれることが常識となっている米国においてさえ、自治体財政縮減の今日、ＡＬＡを中心に資金獲得の一環として企業の援助をひき出す方策が考えられているのである[44]。日本でもこうした試みを行ってならない理由はない[45]。

また企業と並んで地域の住民も、米国では単に公共図書館サービスの受益者（user）としてだけでなく、公共図書館を税金で支え、時には寄付や労働奉仕によって援助する人（patron）として考えられている。日本においても、要求する市民としての文化・教育・娯楽への選択傾向が強くなる一方で、地域社会の活動にボランティアとして積極的に関係しようとする人々が少しずつ増えていることも事実である。地域の図書館建設を要求する人々が、それにとどまらず図書館の運営にも参加しようとするとき、図書館がそれに対応するためには、さらに柔軟な運営を必要としている[46]。

このように、地域の公共的活動をすべて自治体行政に任せるのではなく、そこに属する企業・団体・市民も、要求すると同時に、応分の負担をすべきであるとする主張が政治学の分野でも現れている[47]。この主張は、公共性の本来の意味からしても健全なものと言えよう。そして自治体・企業・市民の関係は、固定的でなく、動的な緊張関係にあり、それぞれの地域社会の条件に応じて異なっている。したがって、以上のような活動は、地域の実情に合わせて柔軟になされるべきであろう。

①〜⑤で概観したことからもう一度重要な論点をあげると、住民の多様かつ高度なニーズに応えるサービスを供給するためには、自治体は、環境の変化を考慮したこれまで以上に柔軟な対応が必要であるということになるだろう。さもなければ、住民は、公平であるが低劣なサービスと高度であるがきわめて不公平なサービスとの不毛な選択をとるしかなくなる可能性がある。こうして今や、サービスに応じて、それに適切な供給形態を選択する課題がさしせまったものになっているのである。そしてこの課題は、効果的かつ効率的行政サービスの供給を目的とする都市経営論の視点とも一致するのである。

3　都市経営論からみた経営形態論

第2節では、図書館が対応すべき環境の変化を考察した。そこでこの節では、図書館の内的要因、すなわち経営的要素それ自体についてふれたい。

まず、現代都市経営論をここでとりあげる意義と、それを以下の分析に適用する場合の有効性について述べる。その第一の理由は、公共図書館の運営も経営のひとつであり、経営論の枠組の中で論ずることができること、第二に、公共図書館の運営主体は地方自治体であるが、都市経営論が対象とするのは、まさに自治体の行政サービスを、独立性を保ちながらいかに効果的・効率的に、また公正に配分するかといった論点にあるからである。次に図書館サービスの縮小に直結する減量経営を主張する人々が、やはり都市経営論を掲げていることも理由のひとつである。図書館サービス拡大の可能性を追求するとすれば、その論点を調べ、必要な反論を減量経営論に加えなければならない。最後に、図書館経営活性化のために、都市経営論の理論と方法に学ぶべき点が多くある。行政サービスの分析と計量化、福祉全体の極大化をめざす「効果」や費用・便益分析を中心にした「効率性」概念の適用等がそれである。さらに、図書館経営へのマーケティング概念とその手法の利用も有効であろう。

以上の理由によって、都市経営論は、図書館サービスの今後の発展に最適な経営形態を考えるためのひとつの視点と考えられる。

(1)　都市経営論の基本思想

米国で都市経営論が唱えられ始めたのは、一九世紀後半である。当時米国の都市では、地方政党組織とそのボスたちによって市政独占が行われており、経営論はそれに対する改革理念として、市政にビジネスという観点をもちこむことを目的としていた。そしてそこでは市政を効率化する根拠は、その公共性に求められたのである。[48]すなわち、市政を帰属の原理にもとづく私的支配から解放するための理論的武器として都市経営論は成立したと言ってよい。その後、自治体の行財政の自主性を確立し、都市を全体的に統御するための政策論として都市経営論が形成されていく過程で、開発中心の経営論や効率性を主眼とした減量経営論、あるいは国に対する自治体の制度改革論、そして政策的経営論といった様々な理論・主張が現れてきた。[49]

現代の都市経営論は、都市をつつむ新しい環境[50]への対応と、七〇年代以降明確な概念となってきたシビル・ミニマムの保障という考えを背景にしながら、住民福祉の極大化を目的として公共サービスをいかに選択し、その供給を効率的かつ公正に行うかを課題としている。[51]こうした最小費用による最大の福祉とその公正な配分という考え方は、その思想的基盤として、功利主義とジョン・ロールズ（John Rawls）の正義論によるところが大きい。[52]

そして両者の特徴は、福祉の理念や目的とは関係なく、それらを評価するための基準となる観点を与えることをめざす点にある。

(2) 都市経営論の構造と分析手法

ここではいわゆる「政策的都市経営論」にしたがって、図書館経営の改善に役立つと思われる経営論の原則と基本概念について述べたい[53]。

まず都市経営論にとって、自治体が国から独立した経営権を確保することが最も重要な前提であることは言うまでもない。そしてこのことは、自治体と図書館との関係にも同じことが言えよう。経営権の独立を前提とせずに、以下のような経営論は成立しないのである。

経営論のもっとも重要な原則として、経営の価値（目的）レベルと技術（手段）レベルの区別がある。そして後者は、あくまで前者に従属するものと考えられている。つまり、どのような公共サービスを行うか、その優先順位をどうするかといった政策の選択があってはじめて、それを実現するための行政サービス水準の設定、費用負担の配分、供給形態の選択等の問題が出てくるということに他ならない。政策の選択を行う政策部門とその実施部門[54]を有機的に結びつけることに自治体経営論の本質があると言えよう。したがって、都市経営は都市政策における経営的要素を対象とするが、その「経営」は、いわゆる経済問題に限定されないのである。すなわち経費の節減は都市経営論の目的でもなければ主要な課題でもない。この点が減量経営論に大きく欠けている点である[55]。

次に経営の実施レベルをより詳細にみると、そこに内部経営と外部経営の区別がある。前者は、人事・財務といった行政管理に加えて、調査・広報、外郭団体の選択、市民参加の企画などを含む。図書館業務でいえば整理業務委託会社の選択、利用者調査、図書館協議会の運営などがこれにあたる。後者の外部経営は、公共投資および地域開発・福祉と、その適正配分を考える政策立案を含む。図書館業務では、資料収集や図書館サービス、運営方針の作成などがそれに相当しよう。そしてこの内部経営・外部経営は独立したものではなく、相互依存の関係にある。両者のうち一方が低水準のまま他方の改善はない。さらに、この経営水準を測る手段として、行政サービスの結果と、そのコストとサービスが生成する過程との関係を評価する、「効果（effectiveness）」および「効率（efficiency）」概念がここで導入される[56]。これをもとに、費用・便益分析の利用を含めたマーケティング理論の適用も可能になると言えよう[57]。

（3）経営形態論

これまで述べてきたことから、経営形態の問題は、公共サービスを実施するにあたって、どの形態を選べば最も効率的に行えるかという問題であることは明らかであろう。つまり、役所の体制に合わせて市民のニーズを統御するのではなく、ニーズや社会環境に運営方式を対応させるということに他ならない。このように考えるならば、自治体の直営方式以外にきわめて多くの経営形態（以下、非直営方式と総称する）があることを認めることができる[58]。

しかし、こうした非直営方式に対して、予想しうる反論がいくつか存在する。そのひとつは、直営方式でなければ質の高いサービスが得られないという考え方である。しかしそれは極端に言えば、「コストも高いが質も高い」か「コストは低いが質も低い」かのどちらを選択するかの問題にすぎず、質が高いことがすなわち公営の長所とは言えないのである。また、非直営サービスでは「～のことができない」という反論は、非直営サービスなら「～のことができる」可能性と比較しない限り、公正とは言えない。

次に、これまでの国や自治体の様々な公社その他の失敗に例があるように、日本では公社の理事会の経営権が確立せず、議会や行政部門のきままな介入を許した結果、無責任な放漫経営に陥りやすいという批判がある[59]。しかし、このことは非直営方式のみの欠点ではない。公共図書館を例にとれば、現在の公立図書館であっても、優れた活動をしているのは専門職館長をもち、独立的経営を行なっている図書館である[60]。図書館にとって自主的経営権の確立は、経営形態の如何に関係なく重要なのである。むしろ同じ経営者（館長）にとって、どの経営形態が最も運営しやすいかが問題の核心であろう。そして直営方式に対する非直営方式の最大の長所は、この経営権の独立を可能にする点にある[61]。したがって非直営の団体の設立にあたって最も重要なことは、独立した責任ある理事会を構成することができるか否かにあると言える[62]。

（4）非直営図書館の可能性

これまで公立図書館の問題点、公共図書館をとりまく環境の考察、その対応を考えるための都市経営論の分析をへて図書館の経営形態を考えてきた。そこで最後に、自治体全額出資の財団による運営も含めた非直営による図書館経営のメリット（直営方式のデメリット）について述べたい。

a．従来の行政の範囲にとらわれず、新しいサービスの提供やそれを可能にする管理体制をとることによって、図書館をとりまく環境の変化に柔軟に対応することができる[63]。そしてそれは、いわゆる「行政の文化化」のめざす方向でもある。

b．図書館の機能は教育（学習）機能にとどまらない。図書館を社会教育の一部として教育委員会行政のもとにおくことは、図書館の今後の発展の可能性をつみかねない。学校教育自体に対する疑問が出されている現在、過去の制度にとらわれる必要はないであろう。

c．教育・文化・情報提供の各分野において、公・私セクターの役割に変動と混合化がおきている。図書館の情報提供機能ひとつをとっても、民間セクター（情報産業）との協力関係なしでは強化は困難である。[64] しかし、自治体直営では、人事交流・投資・サービス提供など多くの点で障害がある。

d．事業主体がはっきりする、つまり、経営権が確立し、それに伴って責任が明確になりうる。これによって図書館職員に経営参加の意識をうえつけることも可能である。

e．財政運用の柔軟化が期待できる。その中でも最大の利点は会計制度の改革である。[65] 単年度会計からストック会計方式に移ることによって様々な資金運用、投資、内部留保が可能となり、財政運営が安定する。さらに支出費目の変更や財産処分の自由化、図書館協力に関わる他機関との決算処理の弾力化等の可能性が期待されよう。この他、起債権の獲得、民間資金の導入（寄付や融資）、料金制度の確立も行いやすくなると考えられる。さらに自治体財政硬直化の直接の影響を受けないことも大きな利点である。これとは逆に、直営方式にこだわることは、資金の逼迫が減量経営の重視につながり、結果としてサービスの低下を招くという事態にかえって陥りやすい。内部経営の改善は、外部環境（図書館にとっては資金の獲得とサービス需要の拡大）の改善を伴う必要がある。それなしでは、直営を重視する結果、減量経営にまきこまれ、安上りの委託につながるという皮肉な結果を招くことになってしまう。

f．設置者別にこだわらず、他の自治体図書館、大学図書館、企業の図書館・情報センター、国の機関等と図書館協力関係を結ぶことによって、地域に奉仕する「公共」図書館としての可能性が広がる。また、それによるサービスの改善が見込める。

g．住民参加の可能性が、資金面・運営面の両方でむしろ広がる。[66] つまり、住民が図書館と直接的関係を結ぶ道が開けるのである。これには、財団への基金拠出による財政的コントロールや理事会への市民代表の選出などが考えられよう。

h．職員問題の改善が可能である。

以下の第4、5節では、上にあげたうちの図書館サービス、図書館職員の二点について、より詳細に図書館経営の非直営化によってどのような変更がありうるかを考えたい。なぜなら、図書館経営の改善にとって、この二つの面における変化が極めて重要な意義をもつからである。

4　図書館サービス

図書館経営を第3節で述べた内部経営・外部経営の区別の視点からみると、地域資源の配分・活用を行う外部経営にあたるのが、図書館資源を使った図書館サービスということになろう(67)。ここではしたがって、経営形態の選択が、どのような図書館サービスの改善につながるかを考えたい。

(1)　図書館サービスとその指標

中小レポート以降の日本の公共図書館史において、前川恒雄その他ニュアンスの違いはあるものの、資料提供の具体的表現である貸出が最大のサービス目標とされ、貸出冊数はその指標として重視されてきた。これが当時の日本の図書館界の状況にあっては、合理的方法であったことはその後の歴史が証明していると言ってよい(68)。しかも他の図書館サービスが指標化しにくいことにくらべて、貸出量（冊数）は数値化でき、その増減が明快であったため広く図書館界で採用されることになった。

しかし、このような貸出の重視は、現在の減量経営下で本来の趣旨とまったく異なる利用の仕方をされ始めている。つまり、図書館サービスを根幹・非根幹と分けたうえで、貸出を単純作業とみなし、非専門職員によっても代替可能とする考え（それに伴う委託化、ボランティアの安易な活用）が出現する一方で、貸出冊数の増大を正規職員だけでまかなおうとすると大変な労働強化を招く[69]といった事態が生じている。

さらに本質的問題として、貸出冊数中心では、サービスのフローと量のみが計測され、ストックと質の面が忘れられがちになることがあげられる[70]。そこでもう一度、図書館サービスの構造を使命分析（mission analysis）と資源分析（resource analysis）の観点[71]から考察し、別の有効なサービス指標の存在を明らかにしてみたい。

まず、あるサービスを供給する機関が、何を使命（目的）としてそれを行うかを明らかにすることは、サービス機関がつねに確認しなければならない出発点である。目的を明確にせずサービスの効果を測ると、手段を目的と見誤り、間違った指標に左右されることになる。すでに第2節で述べたように、ここでは知の公共領域の保障こそ公共図書館の目的であると仮定し、図書館はそれを実現するために教育・文化・情報提供機能をもつと考えたい。そしてこの機能の現実的表現が、資料提供とレファレンスというふたつの基本サービスである。したがって、貸出、複写、情報提供、レフェラル・サービス、相互貸借、出版など個々のサービスはそのふたつの具体的手段・方法と言えよう[72]。そのうちのいずれかを唯一の基本サービスとみなすことは不可能であり、またその必要もない。状況に対応してサービスの様態を変えることは、マーケティングの基本であるし、またその提供する生産物（サービス）にも一種のライフ・サイクルがある[73]。そして、諸サービス間にそれぞれの図書館事情に応じて優先順位がつけられることは言うまでもない。その場合、経営論的観点からすれば、そのサービス効果を測る手段、つまりサービスの指標が複数・多元的に必要である[74]。この多元的視点とは、この場合量的なもの（貸出冊数、蔵書数、調査質問への回答件数）に対して質的指標（蔵書構成、職員の知識・技能）、フロー（貸出、利用者援助）に対してストック[75]（蔵書、職員の数やその経験度）の指標を対置するという意味である。

そこで、この節の最初に言及した貸出に戻って考えると、「何冊」貸したか、に対して、「何を」貸したかも問題になることが理解されよう。

(2) 図書館協力の視点

それでは「何を貸したか」を問題とするためには、どのような指標が可能であろうか。ここではシステム内やネットワークにおける図書館協力の視点、つまり入手困難な資料をどれだけ利用者に届けたか、あるいはどれだけ自館の資料が他の機関に頼りにされたかを考えることができる相互貸借(複写)件数を指標とするのが有効と思われる。それによって、フローだけでなく、蔵書の数と構成、レフェラル機能や書誌情報サービスの程度、司書の技能・知識、といったストックと質の側面が考慮されるからである。[76] 図書館協力の必要を望む現在の図書館界の世論も、この指標の必要性を裏付けていると言ってよい。

資料の相互利用を中心とした図書館協力の重要性は、文献の世界的規模の量的増大のみならず、ニューメディアなどを利用した document delivery の進展、オンライン書誌の発達という要素によって質的にも変化しようとしている。ところが、日本ではこれまで図書館の相互協力は、医学図書館界など[77]一部を除き、制度があったとしてもそれを支えるのは関係者の熱意によることが多かった。逆に、それですむほど協力活動が不活発であったとも言えよう。その理由を考慮しつつ、相互協力発展のためにどのような条件が必要となるかをふたつの点から指摘したい。

a. 心理的問題

協力を求められる側(館)は、自分の労力に対して何の対価も受けられないため協力に消極的になり、その結果、業務全体における協力活動の位置づけも二次的・三次的になる。つまり本務に支障のない限り、時間的余裕のある時に行おうとする。そしてその場合、同じ「司書」であるという意識より、~大学、~市職員であるという帰属意識が優先することになるとも言えよう。したがって、現在の減量経営、労働強化の中では、協力活動は最初に切捨の対象になりやすいのである。

また、協力関係にある図書館の規模に不均衡がある場合、要求は当然大図書館に集中する。その結果、大図書館では通常業務への影響を恐れて協力関係に否定的になる一方、小図書館は、大図書館を利用することはあっても自ら利用されることは少ないため、小図書館ほど協力に熱心になるという不均衡が生じる。しかも協力によって入手できる資料が、独自に購入するよりも安くすむとすれば、安易に相互貸借に頼る図書館がでてくる可能性もある。それに対して、積極的に収集を行なっている図書館は、恩恵を受けないため不公平感が強まるであろう。こうして図書館界全体としてはストックはなかなか増えず、むしろ図書館間の蔵書規模の不均衡がさらに拡がっていくことになる。

b．制度上の問題

さらに重大な問題としては、会計上・法規上あるいはその他の制度上の理由によって、図書館の設置母体が異なると協力への多くの障害（料金の処理、紛失・破損・損害保障等の資料の貸借関係など）が生じるということがある。[78]これを解決するために各図書館が個別に協定を結んでいくことは不可能に近く、現在のところ第三者的調整機関もない。

以上の理由から、相互協力は不活発となり、図書館界全体としての図書館資源の有効な活用ができなくなっている。その結果、設置母体を同じくする館種・自治体別のこぢんまりとした帰属関係から脱して、館種と地域をこえたネットワーク作りに進む展望が見出せないのである。

（3）改善の方向

以上の閉塞状況を変えるためには、自治体・国公私立大学・企業・国といった設置母体に関係なく同じ立場に立ったうえで（イコール・フッティング）、収集から利用にいたる負担を適正に配分することをめざす図書館ネットワークが必要である。こうしたネットワーク形成のためには、これまで以上に協力のための費用がかかるが、その費用は参加者が公平に負担すべきであろう(79)。言わば、善意でない、「打算づく」での協力関係と言ってよい(80)。この費用負担の原則は、図書館協力がかなりの程度進展している欧米などではすでに常識となってきており(81)、いまやどのような合理的負担（料金）システムを設計するかが課題である。そして費用負担を導入する理由（効果）として次の四点をあげることができよう。

a．各館が同一の条件で協力に参加することができる。つまり協力を受ける側は、相手の善意に頼らずにすみ、小図書館も負目を感じずに参加できる。協力する側は、正式の業務として「相互協力」の費目をたてやすくなり、片手間でない独立した仕事として認められる。また、協力の負担に対する報酬を業務拡大のために再投資することが可能になる。

b．したがって、館種をこえた協力も可能である。

c．大図書館の資源配分が図書館界全体にとって有効なものになるばかりでなく、小図書館の資源活用も見込める。

d．収集分担、相互貸借、レフェラル・サービスにとどまらず、オンライン・データベースの構築まで展望することができる。

長年その必要を言われながら、日本に協同利用可能な和図書データベースが未だ実現しない大きな理由として、館種別のシステムにこだわること、費用負担の問題をあまり考慮しない（あるいはあえて避けようとする）ことの二点が指摘できるように思われる。[82] 外国で成功している例[83]をみてもわかるように、データベースの共用がうまく機能するためには、①館種・規模を問わない、②費用負担が方針のうちに明示され、公正かつ効率的に実施される、③あらかじめすべて設計されたシステムを上からおしつけるのではなく、常に発展と変化の可能性を保ちつつ、下から積重ねていく一種のネットワーキングの形式をとる、ことが必要条件であろう。[84]

そしてここで再び、図書館の経営形態のあり方が問題となってくる。相互貸借にとどまらず日本の和図書データベース構築まで見通した相互協力関係をつくるためには、図書館の経営権が確立し、それによって財政的にも図書館が自主性をもつことが必要不可欠なのである。さもなければ、協力によって得られた収入は、公立図書館について言えば自治体に帰属し、それが図書館協力発展のために再投資される保証はまったくない。そして、資金の自由な運用がなければ、館種をこえた協力の核となる機構の設立も不可能である。そもそも協力のための費用負担を支出項目として設定することすら、現在の官庁会計の枠内では容易でなく、料金徴収の手続も複雑である。[85] このような状態では、図書館協力は確かに図書館員の善意によるしかないであろう。

この他、民間資金の導入、あるいは情報産業の供給するデータベース・サービスとの相互利用といった官民協力への道も開かれる必要がある。それが図書館サービス全体の充実にもつながっているのである。

このように考えるならば、自治体に対して相対的に独立した経営を行いうる公共図書館の非直営化は、図書館サービスの改善にも有効であると言えよう。

次節では、資料と並ぶもうひとつの図書館資源である職員の問題についてふれたい。

5　図書館職員

図書館業務委託の問題は、基本的に図書館職員論にかかわっている。それは第3節でふれた都市経営論において、職員が資源（resource）として内部経営にとっても外部経営にとっても本質的だということにとどまらない。図書館の仕事は誰がするのか、そもそも図書館の仕事とは何か、ということを抜きにして、委託の問題は考えられないからである。

ところで図書館職員を論ずるさい、最初に問われる問題に、図書館員の専門性とは何か、ということがある。この問題は多角的に検討されるべき問題ではあるが、文脈を異にするのでここではふれない。したがって以下で論ずるのは、司書に一定度の専門性を認める場合、どのような可能性が考えられるか、ということである。

(1)　従来の図書館職員論

右に述べた前提をふまえたうえでこれまでの図書館職員論を見てみると、微妙に重なりあいつつも三様の考え方が図書館界に認められる。(86) ひとつは「司書職制度確立論」で、おおよそ次のような内容からなる。(87)

・図書館職員は正規の公務員であるべきである。
・現行の司書資格を前提とする。
・事実上、図書館業務にかかわる職員すべての司書化をめざす。
・司書の人事上の独立性（採用、配転、昇任、研修）を確保する。(88)

もうひとつは「司書専門職化論」で、次のような内容を持つ。

・現行の司書資格を、学歴を中心として引きあげる。
・司書の間に、学位にもとづく階層性を導入する。
・欧米にならって司書を医師、法曹なみの専門職（profession）の地位に押し上げることを目標とする。

むろん両者は必ずしも截然と区別されるわけではないが、どちらかと言えば前者が社会教育機関としての図書館を、後者が情報産業・学術情報を指向する傾向を持つ。そしてこの両者をおおうかたちで「図書館職員資質論」とでも言うべき立場がある。(89) これは言わば利用者指向と言えよう。そしてその主張は、以下のように要約される。

・図書館職員は図書館資料をよく知り、その仕事を好きでなければならない。
・図書館職員は利用者の要求を理解し、できる限りそれにこたえなければならない。

図書館職員が論じられるさいには、実際はこれら三者が適当に混ぜ合わされているのが普通である。しかし「司書職制度確立論」や「司書専門職化論」と「図書館職員資質論」では、議論のレベルがまったく異なるし、「司書職制度確立論」と「司書専門職化論」では目標が異なっている。したがってこの三者は個別に検討する方が分かりやすい。

まず「図書館職員資質論」について言えば、これらの資質は確かにのぞましいものであるが、「制度確立論」や「専門職化論」とは論理的に整合しない。というのも、本来専門職という概念は資質よりも資格を問うものであって、資格はいったん取得してしまえば資質とは切り離して論じられるためである。したがって「資質論」の原則をつらぬこうとすれば、「制度確立論」や「専門職化論」の司書資格という前提そのものを否定してしまうことになる。これは資格制度に本質的に付随するもので、資格がなければどんなに資質があっても医療行為に従事することはできないのである。そしてこの原則は、専門職（profession）の原型であるカトリックの聖職者において、もっとも厳格に適用される。すなわち聖職にまつわる権能は神のものであって、聖職者個人の資質とは何の関係もないのである。もし資格制度の枠内で資質を問うならば、医道審議会のような制度をつくり、資質に欠ける者を排除するといった方法を考えなければならない。

次に「司書職制度確立論」については、まず現行の司書資格の内容自体に再検討の必要がすでに言われている。(90) 図書館業務も、それをとりまく環境も変化している現在、いつまでも整理技術中心にこだわることは、資格の現実的意味の喪失をまねくであろう。また図書館業務にたずさわる者は、すべて有資格者でなければならないであろうか。資格がなくても意欲のある者が非専門職として図書館で働くことは、望ましいことのように思われる。逆に図書館業務にたずさわる職員がすべて有資格者となった場合、資格と権限の関係が不明確になり、資格が空洞化するということも言えよう。最後に現行の公務員制度と司書資格との関係が問題となる。現在自治体が司書職制度の導入を渋っている主たる理由もここにある。(91) 現行の公務員制度のもとでは、司書を人事上別扱いした場合、やはり人事の停滞をまねく可能性は否定できない。(92)

全体的に見て、「司書職制度確立論」は、公共図書館の職員が公務員の司書でなければならない根拠を示していないように思われる。その主張は、現在のところ、司書資格を持つ者は本が好きなのだから図書館で働かせてほしい、あるいは、図書館で働いているのだから司書資格ぐらい持つべきだ、という程度にとどまっている。

他方、「司書専門職化論」がより説得力を持つか、ということになると、必ずしもそうではない。まず基礎資格の引き上げについて言えば、学歴を引き上げれば社会的威信が向上するわけではない。(93) 学歴を引き上げることによって社会的地位を上げようとする思考の背後には、学歴主義のイデオロギーがひそんでいる。また学位によって司書資格に階層性をもうけたとしても、現状では社会的に承認される見通しはなく、内輪の満足と妬みの種になるのみであろう。

全体として「司書専門職化論」は、米国での司書職をモデルとして、それを日本に適用しているだけのように思われる。専門職としての司書を社会的に認知させる戦略を持たない限り、高学歴の司書を生み出すのみで、就職先さえなくなりかねない。(94) また専門職のモデルとして医師や法曹がふさわしいかどうかも問われなければならないであろう。(95)

結局、「司書職制度確立論」、「司書専門職化論」両者に共通の弱点となっているのは、図書館での実際の業務の構成と司書資格との連関があいまいなものにとどまっている点である。言いかえるならば、図書館の業務における専門職の仕事を、非専門職を視野に入れずに考えているため、一方で実際の権限や責任が生じないばかりか、他方で学歴に依存した階層性の導入が他律的に要請されてくるのである。

(2)　図書館職員論の課題

これまで従来の図書館職員論を検討してきたが、それでは図書館で現実に進行しているのはどのような事態であろうか。そこでは、業務量の自然増、業務の拡大（通年開館等）に対応するためになしくずしに非常勤職員が導入されているにもかかわらず、正職員の負担は依然として増加し続けている。そしてこのような労働強化の結果として、司書の図書館離れ、非専門化という事態さえ言われている。このままでは、一部の図書館は、司書資格を持つ非常勤職員と超過勤務手当目当ての役人からなる「お役所」――これこそ安易に委託化をすすめた場合の最悪の帰結――になりかねないであろう。(96)

しかもこのように理念と実態が乖離しているのみならず、「司書職制度確立論」、「司書専門職化論」のいずれも、このような状況に対応できていない。結果として出てくるのが「図書館職員資質論」で、〝図書館員たるもの、専門職として月二回の休日出勤に応ずるべきだ〟といったモラル向上論になる。(97) これでは専門職という言葉は、厳しい労働のかくれみのとして機能するのみである。そのうえ報酬もそれほど期待できないのでは、司書の図書館離れもやむをえない。

それでは、現在図書館職員論に求められているのは、どのような課題なのであろうか。その課題は以下の二点に帰着するように思われる。

a．司書資格と業務の連関をはっきりさせること。

b．実質的な労働条件を確保すること。

すでに述べたように、従来の議論では、司書資格は前提としてたな上げにされるか、現実の業務と無関係なモデルと比較して論じられることが多かった。そのため実際仕事をする場合、何が司書の仕事なのかについて合意が存在せず、また雇用関係もはっきりしないため、司書資格の空洞化をまねいてきたように思われる。この背景として、司書資格を基礎とする自由な労働市場が成立していないことも指摘しておかなければならない(98)。また労働条件についていえば、従来の議論は行政職の公務員の勤務条件を前提とし、その枠組みの中で業務の組み立てを考えるために、かえって実質的労働条件を苛酷なものにしている傾向がある。むろん上にあげたふたつの課題はきわめて大きな課題であり、簡単に解答できるものではない。以下ではその可能性のひとつをさぐり、それを図書館経営の問題との関連で考えてみたい。

まず司書資格と業務の連関については、根幹、非根幹という無意味な区別によって組織を分断することに代えて、「権限(99)」＝「責任」という概念を導入し、同一組織内で一連の業務を行なうのが有効であるように思われる。具体的には、収集方針の決定、サービス水準の設定、料金賦課の方針の決定、外部団体との交渉等が、権限の内容として考えられよう。そしてその場合当然、司書資格と「権限」は一体のものとして理解されなければならない。このようにすることによって図書館業務は、中央館と分館、レファレンスと貸出といった上下の固定した関係からはなれ、有機的連関の中に位置づけられることになる。そして「権限」と「資格」を一体のものとしてとらえることによって、司書資格の実質的意味が生じてくる。またそれにともなって、一定の評価を含む研修制度の導入が要請されるであろう。(100) 何よりも重要なのは、司書資格を実際の「権限」と連動させることによって、司書資格を常に現実の変化に対応させてゆくと同時に、経営能力（Management）か、技能か、主題に関する知識か、といった従来の言葉の上での対立を克服し、新しい司書資格像をつくることができるという点である。

次に労働条件については、現行の公務員制度の枠内では時間外勤務は超過勤務で行なうほかないのが実情で、これが労働強化の一因となっている。(101) しかし図書館サービスの性格を考慮するならば、仕事の質・量に応じた柔軟な労働の配分が考えられるべきであろう。そしてそのためには「専門職＝正職員」、「非専門職＝パート」という固定した枠組みそのものを変えることも考えなければならない。一日に四時間、あるいは一週間に三日しか働かない権限をもつ司書がいる一方で、毎日八時間働きながら権限をもたない職員がいる状態も予想されよう。このような考え方は、正職員と非常勤職員の間の身分的差別(102)を撤廃するだけでなく、今後予想されるワーク・シェアリング、労働時間の短縮といった事態にも適合し、退職した女性図書館員の再雇用に道を開くであろう。(103)

そして司書資格、労働条件のいずれをとってみても、現行の地方公務員制度は必ずしも図書館の現実に合っていないように思われる。このように考えるとき、公共図書館の非直営化はひとつの可能性を提供する。以下にそのいくつかをあげてみよう。

a．図書館業務に、公務員制度の職階制にしばられない「権限」を導入できる。

b．採用、昇任昇格、異動等において人事上の独立性を確保できる。

c．独自の研修制度をもうけ、研修の結果を待遇に反映できる。

d．地方自治体の枠をこえた人事交流が円滑になる。

e．図書館の実情に合った柔軟な勤務体制を組むことができる。

f．司書を専門職として位置づけることができる。

言うまでもないが、ここで言う非直営化というのは、いわゆる行革論者の言う委託化ではない。むしろ図書館活動を拡大するための戦略であり、手段である。現在のところ「行革」を批判する人々の間では直営にこだわる意見が強いが、現行の公務員制度が図書館の立場から見てのぞましいものかどうかは、疑ってみる必要もあるのではないだろうか。

6　知の公共領域をめざして

日本の高度経済成長が終わりを告げて以来、地方自治体の財政は年ごとに悪化し、それが現在進行しつつある「地方行革」の起点となっていることは周知の事実である。そして六〇年代以降の公共図書館運動が、図書館員の情熱と豊かな自治体財政にささえられていた以上、その一方を失った今、運動の方向を再検討し、新たな運動の構築をはかる時期に来ていることは否定できない。情熱だけで成しうることは限られている。今、求められているのは、情熱をささえる新しい運動の枠組みなのである。ここまでの議論の中で検討してきたことは、図書館がより自主的に財政を運用したり、自治体以外にも財源を求めることはできないか、そのためには現行の経営形態にこだわる必然性はあるか、また図書館サービス、図書館職員にとって現行の経営形態はもっとも望ましいものであるか、等々であった。そして私たちが非直営化の持つ可能性を示唆してきたことは、すでに明らかであろう。

(1) 非直営化の問題点

しかし右に述べた可能性に対しては、当然次のような反論が予想される。すなわち経営形態を変えた結果、状況がさらに悪化するのではないか、という恐れがそれである。確かに経営形態を変えたからといって状況が改善される保証はない。しかし今の経営形態（直営）のままで改善される可能性と比較した場合、どちらがより大きな可能性を秘めているのであろうか。絶対的な成果を保証するような選択肢があるわけではないのである。状況がどのように変化するにせよ、それに対して図書館自身の立場で対応できる経営形態が、現在求められているのではないだろうか。その意味では、図書館の経営権を独立させることも、ひとつの選択肢として考慮されるべきである。

さらにまた次のような反論も可能であろう。すなわち、図書館が独立した経営体となることによって極端に市場に巻きこまれ、公共性を失うのではないか、と。これに対しては、次のように考えられよう。公的資金を主体とするか否かは別としても、市場性にのみ立脚する図書館（ネットワーク）は存立しえないし、情報の市場は図書館なしに成立しえないであろう、と。このような考え方は、一見、ひどく楽観的に思われるかもしれない。しかし最近の経済学の成果は、市場を成り立たせているものが市場外の種々の要素であることを、次第に明らかにしつつある。[104] 情報の世界について言えば、情報の市場（流通）は、情報の蓄積を前提としてはじめて成立するということに他ならない。蓄積は、生産や消費と異なり、非可逆的過程であるがゆえに、市場になじまない。近年はなやかに喧伝されるニューメディアが期待されたほどの成果をあげていないのも、情報の基盤（infrastructure）を市場にゆだねたことに起因するのではないかと思われる。そして図書館活動の多くは、この蓄積の部分に関わっているといってさしつかえない。このように考えるならば、知識を蓄積・伝達してゆく公共図書館活動の基本部分が、公共性を保ち続けることを疑う必要はない。むしろこれからの「情報化社会」は、図書館という非市場的部分の周囲に、様々な市場（書店、貸本屋、情報産業、等）が成立することによって展開してゆくように思われる。

（2）公立図書館の公共性

それではひるがえって、公立図書館は公共性を保証されているであろうか。自治体によって運営されている、税金によってまかなわれている、といった論拠は、すでに公共経済学によって完全に論破された。(105) しかし公共経済学のいう公共性だけが公共性ではない。多くの人々は図書館に公共性があると考え、場合によっては巨額の赤字をかかえながらも、巨大な公共図書館を持つことを誇りに思うのである。(106) むろんさきに述べたように、図書館が非市場的部分を支えていることは、公共性のひとつの論拠であろう。しかし普通の市民は、公共性を市場と結びつけて考えたりはしない。人々が図書館を持つことを誇りに思うのは、それが自分たちの図書館だと思うからではないだろうか。(107) 自分たちの共通の記憶を保持し、その費用を自らまかない、それと同時にそこでの活動に参加できるからではないだろうか。このように考えると、図書館の公共性とは、古典古代以来受けつがれてきたギリシャ的公共性の理念を引きついでいることが分かる。すなわち自立(律)した個人が、自らの責任において参加し活動する公共領域としての図書館像こそが、公共性を体現しているのである。(108) 図書館の公開性、図書館の自由も、この文脈においてもっとも良く理解できるように思われる。(109) そしてまた住民による図書館のコントロールも、この文脈において生きた意味を与えられるであろう。

図書館の公共性を以上のように理解すると、現在の公立図書館の公共性は、必ずしも自明のものではなくなってくる。教育委員会の管轄下にある公立図書館では、教育長—社会教育部（課）長—館長—司書という固定的な階層構造のもとで、多くの場合図書館の独立した経営権は事実上認められず、そのため図書館は自らの裁量によって状況に対処することが難しくなっている[110]。そして図書館自身に自律（自由）と責任（裁量権）なしに、公共領域を持つことはできない。むろんこのような状況の責任の多くは、地方自治体の体制にある。しかし責任の一端が、公立図書館の側にあることも否定できない。

たとえば、従来の公共図書館運動の前提には、次のようなものの見方があった。すなわち「学習権」や「知る権利」は憲法でいうところの基本的人権に属する、そしてそれを具体化した教育基本法によって公教育が保証され、社会教育もまたその一部として位置づけられる、図書館は社会教育機関として住民の要求にこたえなければならない、その具体的表現は貸出であり、それに要する費用は公教育の一環として公費でまかなわれなければならない、等々の主張がそれである。これらの主張が誤っているとは言えない。しかしそこには重要な視点が欠けている。まず第一に、そこでは住民はあたかも要求するだけの存在（受益者）であるかのようである。しかし実際にその費用を出すのも住民である。そして「学習権」や「知る権利」がいかに重要だからといって、無制限の支出を許容するものではない[111]。住民も自治体の一員であるという視点なしに、今後、自治体行政の改善はのぞめないであろう[112]。次に、「学ぶ」、「知る」といった人間の日常の営みを抽象的権利から演繹することにも問題がある。日常の営みは日常の営みとして正当化されるべきであり、一片の崇高な言葉によってささえられるべきではない。言葉によってのみ正当化される営みは、言葉を失なうときよるべき場所を持たない。

（3）　図書館の将来とその可能性

一九六〇年代以降の公共図書館運動は、図書館を住民のものとする、という点で大きな功績を残した。しかし今後問われなければならないのは、住民の図書館とは何か、ということではないだろうか。その点で従来の公立図書館論は、図書館の公共性という前提をあいまいなままにして、方法論として展開してきたように思われる。

そしてこのことが安易な委託に道を開いてきたことも否定できない。というのも、前提があいまいである以上、従来の方法論は、より「安上がりの」方法論に対抗すべき論拠を持たないからである。

私たちはこれまで非直営化のメリットとして図書館の自律と責任を強調し、それが図書館の公共性という前提とも整合することを示してきた。しかし自律と責任は、図書館活動の目標ではない。それらは公共図書館経営の出発点、前提として要請されるのである。帰属と依存が服従の前提であるように、自律と責任は経営の前提なのである。これからの図書館経営は、自らの力の可能性と限界をはかりにかけ、合理的な選択をしてゆくことにかかっている。したがって図書館の自律と責任の重要性は、今後も増すことはあっても減ることはないであろう。その意味においても、公共図書館の経営形態は再考を迫られている。

そして図書館の自律と責任を前提とするとき、私たちは次のような図書館像を描くこともできるであろう。

①　旧来の公私の枠組み、すなわち公を支配（官）と、私を被支配（民）と同一視する思考様式を解体し、公共領域という概念を導入して、図書館をそこに位置づけることができる。

②　すべての人々が自らの責任において同等の条件で参加し、活動する公共領域としての図書館像の形成にとどまらず、さらに、それらの図書館が自らの責任において同等の条件で参加し、活動する公共領域としてネットワークを構想することができる。そしてこの構想は、他のネットワークと連結することによって、さらに大きな可能性を持つであろう。(113)

③　この公共領域をまかなう費用は、国、自治体、企業、団体、市民などによって多元的に負担されることがのぞましい。その多元性こそが公共領域の自律と責任の基盤となるであろう。

④　以上のような図書館像はさらにその帰結として、設置者別はむろんのこと、国家という枠組みをも超える図書館の世界を予想させる。(114)そしてそれは国家内の支配——被支配関係に左右されない知の世界を可能にし、

普遍的な「知の公共領域」創出の契機となる可能性を秘めている。[115] それこそライプニッツの夢見た図書館ではないだろうか。

むろん私たちは、こうした情報ユーティリティが、図書館とは別の力、たとえば国家や多国籍企業に支配される可能性を否定するものではない。[116] またすべての知（savoir）が、力（pouvoir）と無関係な公共領域に属すべきだと考えもしない。むしろ知と力は密接に結びついており、両者の緊張関係が双方の可能性を引き出していると言えよう。[117] 逆にそれだからこそ「知の公共領域」の創出が要請されるのである。それなくして人間の知的創造の努力は力の前に屈し、ひいては力をも堕落させるであろう。図書館は、自らを知と力のせめぎあう動的世界の地平に想像しなければならない。[118]

注

（1）足立区立図書館運営委託問題をめぐる経緯については、『図書館は委託できない!!』足立区職員労働組合、一九八五年九月、『図書館は委託してはならない!!』東京都足立区職員労働組合、一九八五年一二月、参照。

（2）京都および長野における委託の動向については、芝田正夫「図書館の民間委託――京都市図書館の事例を中心に」『図書館評論』二六号、一九八五、四九―五六頁、今村兼義「長野市立図書館の委託について」『図書館評論』二六号、一九八五、五七―六二頁を参照。

（3）区案の問題点については、一九八六年三月一六日、文京区民センターで行なわれた『図書館の委託を考えるシンポジウム』における薬袋秀樹の報告「区立図書館の委託問題をめぐって――足立区立図書館の場合」がくわしい。公表がのぞまれる。

（4）入手した限りの資料では、具体的な費用軽減への言及は見られなかった。善意に解釈するならば、人件費を補助金に代えるのが目的かもしれない。

（5）中川泰弘「京都市の図書館委託――その後」『「委託」しません!!　直営で住民の学習権の保障を！』図書館問

題研究会、一九八五、一〇—一四頁、参照。

（6）図書館の本質が教育機関にとどまらない、という意味で、図書館法上の規定は、ここでは考慮のそとにある。

（7）戦前の社会教育については、宮坂広作『近代日本社会教育政策史』国土社、一九六六を参照。

（8）小泉徹・柳与志夫「有料？無料？——図書館の将来と費用負担」『現代の図書館』二一巻四号、一九八三年一二月、二四一—二五一頁（本書第4章）。

（9）たとえば英国の大学はすべて独立の法人である。沢田徹編著『主要国の高等教育——現状と改革の方向』第一法規、一九七〇、一九五—二一六頁、参照。図書館では、New York Public Library などは、独立の法人である。cf. Colin Steele. *Major Libraries of the World: A Selective Guide*, 1976, p. 442. 欧米における公私の区別については、高橋哲雄『二つの大聖堂のある町　現代イギリスの社会と文化』筑摩書房、一九八五、一三四—一六七頁が示唆的。

（10）一例としては、広瀬道貞『補助金と政権党』朝日新聞社、一九八一。

（11）鹿野政直『戦前・「家」の思想』創文社、一九八三、三八—五九頁、参照。

（12）川添登「『一所懸命』の日本文化——価値の多様化はほんとうか」『世界』四八二号、一九八五年一二月、四四—五八頁。

（13）森耕一『公共図書館』（『日本図書館学講座』第四巻）雄山閣出版、一九七六、二三三—二四頁。なお森耕一は、その後「公共図書館」という概念を放棄しているように思われる。森耕一『公立図書館原論』（『図書館学大系』第一巻）全国学校図書館協議会、一九八三を参照。

（14）森下圭一『都市文化をデザインする』有斐閣、一九八四、二一六—二二四頁、参照。

（15）成瀬治『近代市民社会の成立　社会思想史的考察』東京大学出版会、一九八四、参照。

（16）この表現は、松浦高嶺「一八世紀のイギリス」『岩波講座世界歴史』第一七巻、一九七〇、二五三—二五四頁から借りた。

（17）J. H. Wellard, *The Public Library Comes of Age*, Grafton & Co., 1940, pp. 97-98 参照。Wellard は、当時、図書館が社会的無関心にとりかこまれていたことにも充分気づいている。そのような観点を徹底したのが、Paul Sykes, *The Public library in Perspective: an examination of its origins and modern role*, Clive Bingley, 1979 で

ある。しかし巨視的に見る場合、図書館もまた労働者統合の一環であることは、認められねばならない。それは、図書館法の成立にも寄与したSamuel Smilesの思想において明らかであろう。村岡健次「サミュエル・スマイルズの思想と労働貴族層」『ヴィクトリア時代の政治と社会』ミネルヴァ書房、一九八〇、一九二―二二五頁、参照。

(18) Michael Harris, "The Purpose of the American Public Library: A Revisionist Interpretation of History", in Barry Totterdell ed., *Public Library Purpose; A Reader*, Clive Bingley, 1978, pp. 39-53 参照。アウトリーチについては、薬袋秀樹「〝社会実践主義〟か伝統的サービスか?」『社会教育学・図書館学研究』六号、五二―五三頁、参照。

(19) その困難な試みを行なっているのが、網野善彦『無縁・公界・楽　日本中世の自由と平和』平凡社、一九七八。

(20) ロナルド・P・ドーア『江戸時代の教育』岩波書店、一九七〇、参照。

(21) 貸本屋については、長友千代治『近世貸本屋の研究』東京堂出版、一九八二、参照。塾、寺小屋については、ドーア前掲書、参照。

(22) 前川恒雄・石井敦『図書館の発見――市民の新しい権利』日本放送出版協会、一九七三、も住民を依然受益者としてとらえている。

(23) 一九七一年に出版された『公共図書館の管理』(清水正三編、日本図書館協会)をみても、当時すでに経営学や行政学で一般的となっていた諸理論(たとえばＭＢＯやＺＢＢなど)を適用した組織・予算・人事管理等の観点は考慮されていない。しかもその後、図書館の経営・管理を主題とした図書の出版は、翻訳を除いて皆無である(一九八七年時点：著者注)。

(24) Barry Totterdell and Jean Bird, *The Effective Library: Report of the Hillingdon Project on Public Library Effectiveness*, Library Association, 1976, p. 16.

(25) もちろんこの仮定に対しては多くの異論が存在するであろう。しかし、この前提は、以下の論考を進めるうえで私たちが採用した一種の「公理」であり、別の公理をとる場合は、それに応じた別の論考を必要とする。図書館活動の目的に対する諸見解については、Barry Totterdell ed., *Public Library Purpose: A Reader* を参照。

(26) Blaise Cronin, "Public/private sector interaction", *South African Journal of Library and Information Science*,

vol. 53, no. 3, Sep. 1985, p. 111.

(27) 田村明「行政の文化化」『文化行政――行政の自己革新』松下圭一・森啓編、学陽書房、一九八一、二五―四五頁。

(28)『定住構想推進のための自治体行政の文化化に関する調査報告書』財団法人地方自治協会、一九八一、を参照。しかし、こうした構想は十分に実現されないまま、現在は「四全総」が提出されている。

(29) たとえば、これまで「モノ」を売る代表的業種であった百貨店業界では、文化事業や保険業務など様々なサービス提供を重視した発想の転換が求められている。堤清二「わたしの言い分――一生懸命、勤勉に遊ぼう」『朝日新聞』、一九八六年一月一九日朝刊。

(30) その概要については『地方行政における文化行政への対応に関する研究――都市総合管理システム研究開発昭和五〇年度調査研究報告書』地方行政システム研究所、一九七六、を参照。また、各地域における具体例については、磯村英一監修『地方の時代／実践シリーズ6　ひろがる文化行政』ぎょうせい、一九八二、二八一―四四五頁に詳しい。

(31) 鈴木喜久一「東村山市立図書館の出版活動」『出版ニュース』一〇七二号、一九七七年四月上旬、六―一〇頁、および、青木実「公共図書館における出版活動」『国立国会図書館月報』一六七号、一九七五年二月、二四―二七頁。

(32) 教育産業をめぐる問題については、毎日新聞社編『教室産業』毎日新聞社、一九八一、学校給食を考える連絡会編『学校給食を自由選択に』現代書館、一九八三、などを参照。

(33) イヴァン・イリッチ『脱学校の社会』東洋・小澤周三訳、東京創元社、一九七七、および、Michel Foucault, *Power/Knowledge; Selected Interviews and Other Writings 1972-1977*. The Harvester Press, 1980 を参照。

(34) ジェシカ・リップナック、ジェフリ・スタンプス『ネットワーキング――ヨコ型情報社会への潮流』社会開発統計研究所訳、プレジデント社、一九八四、一七一―二〇一頁。なお「ネットワーキング」の基本的な考え方については、同書の正村公宏による序文を参照のこと。

(35) Anthony Downs, *Urban Problems and Prospects*, Markham Publishing Company, 1970, pp. 264-293.

(36)『地方行政における文化行政への対応に関する研究』（注30参照）二九―三〇頁、三六二―三六三頁。

(37) たとえば、公民館活動に関する松下圭一の批判を参照。松下圭一前掲書、一一九―一七八頁、および松下圭一『社会教育の終焉』筑摩書房、一九八六。

(38) 末吉哲郎「図書館産業論」『びぶろす』三六巻九号、一九八五年九月、一―六頁。

(39) こうした事情を米国において概観したものとして、National Commission on Libraries and Information Science, *Public Sector/Private Sector Interaction in Providing Information Services*, GPO, 1982 を参照。

(40) 通産省のテクノトピアを始めとして、郵政省、建設省、運輸省等ほとんどの省庁が情報関係の新しい政策を提示している。また世界各国においても、この事情は同様である。米国については、Robert Lee Chartland, "The Politics of Information", *Journal of the American Society for Information Science*, vol. 36, no. 3, May 1985, pp. 376–382 を参照。

(41) その概要については、『社会サービスの産業化』(NIRA OUTPUT NRC-79-26)、総合研究開発機構、一九八〇を参照。

(42) 詳しくは、George S. Bobinski, *Carnegie Libraries; their History and Impact on American Public Library Development*, ALA, 1969 参照。

(43) 「企業財団――ただいま急増中」『日本経済新聞』一九八六年二月三日夕刊。

(44) Susan S. DiMattia, "Corporations & Library Fundrasing", *Library Journal*, vol. 109, no. 3, Feb. 1, 1984, pp. 139–144.

(45) 日本の文化活動におけるパトロナージュに対する発想の転換を求めた次の一文は興味深い。野田秀樹「冠かぶれ〝甘えの小僧〟」『日本経済新聞』一九八六年一月一一日朝刊。一方、日本においてもすでに社会への企業利潤の還元はかなりの額にのぼっており、その方法が異なる(芸術よりも宣伝)という見解がある。したがって、問題は、金を出す出さないではなく、何を援助するかにあるとも言えよう。三浦雅士「イメージ前線――文化財団と広告代理店」『朝日新聞』一九八六年三月三一日夕刊。

(46) 現行制度内での図書館運営への市民参加の問題点を指摘したものとして、中村幸夫「図書館協議会をめぐる諸問題――大都市・名古屋からの報告」『現代の図書館』一七巻四号、一九七九年一二月、二一六―二二〇頁がある。

(47) 松下圭一前掲書、一七九—二四〇頁における松下圭一と西尾勝の対談を参照。
(48) 大森弥「都市経営と行政」『岩波講座　現代都市政策　Ⅳ都市の経営』伊東光晴他編、岩波書店、一九七三、一一二—一一七頁。
(49) 各経営論の概要については、高寄昇三『現代都市経営論』勁草書房、一九八五、五一—一一二頁を参照。
(50) 詳しくは、日本都市センター都市行財政研究委員会編『新しい都市経営の方向』ぎょうせい、一九七九、五一—二〇頁を参照。
(51) 伊東光晴「都市経営における効率と平等」『岩波講座　現代都市政策　Ⅳ都市の経営』七—一三頁。
(52) 功利主義者の主張が多義的であるだけに、功利主義の定義は難しいが、本稿では包括的に「行為を判断する基準を〝効用〟(utility) にもとめる立場」と定義しておく。詳しくは、ジョン・プラムナッツ『イギリスの功利主義者たち』堀田彰他訳、福村出版、一九七四を参照。またロールズの正義論については、『公正としての正義』田中成明編訳、木鐸社、一九七九と『正義論』矢島鈞次監訳、紀伊国屋書店、一九七九の他、都市経営との関連で考察した、西村周三「社会契約論の可能性——社会福祉から社会契約へ」『新しい経営戦略と行政』自治大学校研究部編、第一法規、一九七六、一九七—二一二頁が参考となろう。
(53) 以下の記述では主に、高寄昇三の前掲書を参考にした。
(54) この実施部門は、開発や公共サービスを行う地域経営と、内部管理中心の行政経営を二本柱としている。高寄昇三　前掲書、一九頁。
(55) 同上、一四頁。
(56) 宮川公男「行政の新方向」『新しい経営戦略と行政』第一法規出版、一九七六、一〇四—一〇六頁。より包括的かつ経済学的背景を含めた理論的説明としては、青木昌彦「都市経営と経済理論」『岩波講座　現代都市政策　Ⅳ都市の経営』五五—七四頁を参照のこと。また、図書館における「効果」概念を説明したものとしては、糸賀雅児「〝Library Effectiveness〟の概念」『社会教育学・図書館学研究』五号、一九八一、五一—五四頁　がある。さらに、図書館業務の計量化を通してその生産性の測定を試みたものとして、『自治体行政の生産性指標設定の実証的研究』(NIRA OUTPUT NRS-83-20) 地方自治研究資料センター、一九八五、一四三—一七五頁が参考となる。

(57) Lois Fennings, "Marketing for Non-Market Transactions: Problems and Issues for Librarians", *The Australian Library Journal*, vol. 33, no. 2, May 1984, pp. 10-17.　都市経営における費用便益分析の適用の限界については、青木昌彦、前掲論文、六三—六四を参照。図書館業務へのマーケティング理論の適用可能性については、Rona V. van Niekerk, "The compatibility of marketing with a philosophy of librarianship", *South African Journal of Library and Information Science*. vol. 53, no. 4, Dec. 1985, pp. 178-182 参照。

(58) 高寄昇三前掲書、三三頁、および、牛込久治「間接公営論」『都市経営論序説』松行康夫・武田益編、ぎょうせい、一九八三、三五五—三七一頁。神戸市におけるその具体例として、宮崎辰雄『都市の経営・市長に何ができるか』日本経済新聞社、一九七九、一二八—一二九頁を見よ。

(59) 公社制度の基本的問題点については、伊東光晴『経済学は現実にこたえうるか』岩波書店、一九八四、一九五—二五〇頁を参照。

(60) 日野市立、多摩市立、等を思いうかべれば良いであろう。

(61) 図書館の自由や図書館員の倫理は、むしろこうした中でこそ意義をもち、最もよく検証されるであろう。ただ図書館の自律性は、専門的経営によるサービスの革新など多くの利点がある一方、政治的援護（political support）を弱める危険性も存在する。Malcolm Getz, *Public Libraries: An Economic View*, The Johns Hopkins University Press, 1980, p. 140 参照。

(62) とはいえ、理事の選出や会計報告の承認等、公共図書館運営の最終責任を負うのが地方自治体であることは言うまでもない。地方公社の公的コントロールについては、沢井安勇「地方公社の公的コントロール」『地方財務』二七二号、一九七七年一月、七〇—一七七頁を参照。

(63) この考え方は、最近の経営学におけるコンティンジェンシー理論の主張にも沿っている。ポール・R・ローレンス、ジェイ・W・ローシュ『組織の条件適応理論』吉田博訳、産業能率短期大学出版部、一九七七を参照。

(64) データベースを利用した情報検索や資料処理を考えれば明らかであろう。

(65) 官庁会計に対する企業会計方式の一般的な利点については、高寄昇三、前掲書、二二四—二二六頁が参考となる。

(66) 現在の官庁機構は、市民参加を前提としない、行政から住民への一方的な関係を想定しがちである。その図式の中では、住民の図書館活動への参加も、安上りを目標とした施設運営の住民委託にすりかわってしまう可能性が大きいと言えよう。南里悦史「コミュニティ・センターと社会教育施設」『図書館雑誌』七四巻七号、一九八〇年七月、三二三—三二四頁。
(67)内部経営的要素についてはすでに前節（4）で述べた。
(68)「中小レポート」の意義とその影響に関しては、『図書館雑誌』七七巻一一号、一九八三年一一月および『みんなの図書館』七九号、一九八三年一二月の特集を参照。
(69)貸出業務の増大による職業病の発生については、吉尾博「あなたの職場はだいじょうぶですか?——立川市立図書館で職業病（頸肩腕障害）多発、サービス削減」『みんなの図書館』八〇号、一九八四年一月、八七—八八頁を参照。
(70)貸出が現在も図書館の基本的サービスのひとつであることに変わりはないが、「貸出だけで良いのか」という主張は、多少の誤解もまじえて近年しばしば提出されている。木村隆美編『図書館運動の新たな原理を求めて』せきた書房、一九八三、二一五—四九頁。
(71)Blaise Cronin, "Information services marketing", *South African Journal of Library and Information Science*, vol. 53, no. 3, Sep. 1985, pp. 116-117.
(72)こうした考え方を簡潔に示した文献は少ないが、次の論文はこの立場に立ったものとみなしてよいだろう。伊藤峻「『予約』を『リクエスト』へ発展させるために」『みんなの図書館』一〇四号、一九八六年一月、二七—三三頁。
(73)Blaise Cronin, art. cit., p. 118.
(74)その具体例は、森耕一編『図書館サービスの測定と評価』日本図書館協会、一九八五、二二九—二五四頁に詳しい。
(75)日本でも文化活動における、フローに対するストックの重要性が再認識され始めている。梅棹忠夫「総括所見 21世紀の神殿づくり」『月刊ＮＩＲＡ』七巻一二号、一九八五年一二月、二五頁。
(76)前BLLD（現在はBL Document Supply Centre）局長モーリス・ライン（当時）は、"interlending"に代わって、"document provision and supply"を使うことによって、相互貸借システムにおける"provisoin"の重要性を

指摘している。Maurice B. Line, "National Planning and the Impact of Electronic Technology on Document Provision and Supply", Libri, vol. 35, no. 3, Sep. 1985, p. 181.

(77) その実態については、角田昭夫「日本医学図書館協会相互貸借業務の現状と課題——相互貸借業務実態調査報告の概要」『医学図書館』二八巻二号、一九八一年一月、一三二—一四二頁を参照。

(78) 同じことが博物館の情報ネットワークづくりでも問題となっている。照井武彦「歴史民俗博物館の情報システム」『情報管理』二八巻一二号、一九八六年三月、一〇五四頁。

(79) 費用負担の中味は、相互貸借を例にとると、そのための人件費、郵送料、その他の事務関係費である。なお、ここでは図書館間の関係を問題にしており、利用者への料金賦課は、また別に論じられるべきであろう。

(80) アーカートは、その図書館業務の原則の第六項に、〝図書館はそのサービスの代償をうけるべきである〟とあげている。ドナルド・アーカート『図書館業務の基本原則』高山正也訳、勁草書房、一九八五、三頁。

(81) 一九六八年にＡＬＡが採択した「全国相互貸借規程」第六項ですでにこの原則の確認が行われている。Sarah K. Thomson, *Interlibrary Loan Procedure Manual.* ALA, 1970, P. 4.

(82) もちろんこれまで費用負担に関して、日本でそのような指摘がなかったわけではないが、大きな影響をもつには至らなかった。「座談会『公共図書館サービスのネットワークの整備に関する調査研究』について」『現代の図書館』一八巻四号、一九八〇年一二月、二一三—二二四頁。

(83) その典型として、ＯＣＬＣをあげることに異論はないであろう。ＯＣＬＣ成立の背景と発展の経緯については、Lois L. Yoakam ed., *Collected Paters of Frederick G. Kilgour: OCLC Years*, OCLC, 1984 の関係論文を参照。

(84) 図書館のネットワーキングの基本問題に関しては、Barbara E. Markuson and Blanche Woolls ed., *Networks for Networkers*, Neal-Schuman Publishers, 1980 を参照。

(85) 現在の相互協力の中では、複写料金の支払いが大きな問題となっている。鈴木清「私大図書館から見た複写料金支払いの問題」『みんなの図書館』一〇七号、一九八六年四月、五四—五七頁。

(86) 以下の分け方は本稿独自のものであるが、後藤暢「アメリカにおける図書館職員制度の批判的検討のために」『図書館評論』二四号、一九八三、五三—六七頁にも、一部似かよった分け方が見られる。

(87) 典型的なものとしては、『公立図書館職員の司書職制度　調査報告書』日本図書館協会、一九八五、一五—二二頁、参照。

(88) 日本図書館協会教育部会図書館学教育基準委員会「図書館学教育改善試案」『図書館雑誌』六六巻六号、一九七二年六月、二七八—二八二頁、松戸保子「大学図書館における司書・司書職について」『図書館雑誌』七六巻六号、一九八二年六月、三四〇—三四一頁、参照。

(89) この立場は、『第70回全国図書館大会記録』全国図書館大会実行委員会、一九八五、三一六—三二〇頁の中川徳子の発言に要約される。

(90) 原田勝「図書館情報学の現状と将来　養成の立場から」『現代の図書館』二四巻一号、一九八六年三月、六一—一〇頁、田辺広「養成の立場からみる図書館情報学の現状の将来」『現代の図書館』二四巻一号、一九八六年三月、二六—三〇頁、参照。

(91) 「東京都人事委員会裁決　昭和四八年（不）第3号」『東京の図書館は訴える』図書館問題研究会東京支部、一九八〇、二六四頁、参照。

(92) 中村幸夫「名古屋市における司書職制度の形成と問題点」『中部図書館学会誌』二一巻三号、一九八〇年三月、一—一五頁、参照。

(93) たとえば司法試験の場合、第一次試験免除の基準は、大学教養課程修了程度にすぎない。『六法全書』昭和六一年版　I、有斐閣、一七一頁。

(94) 現状においてさえ司書の需要は多くない。常盤繁・渋谷嘉彦「公共図書館職員採用制度の実態」『図書館雑誌』七六巻六号、一九八二年六月、三三五—三三八頁、参照。

(95) 資格制度に対する批判的再検討の試みとしては、ランドール・コリンズ『資格社会——教育と階層の歴史社会学』大野雅敏・波平勇夫訳、有信堂、一九八四、参照。

(96) 図書館問題研究会東京支部職員問題の委員会「図書館に情熱を持つ人が働き続けるために」『みんなの図書館』一〇七号、一九八六年四月、一六—二〇頁。

(97) 〝日曜・夜間開館はどのような困難性を伴なおうとも、利用者がそれを望んでいる以上、われわれはその全面的な実現へ向けて歩き始めねばならない。〟久保輝巳『公共図書館職員論』八千代出版、一九八三、二〇五頁。図書館問題研究会の政策も、隔週の休日出勤を示唆している。『わがまちわがむらにこんな図書館を　図問研は提案します』図書館問題研究会、一九八三、九頁。
(98) 司書の人事異動が停滞しがちな理由のひとつは、労働市場が成立していないことにも求められよう。
(99) ここで言う「権限」とはライン的権限ではなくスタッフ的権限、なかでも「専門権限」をさす。宮嶋勝『公共組織の管理論』企画センター、一九八三、五六—六九頁、参照。
(100) 稲川薫「アメリカの継続教育について」『現代の図書館』一九巻三号、一九八一年九月、一六九—一七〇頁。
(101) 図書館員の労働実態の調査によれば、半数以上が交替勤務になっていない。日本図書館協会図書館員の問題調査研究委員会編『図書館労働実態調査予備調査報告』日本図書館協会、一九七八、八九頁、参照。
(102) 森耕一「労働の二重構造」『図書館雑誌』七七巻四号、一九八三年四月、二一七—二二〇頁、参照。
(103) 大塚奈奈絵「Job Sharing ——新しい図書館員の勤務形態」『現代の図書館』二〇巻二号、一九八二年六月、九六—九七頁、および、Sheila Plant, "Job Sharing provides a useful alternative", *Canadian Library Journal*, vol. 42, no. 6, Dec. 1985, pp. 363-367 を参照。
(104) 岩井克人『ヴェニスの商人の資本論』筑摩書房、一九八五、一四八—一三八頁、参照。
(105) Lawrence J. White, "The Public Library: Free or Fee ?", *The New Leader*, vol. 62, no. 24, Dec. 17, 1979, pp. 3-5.
(106) 高橋哲雄、前掲書、七二頁、参照。
(107) 最近の経済学は、このような観念を「潜在的共有観念」と名付けている。佐伯啓思「公共経済学の批判的展望」『経済体制論Ⅱ』村上泰亮・西部邁編　東洋経済新報社、一九七八、一一三—一四七頁、参照。
(108) 公共領域を人間の「活動」の場として再定義したのが、ハンナ・アレント『人間の条件』志水速雄訳、中央公論社、一九七三。
(109) 「図書館の自由」に公共領域の導入を試みたのが、拙稿「図書館の自由——その根拠をもとめて」『現代の図書館』二三巻二号、一九八五年六月、一〇七—一一七頁。（本書第1章）
(110) 安倍sample巳「図書館の管理」『図書館通論』渡辺正亥編（現代図書館学講座Ⅰ）、東京書籍、一九八三、九三—九四頁、参照。
(111) これは文化行政に対する現在の支出が多すぎるという意味ではない。余りにも少なすぎるというのは、大方の認めるところである。ただその基準を最終的に決定するのは、公的機関やその利害関係者ではなく、住民でなければならないということである。そこではじめて受益と負担のバランスがはかられるであろう。

(112) 伊東光晴、前掲書、四―二六頁、参照。

(113) ジェシカ・リップナック、ジェフリ・スタンプス、前掲書、参照。

(114) OCLCやUTLASの歩みは、世界の図書館界がすでにその方向へ進みつつあることを示していると言ってよいのであろう。cf. Louis L. Yoakam ed., *op. cit.*.

(115) 〝諸社会の進展の主要なパラメーターの一つは、どこに、どんな情報がストックされ、それを入手するのにどのくらいの費用がかかるのかを知ることなのである〟。ジャック・アタリ『情報とエネルギーの人間科学――言葉と道具』平田清明・斎藤日出治訳、日本評論社、一九八三、一〇〇頁。

(116) 本書発行の時点（二〇一五年）では、グーグルやアマゾンの隆盛を見ると、残念ながらこの危惧が無駄に終わったとは言えそうもないようである。

(117) 田村俶「フーコー論序説　暗部におけるマイノリティーへの光」『現代思想』六巻七号、一九七八年六月、九八―一〇八頁、参照。

(118) 本論は一九八六年四月に脱稿したものである。したがって、その後に発表された経営形態に関する重要な論文（たとえば薬袋秀樹氏の「地方公社論」）に直接言及することはできなかった。しかし、そこで問題とされる重要な論点については、本論中で直接・間接的に私たちの考えは示したつもりである。

第6章　都市経営の思想と図書館経営の革新

出典：『現代の図書館』二六（一）、日本図書館協会、一九八八年三月、三〇―三三頁。

近年「経営」あるいは「経営戦略」をめぐる議論は、単に経済界のみならず、行政を含めあらゆる分野でその適用が検討され始めている。これは偶然ではなく、社会・経済環境の変化に伴う必然的な対応とも言える。社会的制度としての図書館も当然その例外ではない。本稿では、「図書館経営」概念の確立・革新に向けて、それを必要とする社会背景、経営を支える理論及び将来の方向について簡単に展望したい。

1　「経営」への動き

ビリントン新館長による米国議会図書館の業務再評価と将来計画策定の開始、ベック前館長によるフランス国立図書館改善案のレオタール文化大臣への提出など、世界の国立図書館は大きな変動期を迎えつつある。その中でも特に英国図書館（British Library）は、人文・社会系と科学・技術・産業系の二大分野別機構改革、科学技術情報・ビジネス情報の提供機能の強化、一部有料制導入、新技術の開発等々新しい政策を次々と打ち出し、新しい国立図書館像を形成しつつあると言ってもよい。その背景にあるのは、図書館運営を経営論的観点から見直し、図書館の経営戦略を展開しようとする考えである。これは、英国政府が進めている公社の民営化政策などの行財政改革の精神とも軌を一にしている。英国図書館は、こうした機構・機能の改革とともに、事業・運営資金の一部調達といった財政面での自助努力も行なっている。このように、行政に「経営」概念を導入することは、何も新しい手法ではなく、また、国レベルだけの話でもない。日本では地方自治体レベルで、すでに六〇年代にその発想がとり入れられ、一九七〇年代には定着した思想なのである。とはいえ、こうした都市経営の思想を実際の政策に移し、根付かせている自治体は、いまだに多いとは言いがたい。さらに、公共・大学等館種を問わず、それを図書館経営にまで適用している例は、まだ日本ではわずかであろう。しかし、その基本思想に図書館が多いに学ぶべきところがあると思われる。

2　都市経営の思想

都市経営論が米国で唱えられ始めたのは、一九世紀後半である。当時の米国の都市では、地方政党組織の市政独占による恣意的な都市政策が行われており、経営論は、それに対する合理的な市政への改革理念として提示された。「公共性」の追求を根拠として、ビジネスの観点による市政の効率化が主張されたのである。その後、自治体の行財政の自主性を確保し、都市政策を全体的に統御する方法論として都市経営論は形成されていくが、その過程で、減量経営論、制度改革論、政策的経営論といった様々な理論が現れ、競合してきた。日本では、地方自治法第二条第一三項「……最少の経費で最大の効果を挙げるようにしなければならない」という規定に、すでにこうした考え方の反映が見られ、昭和三六年の自治省通達では、自治体の「経営」にふれている箇所がある。

現代の都市経営論は、行政の文化化、地方自治体財政の停滞、市民の市政参加意識の高まりなど様々に変化する内的・外的都市環境への対応と、一九七〇年代以降、明確な概念となってきたシビル・ミニマムの保障という考えを背景に、住民福祉の極大化を目的として、公共サービスをいかに選択し、その供給を効率的かつ公正に行うかを課題としている。ここで注意すべきことは、経営論が、福祉の理念や目標とは別に、それらの供給の効率性と公正な配分を評価するための基準となる観点を与えることを目的としている点にある。「最小費用による最大福祉」という理念は、いかなるサービスを、それに適した行政水準、供給形態、費用負担で行うかの選択において具体化されると言えよう。そのためには、①内部管理に経営の対象を限定せず、外部経営環境の改善を同時にはかる、②政策決定を重視し、それを受けて効率化をはかる（政策決定なしでは単なる行政管理に陥る）、③公共経済の枠組を見直す、④企業的都市経営（たとえば第三セクターの運営）の再評価と活用をはかる、等の必要がある。このように、都市経営は、都市政策における経営的要素を対象とするが、その「経営」は、経済問題に限定されないのである。

3　都市経営の手法

ここでは都市経営において、どのような概念装置、手法が使われているか簡単にふれてみたい。

まず第一に概念上重要な区別は、経営の言わば価値レベルと技術レベル――目的と手段――の区別である。つまり、経営において何を実現するかの政策決定と、いかにそれを効果的・効率的に行うかの実施・運用とを明確に区別し、前者の後者に対する優位を確認したうえで両者を有機的に結び付ける必要がある。目的をはっきりさせない効率化は、単なる安上り行政となり、結局は市民の福祉にとって高くつくことにもなる。

政策のレベルを市民サービスを中心に考えた場合、必需的か選択的か（全員にとって必要かあるいは一部の人に対して必要か）、基礎的か付加価値的か（市民生活にとって最低限か、より高度か）、の二つの軸を組み合わせて、大きく四つの種類に分けることができる。たとえば、消防や上水道は必需的かつ基礎的サービス、公的教育は選択的かつ基礎的サービス、さらに、高度な老人福祉は選択的かつ付加価値的サービスと言えよう。現代の自治体は、必需的かつ基礎的サービスのみを行えば良いのではなく、選択的で付加価値的なサービスも、政策全体のバランスを考えながら積極的に取り組んでいかなければならない。それが、「シビル・ミニマム」や「行政の文化化」という言葉を意味あるものとするのであり、さもなければ、全体としての市民生活のレベルは下がってしまう。

こうして目標となる政策レベルが、選択・決定されて初めて、次にそれを具体的に実現するための供給水準、供給形態、費用負担などの実施方法が決められるのである。したがって、ある行政サービスを公立機関が行うか、第3セクターを設立し、そこに委託するかの選択は、実施レベルの問題であり、それ自体が政策の目標として議論されるべきことではない。

次に、都市経営の概念上の区別に、内部経営と外部経営がある。内部経営は、人事・財務等を中心とした行政管理に加えて、外部団体の設立・管理、調査、市民参加への対応、情報公開の整備などを含む。外部経営は、地域資源の開発と活用（公共投資と行政サービス）及びその配分を目的としている。つまり、地域開発や福祉サービスといった住民が必要とする新しい資源やサービスを開発する部分と、それを住民にいかに適正配分するかの両面を含むのである。これは経済学でいう生産論と配分論に対応している。

こうした事業・サービスをどのような形態、方法によって行うかの選択が次の問題となるが、そのためのひとつの経営的視点として、「効率性」があげられる。そこで、公共図書館サービスもその一部である行政サービスを中心に考えてみたい。

行政サービスをひとつのサービス提供システムとすれば、そのパフォーマンスを分析・評価する基準として、費用、効果、便益の三つの観点があげられよう。この中でも、その評価に価値判断の加わる比重が大きく、客観的測定の困難な「便益」を除く、「費用」、「効果」、さらにその両者の関係を測る「費用対効果（効率）」が通常よく用いられている。ただし、条件を固定すれば比較的分析がしやすい費用に対して、提供サービスがどれほどの効果をもったかを測定することには困難が伴い、常にある価値判断がそこに介在することに注意しなければならない。しかし、評価のないシステムよりは、前提条件を理解したうえでこうした基準を用いて、システムの改善を図ることの重要性は明らかであろう。

効果の観点からいかに高度な老人医療サービスであっても、それを受けられる対象者がきわめて限られ、しかもその費用負担が住民にとって大きい場合、効率の視点から、そのサービスを自治体が行うことは疑問となろう。このように、効果と効率は個別に考慮するのではなく、そのバランスをはかることが肝要である。したがって、逆に「効率的でない」という理由だけで、たとえば上述の老人医療サービスを行政の対象外とすることも妥当ではない。住民福祉の極大化を福祉サービスの目的とすれば、必需的・基礎的分野のみならず、選択的・付加価値的分野をとりこむことなしにサービス全体の水準を上げることは難しい。しかし、だからと言って、こうしたサービスすべてを全額公費負担で、公的機関や公務員の直接の手によって提供しなければならない、と主張されるべきでもない。ここでも、先に述べた政策の立案・選択のレベルと、それを受けての実施レベルとの混同を避ける必要がある。サービスの供給形態をどうするか、全額公費か一部受益者負担か、あるいは全額受益者負担で自治体は基盤整備のみを行うのか、の選択は、効果、効率、さらに便益を加えた総合的判断によって戦術的に行えばよいのである。そしてこれは、いつ、いかなる部門に、持てる資源（ヒト、モノ、カネ）を投入すれば最大の効果があり、効率的であるかという経営戦略における資源配分の問題でもある。

マーケティングも最近、企業活動のみならず、広く非営利活動まで適用され始めた経営管理の有効な手法のひとつである。このマーケティングは、市場（マーケット）及び顧客の動向とニーズをつかみ、それと企業の製品・サービスの提供をいかに効果的・効率的に結びつけるか、を対象に開発された一連の過程で、具体的には、市場動向や顧客ニーズの調査、それを受けた製品・サービスの開発、流通経路の革新、広報・宣伝の活用、積極的な市場開拓、モニタリングなどがあげられよう。そして、市場の拡大をはかり、顧客をいかにひきつけるかという問題意識は、非営利的サービス機関にとっても重要である。行政サービスにおいても、福祉や文化・教育サービスのように、選択的で、民間と競合する部門では、供給者本位のサービスではなく、利用者指向（サービスの評価を重視する）の態度をサービス改善に結びつける努力がなければ、その存在自体が疑問視されることにもなりかねない。マーケティングは、単なる営業上の技術としてだけでなく、サービス提供者の意識を変革することにも役立つのである。

4　図書館の経営と経営基盤

これまで都市経営の観点から行政サービスがどのようにとらえ直されるかをみてきた。そして行政サービスの一環として公共図書館サービスを位置づけるならば、公共図書館経営を同様の文脈の中で考えることができることは明らかであろう。

公共図書館の目的（goal）の設定と、それを実現する手段としての具体的諸目標（objectives）の区別は、政策選択レベルと実施レベルの区別に対応する重要なものである。ＭＢＯ（Management by objectives）のような経営管理の手法もそこで初めて図書館への適用可能性が理解されよう。

外部経営と内部経営の違いも、図書館業務にそれぞれ対応させることができる。利用者サービスやその基盤となる収集・保存は前者、専門職員の訓練、図書館協議会の運営、利用調査、整理の委託の管理などは後者にあたる。そして両者は有機的に関連している。

図書館サービスシステムを評価する効果・効率の視点は、すでに一般的である。その中でも、貸出冊数は、図書館サービスの効果を測る指標として定着しているが、その他にも、利用者登録率、貸出資料の回転率など多くの指標がある。しかし、こうした一館単独の効果を測る指標とは別に、今後の図書館ネットワークによるサービスを考えていくうえで重要な、相互貸借や総合目録などの指標としての意義は、まだ不明確である。また、「効果」の尺度に比べて、それを生み出すために必要な費用を考慮した「効率」を測る指標に乏しいことも経営的観点からは問題と言えよう。公共図書館も税金で賄われている以上、質のよいサービスをしているということだけで評価することは片手落ちと思われる。

「図書館経営」は、日本でも古くから言われてきたことであり、目新しい概念ではない。しかし、実際に経営論的発想に従って目標を設定し、経営戦略に沿った資源（職員・資料・資金）配分を行なっている図書館は、日本では必ずしも多くはない。それには、内在的・外在的なさまざまの理由が考えられよう。すでに述べたように行政サービスを都市経営の枠組でとらえることが必ずしも一般的ではなかったこと、それ以上に、図書館サービスを行政サービスとして理解するより、対比的あるいは対立的におく考えがあること、さらに、図書館サービスの理念とその手段が混同されがちなこと、などがあげられる。特に最後の点は、「公共」図書館か「公立」図書館か、といった名称の問題に典型的に表われている。「公共性をめざす図書館」は理念として成立するが、公立か私立かの区別は、理念上の問題ではなく、理念を実現する手段＝経営形態の選択として議論すべきであろう。公立である図書館の運営が、自治体の直営によるか第三セクターによるか、司書が公務員であるか否かは、当該の自治体をめぐる外部環境と内部環境を配慮したうえで、図書館サービスの水準・費用負担（財源）・効率性などの経営戦略上決定すべきことなのである。

公共図書館の目的を仮りに「市民社会における文化の伝達、学習の援助、情報提供」とすれば、図書館が文献情報をほぼ独占していた時代とは異なり、現代ではその機能は、他の公的機関のみならず、多くの民間の営利あるいは非営利団体と競合することがわかる。これは決して図書館に不利な状況ではなく、互いに補完し、共存することで、より高度で多様なサービスを社会に提供することができるのである。その場合、図書館は、「公立性」に閉じこもることにその根拠を見出さずに、むしろ「公共性」を追求することによって他の図書館（別の自治体や館種）との連携を強化すべきであろう。

最後に、図書館経営にとって最も重要な要素は、館長の採用を含めた経営権の独立と経営者たる館長の指導性確保の二点であることを指摘しておきたい。自治体や大学といった設置母体に対して、館長が独立した経営権を持たない限り、様々な経営管理の手法も使いようがないからである。

第7章　社会教育施設への指定管理者制度導入に関わる問題点と今後の課題——図書館および博物館を事例として

出典：『レファレンス』七三三、国立国会図書館調査及び立法考査局、二〇一二年二月、七九―九一頁。国立国会図書館の許諾の下に全文を転載。

はじめに

平成一五年六月の地方自治法（昭和二二年法律第六七号）改正によって、地方公共団体（以下「自治体」という）で運営・管理する公の施設への指定管理者制度導入が始まって、約八年が過ぎた。全国で総数三〇万を超えると言われる公の施設のうち、平成二一年四月一日現在で指定管理者制度が導入されている施設は、レクリエーション・スポーツ施設、産業振興施設、基盤施設、社会福祉施設等約七万に上っており、その中で文教施設は一三七一七施設となっている。(1)すでに全体で二〇%を超える施設に指定管理者が導入されていることになる。

指定管理者制度の導入をめぐっては、その当初から賛否両論、メリット・デメリットの比較など喧しい論議があったが、八年たった現在では導入・運用もある程度定着し、スポーツ施設や公園、水道施設等の基盤施設では、事業者の活動評価や指定管理料の設定基準、指定期間の妥当性など、具体的な改善の検討に議論の中心が移っている。その一方で、文教施設では、自治体における導入が同じように進みつつも、いまだに指定管理者制度導入の是非についての活発な論議が続いている。本論では、文教施設の中でも、導入や導入後の運用に批判的な意見が少なくない社会教育施設、特に公立博物館・美術館等（以下「博物館」という）と公立図書館（以下「図書館」という）について、(2) 現状と問題点、導入に関わる賛否の論点、改善すべき要素等を整理・分析することにより、今後の導入および導入後の運用についての課題を明らかにしたい。

1　図書館および博物館への指定管理者制度導入の現状

(1)　指定管理者制度導入の背景と経緯

先ず簡単に指定管理者制度導入の経緯とその背景を見ておきたい。

指定管理者制度は、全国の自治体で、住民の福祉を増進する目的をもってその利用に供するために設置した公の施設の管理・運営について、民間事業者、非営利団体等が包括的に代行することができる制度で、従来の公共団体等を対象とする管理委託制度や民間事業者との業務委託契約と異なり、指定管理者の指定は、法的には議会の議決を経て決定する行政処分にあたる。民間事業者等が有するノウハウを活用することによってサービスの質の向上を図ること等を目的に、平成一五年六月に地方自治法が改正され、同年九月から施行された。そして、施行後三年以内にそれまで管理委託制度によって運営していた施設は、直営に戻すか、指定管理者制度を導入するかの選択を迫られることになった。

指定管理者制度の対象とされたのは公の施設全般であるが、個別の法律によって管理者が特定されている学校などの施設は対象外となっている。図書館および博物館についても、図書館法（昭和二五年法律第一一八号）と博物館法（昭和二六年法律第二八五号）があり、指定管理者制度の導入についての適否が当初は問題になった。それに対して、文部科学省は平成一七年一月に開催された全国生涯学習・社会教育主管部課長会議において、図書館及び博物館に対しても指定管理者制度の適用が可能である、との見解を示した(3)。これを機に、全国で博物館および図書館における指定管理者制度の導入が進むことになる。

こうした状況に対して、図書館・博物館関係者の間で、社会教育施設には理念的になじまないという観点から導入を危惧する声が高まり、平成二二年三月には日本図書館協会が図書館への指定管理者制度の適用は適切ではないとの見解を表明した(4)。公の施設全般についても、指定管理者制度導入によって利用者増や収益改善、利用者満足度の向上などの成果を挙げる施設も少なくない一方で、運営上の問題が発生し、直営に戻す施設もあるなど、様々な状況が生じている。

こうした問題に対処するため、総務省では平成二〇年六月六日事務次官通知「平成二〇年度地方財政の運営について」の中で指定管理者制度の運用上の留意事項について触れ、特に公共サービス水準の確保と指定管理者の適切な評価を重要事項として取り上げている(5)。また、平成二二年一二月二八日自治行政局長通知「指定管理者制度の運用について」(6)では、八項目にわたって制度の適切な運用のための注意点を列挙している。その中で、制度の目的について、「公共サービスの水準の確保という要請を果たす最も適切なサービスの提供者」を選ぶためのものであり、「単なる価格競争による入札とは異なる」との指摘があり、指定管理者選定において多くの自治体が低価格競争に陥っているのではないか、という批判に応えようとしている点で注目される。

制度導入当初に選定した指定管理者の指定期間が終わり、多くの自治体で二回目の指定管理者選定が行われつつある現在、改めて制度改善のための検討を行うにふさわしい時機であるとも言えよう。その際、指定管理者制度の導入を施設運営の一手法とのみ考えるのではなく、社会における制度のあり方に注目して経済活動を見ていこうとする制度派経済学やＮＰＭ（ニュー・パブリック・マネジメント）の影響を受けて行われた世界各国における公経営改革の文脈の中で理解する必要がある。つまり、公の施設の資産的性格に基づき、その公共的価値を高めるためには、どのような制度がふさわしいかを考える視点である。(7)

(2) 指定管理者制度の特徴と導入にあたっての判断基準

指定管理者制度の特徴を把握するために、従来自治体で一般に行われていた外郭団体等による管理委託制度と対比したのが表７－１である。

一言で言えば、管理主体を企業、ＮＰＯなどに広く開放し、経営の自主性を高めたこと、それに伴う諸手続き（議会の議決等）を大きく変更したことが、指定管理者制度の施設経営面での重要な特徴である。表では触れられていないが、指定管理者による収益を上げるための自主事業を認めたこともその一環と考えてよいだろう。

当然ながら、公の施設の経営に指定管理者制度を導入するか、あるいは直営で行うかの選択は、あくまで当該施設の置かれた経営環境を考慮したうえでの自治体の政策判断によるものであり、総務省としても、やみくもに指定管理者制度の導入を図ろうとしたものではない。国立教育政策研究所社会教育実践研究センターの服部英二所長は、指定管理者制度導入のメリットの確認は当然のこととして、導入による経営上の懸念と課題（施設機能の弱体化に対する懸念、公共性・公正性の担保に対する不安、公的責任の曖昧さ、公的使命や役割の後退に対する危惧、民間に委ねることで生じるリスク、民間団体や民間事業者の基盤の脆弱さ、システム整備の遅れや制度そのものへの不安、指定管理者への移行に伴う従前の管理団体への影響）に対して、自治体としての回答を用意する必要を指摘し、さらに導入に際しての留意点として、以下の七点を挙げている。(8)

表7－1　指定管理者制度と管理委託制度の違い

項目	指定管理者制度	管理委託制度
法的性質	行政処分	委託契約
管理主体	民間事業者、NPO法人、その他の団体なども可	普通地方公共団体の出資法人・公共団体・公共的団体のみ
選定手続	条例で定める	地方自治法に定める委託手続による
施設の使用許可、入場制限、退去命令	できる	できない（普通地方公共団体が行う）
管理の基準及び業務の範囲の規定方法	条例と協定で定める	契約で定める
議会の議決	必要	不要
事業報告	年度ごとに事業報告書を自治体に提出	年度ごとに業務完了届を自治体に提出
管理に不都合がある場合の措置	指定の取消し、管理業務の停止命令	債務不履行に基づく契約の解除など

出典：三菱総合研究所『図書館・博物館等への指定管理者制度導入に関する調査研究報告書（平成21年度文部科学省委託）』文部科学省生涯学習政策局社会教育課、2010, p.5.

①施設設置目的の達成が判断の要諦
②個別ケース毎の検証が必要
③自治体の施設運営への明確な方針
④行政と管理者との適切な役割分担
⑤専門性を持った人材の確保と育成
⑥インセンティブを高める仕組づくり
⑦施設の評価やモニタリングの視点、評価指標の開発

これに、神戸学院大学今西教授が挙げる以下の六点を加えると、指定管理者制度導入にあたっての判断基準項目はほぼ網羅されると言ってよい(9)。

①当該自治体における法規上の問題や制約がないこと
②当該施設の提供サービスが民間事業者等で実施可能であること
③サービスの専門性や施設規模に関して、問題点がなく民間事業者等による運営効果が期待できること

④　民間事業者等が同様の業務を展開しており、そのノウハウ活用によってサービスが向上すること
⑤　施設稼働率の向上、収益の増加、行財政コストの削減などが予測されること
⑥　地域住民が指定管理者になることによって住民自治意識が高まり、地域振興につながること[10]

指定管理者として、NPO、企業、財団などのうちどの種類の事業者がふさわしいかの選択は、制度導入の成否をにぎる重要な要因となるが、各自治体・当該施設の状況に応じて、選択の基準が異なってくることは言うまでもない。また、選ばれた指定管理者の運営努力もさることながら、選び、監督する側の自治体の運営方針の確立と適切な管理が、導入効果を上げるための不可欠の前提となる。その点で、自治体側の発注能力と管理能力に多くの問題があることは確かなようである。[11]

(3)　図書館および博物館への導入の現状

指定管理者制度の導入は、国にとっては当時の構造改革の課題の中で、それほど大きな要素を占めていたわけではない。しかし、管理する公の施設が全国で約三〇万にのぼり、平成一八年時点ですでに六万を超える施設(全体の約二〇%)に指定管理者制度を導入していた自治体行政にとっては、この制度は大きな影響を持っていた。なぜなら、自治体の仕事の実に約八割が教育施設、福祉施設等施設管理に関わると言われるからであった。[12]

図書館及び博物館の施設運営について言えば、それが地方自治体の図書館・博物館行政に占める割合は、さらに大きいものであることは疑いない。むしろ施設運営以外の図書館・博物館行政にどのような施策があるのか、挙げるのに困る自治体の方が多いだろう。つまり、自治体の図書館・博物館行政にとって、指定管理者制度導入の是非は、根幹的な意味を持っていたということである。

表7－2　図書館への指定管理者制度導入状況の変化

	公立図書館数	指定管理者導入館	導入率
平成17年度	2,955	54	1.8％
平成20年度	3,140	203	6.5％

出典：「図書館における指定管理者制度の導入実態――（社）日本図書館協会の調査報告より」『指定管理者制度』55, 2010.9, p.6. を基に筆者作成。

①　図書館への導入状況

平成二〇年度における指定管理者制度の導入館は二〇三館で、[13]全国の図書館設置数三一四〇館の約六・五％が導入していることになり、三年前に比べると館数で四倍近い伸び方である（表7－2参照）。それでも、公の施設全体では同年度までで二〇％の導入率を超えることから考えると、かなり低い比率といえよう。

指定管理者の受注先を見ると、民間企業が九四館（全体の五五・六％）、公社・財団が四四館（二六・〇％）、NPOが二九館（一七・二％）で、民間企業の占める割合が大きいことがわかる。平成一七年度の調査では、全五四館中三六館、ちょうど三分の二を財団が占めていたことと比べると、民間企業の伸びが目立つ。[14]最新の平成二一年度では、この傾向が続き、導入館二二〇館のうち、民間企業は一三四館（六〇・九％）に上る。[15]平成二〇年度の統計になるが、指定管理者における企業の占める割合が、レクリエーション・スポーツ施設で二八・六％、産業振興施設でさえ二二・六％、あるいは同種の文教施設全体の七・三％と比べると、図書館の指定管理者において企業が非常に大きな割合を占めていることがわかる。[16]

このように、他の公の施設に比べて、指定管理者制度の導入率が低い一方で、指定管理者となる事業者に占める企業の割合がきわめて大きいことに図書館の特色がある。その理由のひとつとしては、貸出サービスを中心に構成される図書館の運営・サービスの平準化が進み、地域の特色を活かした独自性を打ちだすよりも、全国どこに行っても同じような運営・サービスが行われることによって、全国市場をターゲットにした図書館サービス委託企業の参入可能性を広げたこと、そして実際に全国で図書館業務の民間委託が近年大きく進んだことが背景として考えられる、との指摘がある。[17]

従来の委託事業者と指定管理者に応募する事業者の多くが重複している現状や、開館時間の延長などを除くと指定管理者制度導入前後のサービスに大きな変化がない場合が多いことは、指定管理者制度の適用にあたって、従来の図書館業務・サービスの民間委託の延長上に指定管理者を位置づけ、本来の指定管理者制度の趣旨やメリットを十分認識できないまま、導入を決定してしまった自治体が少なくないのではないかとの疑念を生じさせる。事業者の創意工夫や自主的経営を活かすことを趣旨とした指定管理者制度では、自治体は運営方針提示や評価・監督などガバナンスに徹し、事業者に大幅な経営権限を与えることが前提とされるにもかかわらず、実際の図書館への導入例を見ると、中央館業務を含めたすべての図書館運営の企画・実施を館長以下の指定管理者職員に委ねているのは千代田区立図書館などごく少数にとどまり、大半の図書館では地域館のみの運営、それも選書など中核的とされる業務は自治体の責任で行い、貸出カウンターなどでの作業的業務に指定管理者の仕事を限定することが一般的となっている。[18]

②　博物館への導入状況

文化庁が、全国の公立の総合博物館、歴史博物館、美術館のうち、博物館法上の登録博物館及び博物館相当施設五五八館を対象に、五五〇館から回答を得た調査によると、平成一八年度における指定管理者制度の導入館は九三館、全体の一六・九％となっている。館長の所属が指定管理者側になっているのは、六五館、六九・九％に上り、設置自治体別にみた指定管理者の業務範囲も、学芸・管理の両業務を担っているのが七八自治体（八三・九％）あり、指定管理者による経営の自主性が一定程度保障されている。また、指定管理者となる事業者の種別としては、財団法人が八五館（九一・四％）と圧倒的に多く、株式会社は六館（六・五％）にとどまる。[19]この点は、比較する年度は異なるが（平成二一年度）、企業による運営が六割を超える図書館と際立った違いである。その理由としては、博物館については、指定管理者制度導入以前からすでに関係する財団法人に管理委託を行っていた自治体が多かったこと、各博物館の地域特殊性・独自性が強く、全国市場をターゲットにした企業の参入が難しいことなどが考えられる。

なお、指定管理者を導入している美術館七二館を対象にした別の調査（平成二一年一二月実施）でも、指定管理者の種別は、財団・社団法人五五館（七六・四％）、株式会社七館（九・七％）となっており、上記調査の傾向を裏付けている[20]。この調査では、指定管理者制度を導入した理由（複数回答）も尋ねていて、自治体の財政難を受けた管理費削減が五二館（全体の七二％）と最も多く、住民ニーズに応えるためとした二八館の二倍近くになっており、制度本来の趣旨と、実際の導入意図や運営方針とが一致していないことがわかる。実際に指定管理者制度導入を機に、大幅な予算削減がなされた博物館も少なくない[21]。このように管理費削減を館運営の最大の目標にすることによって、指定管理者の努力による管理運営費の削減分が、調査研究やコレクション充実等の業務・サービスの経費増額に回されず、単に指定管理料がその分削減されるだけという皮肉な結果も招いている。もちろん、地域社会における博物館の新しい役割を果たすべく、予算総額を直営時と同額に維持しながら、予算の再配分を行い、スタッフ経費や事業経費の増額を実現した野田市郷土博物館のように、指定管理者制度を有効に活かした事例もあるが[22]、必ずしも典型的例とは言えないようである。

③　導入および運営のガイドライン

以上のような導入状況も踏まえて、文部科学省の委託（平成二一年度）を受けた三菱総合研究所が組織した「図書館・博物館等における指定管理者制度に関する研究会」（委員長：水島英治常磐大学教授）では、図書館および博物館への指定管理者導入にあたって、自治体がおさえておくべき基本事項として以下の九点を挙げており[23]、これまでの導入実績を考慮すると概ね妥当な指摘と思われる。また、これらの事項は本節（2）で挙げた指定管理者導入における一般的留意事項ともほぼ一致しており、その点では図書館等と他の公の施設との間に大きな違いがないことがわかる。

①一般論として指定管理者制度の是非を論じるのではなく、個別事例ごとに導入の是非を検討する。
②各自治体が図書館、博物館等について、明確な目的・方向性及び仕様書（管理の基準）を示す必要がある。
③自治体では図書館等のガバナンスの在り方についての認識・能力を高め、管理者の創意工夫を引き出すことができるよう、行政と管理者の適切な役割や関係を構築する。
④専門的な施設経営とサービスにおいて、良質な司書・学芸員の確保、育成とその適正な処遇に努め、サービスの質及び継続性を確保する仕組みづくりが必要。
⑤管理者のサービス向上や創意工夫の意欲が沸くようなインセンティブの仕組みを設ける。
⑥各館に設定された明確な目的・方向性、仕様書に基づいてモニタリング・評価を適切に実施する。
⑦公募によって指定管理者を選定する場合には、仕様書と指定管理者の選定基準を一体とし、ＰＤＣＡサイクル(24)によって改善しながら運用していく。
⑧経費削減効果のみに注目するのではなく、雇用形態の柔軟性を確保することによる効果も検討する。
⑨指定管理者制度導入による経費縮減効果は、多くの施設において確認されている。一方で、導入により、事業費の極端な削減によるサービス水準の低下や、複数年に渡る事業計画の立案が困難になることが問題視されている。自治体においては、十分な事前検討と運用管理が求められる。

以上の導入検討のポイントに加えて、同研究会では制度を活用するための留意点として、以下の九点を提示している（上記ポイントと重複する事項もある）[25]。

① 制度導入の判断基準
② 指定管理者の適切な業務範囲の設定
③ 適切なサービス仕様書の設定
④ 指定管理者選定における透明性及び公平性の確保
⑤ 適切な業務の引継ぎ
⑥ モニタリング・評価の方法
⑦ 事業の継続性の担保
⑧ 指定管理者の創意工夫を促すインセンティブの付与と柔軟性の確保
⑨ 利用料金制の適正導入・運用[26]

2　図書館および博物館への導入をめぐる論点の整理

(1)　反対論と賛成論の対立

冒頭でも述べたとおり、図書館および博物館への指定管理者制度導入については、一般の公の施設の場合と異なり、実務上・運営上の問題に加えて、施設そのものの趣旨に照らしての理念上の問題に関わる批判が制度創設時からあり、図書館への導入率が特に低い理由のひとつになっていると思われる。博物館における料金制度に係る問題を除けば、両施設に共通の論点が多いので、指定管理者制度導入に関する賛否両論について、図書館・博物館を特に区別せずに整理しておきたい。

まず、文献量的には圧倒的に多い反対論であるが、その典型的な導入反対の理由は、社会教育の理念に反するというものである。社会教育施設である図書館・博物館も「教育」施設のひとつである以上、学校教育同様、公共の利益の増進を最優先に考える自治体の直営で行うべきで、営利を目的とする企業へ委託することは経費節減を最大の目的とすることにつながり、社会教育の目的自体を否定することになる、という主張である。(27) こうした理念的な理由に、実際的な問題も合わせて、社会教育・生涯学習研究所の島田修一所長、長澤成次千葉大学教授ら(28)のあげている反対論をまとめると、以下の一二点程度になると思われる。

① 社会教育法（または図書館法・博物館法）の理念に反する。
② コストカットが最大の目的となってしまい、サービスの水準が低下する。
③ 民間企業に公共のものを任せられない。
④「市民」の施設という意識を失わせる。
⑤ 同じ教育委員会所管のもとでの学校教育との連携ができなくなる。
⑥ 地域の独自性が生かせない。
⑦ 3〜5年契約では事業の継続性が担保できない。
⑧ 企業としての採算性に無理がある。
⑨ 指定管理者の指定の公平性・適切性に疑問がある。
⑩ 職員の身分が不安定になる（パート雇用の増加、低賃金など）。

⑪ 民間の独自性・創意工夫を発揮しにくいタイプの施設である。
⑫ 経営努力を引き出すインセンティブがない（収益、報償などが見込めない）。

こうした反対論は、指定管理者に企業が指名された場合を想定しており、公益法人やＮＰＯなどの民間公共団体が指定管理者になった場合には必ずしも該当しない点があること、現実の直営施設でどれだけ学校との連携や地域の独自性、創意工夫がなされているかなどの現状評価に触れていないなどの問題点もある。また、「民間企業が公共のものとして所蔵されている資料を扱うことをしてよいのか」[29]というような、公共性を官側に限定的なものとする考えが垣間見えることも気になる点である。

一方の賛成論であるが、これまで導入を決定した自治体が理由として掲げているのは、指定管理者制度一般について言われる、民間のノウハウを活用した、①サービスの向上、②効率的運用、③経費の削減、などであり[30]、公務員型人事では実現できない高度な知識・熟練能力をもった専門職確保の可能性や組織運営の柔軟性などのように図書館や博物館における必要性に応じたメリットをあげている文献もあるが[31]、その事例は少ない[32]。低価格競争ではなくサービス水準の確保を第一義に考えるようにという総務省通達や、導入自治体において財政支出削減効果のアピールが目立つことから推測すれば、反対論が指摘するように、多くの自治体における図書館等への指定管理者制度導入の最大の目的が、自治体財政の逼迫を受けたコストカットにあることをうかがわせる。そのことが、積極的な賛成論の展開をためらわせているのではないだろうか。

このように、理念的・理論的に制度自体を問題にしている反対論と、図書館等の現場に実際に導入することを前提としている賛成論では論議の位相を異にしており、両者の議論はほとんどかみ合っていないのが現実である。

(2) 論点整理

図書館等への指定管理者導入反対論の有力な論拠のひとつとして、応募事業者の低価格競争とその中での利益確保が、事業者に雇用される現場職員の雇用の短期化・低賃金化を招くこと、その結果、専門的人材の確保が難しくなり、サービスの水準の維持ができなくなるおそれが大きいことがあげられる(33)。また、実際に指定管理者を導入した図書館で人件費削減の実例も報告されている(34)。しかし、実際にはこの問題は指定管理者制度創出以前からあり、直営図書館等においては非常勤職員あるいは委託業者職員について、やはりその雇用短期化・低賃金化が問題となっていた。つまり、指定管理者制度固有の問題というよりも、行政における非正規雇用や委託事業者の職員雇用に関わる図書館等に共通の問題だったのである(35)。

このように、図書館等への指定管理者制度導入をめぐる賛否両論については、次元を異にする諸問題が混在しており、それが論点をわかりにくくし、建設的な論議に進まない大きな理由になっているように思われる。そこで、ここでは問題を大きく二つの次元に分けて提示し、論点の明確化を図ることとしたい(36)。

第一の次元は、以前から図書館および博物館に存在し、一部有識者・関係者の間では解決すべき課題として認識もされていたが、指定管理者制度導入がきっかけとなって一般に顕在化した以下の問題群である。問題の背景には公務員制度や公会計制度など行政一般に関わる問題点が横たわっている場合が多い。

① 自治体としての図書館等運営方針の明確化とそれに基づくサービス水準の提示
② 図書館・博物館運営の効率化（予算執行、組織運営、事務合理化など）
③ 館長を含む専門職員の確保と育成、職務要件の明確化
④ 運営実績の評価・モニタリングの確立

⑤住民、議会等へのアカウンタビリティ
⑥利用料金方針の確立（博物館の場合、但しセミナー室利用など一部のサービスについては図書館も該当）
⑦学校、類縁機関、大学等関連機関との連携
⑧住民参加のあり方と地域社会への貢献

以上のような問題は、直営か指定管理者かといった経営形態の選択に拘らず、自治体が設置・運営する図書館および博物館として、地域の事情に合わせて取り組まなければならない共通の課題であると言えよう。

第二の次元は、指定管理者制度の制度設計または制度運用に関わる以下の問題群であり、図書館・博物館の運営の特殊性がそこに関連する場合もある。

①自治体のガバナンスのあり方と指定管理者のマネジメント裁量の範囲の明確化
②自主事業、特に収益事業の範囲と運用
③指定管理者への委託料の適切な価格設定と経営努力のインセンティブとなる報酬制度
④指定管理者選定の公平性・適切性の担保
⑤適切な指定期間の設定と事業者切替えの際の継続性の保証

以上のうち、②および③の論点は、無料サービスを原則とする図書館あるいは観覧料程度の有料サービスでは運営経費の一部しか手当てできない博物館にとって切実な問題であり、指定管理者導入批判論の多くが指摘する点でもある。

3　改革に向けた課題

(1)　図書館および博物館の制度的・政策的位置づけ

指定管理者制度と関連して、文部省社会教育局（当時）で社会教育行政を担った経験もある長崎歴史文化博物館の大堀哲館長は、多少抽象的ではあるがこれからの図書館等社会教育施設の課題として以下の七点をあげている。[37]そのまま直営でやるかあるいは指定管理者を導入するかの判断は、その課題を解決するための手段の選択に過ぎないという考え方である。

①　施設の理念・ミッションの再確認
②　価値創造への取組
③　地域社会の価値を高める事業活動
④　利用者満足と集客力の創出
⑤　多様なコミュニケーションズと共同成長、共同創造
⑥　必要な公開性、開かれたシステム、国際性、地域性、感受性
⑦　求められる有効性、効率性・経済性、安定性

いずれももっともな指摘と思われるが、その中で、①の「施設」の理念・ミッションをどう考えるかがすべての項目の前提となることは間違いない。ところが、図書館および博物館が法律上は社会教育施設であることは明確であるにも拘らず、特に博物館については、社会的にも、そして行政的にも文化施設とみなされることが一般

的である。

博物館の所管を教育委員会から切り離し、形式的には補助執行という形で文化行政部門に実際の運営を委ねている自治体も少なくない。図書館については、ほとんどの自治体で教育委員会の所管にとどめてはいるが、情報サービス機能や文化事業など、図書館が実際に担っている機能を考えると、社会教育施設の枠内に必ずしも収まりきれない部分があることは確かだろう。実際に、東京都千代田区では、図書館・博物館行政を教育委員会所管から首長部局に移し、図書館・文化資源担当課長を置く体制をとっている。

こうした流れを今後加速させそうな要因として、図書館等が所蔵する資料・情報のデジタル化の進展がある。デジタル文化資源という側面に注目すれば、情報資源・事業・運営などの各方面で、図書館、博物館等施設の違いを超えての連携が課題となってくることは間違いない(38)。その意味で、図書館・博物館の運営のあり方を、従来の社会教育政策、文化政策、情報政策などを横断した、新しい政策的・制度的枠組みの中で再構築する必要性があるのかもしれない(39)。

もうひとつ、今後の図書館等への指定管理者制度導入を考える上で重要な要因が指摘されている。それは、他の多くの公の施設の運営が、施設利用者の効用の最大化を図るための、文字どおり「施設」の経営管理が中心となるのに対して、図書館および博物館は、来館利用者へのサービスを眼目とした施設（fascility）の運営に止まらずに、社会全体の効用を高める（公益性増進）という社会的使命を担った組織（organization）としての側面を併せもった、機関（institute）としての役割があることである(40)。

その前提となるのが、自治体として「当該施設の設置理念、目的、使命を、まずは外部に向かって明かに(41)」することであり、指定管理者制度は、「そもそも行政、あるいは自治体は何を行うものなのかという根本的な問題を突き付けている(42)」と言えよう。その一方で、受託しようとする民間の側にも、社会教育施設あるいは文化施設を運営するための公共ビジネスモデルが確立されていないという問題があり[43]、そのモデル開発にあたっても「官側の強いスポンサーシップ（有形無形の庇護・支援）が不可欠[44]」と思われる。

(2) 図書館および博物館の実務レベルでの改革課題と制度面での改善

前章で指摘したとおり、従来図書館等への指定管理者制度導入に際しての問題点としてあげられてきた多くの事項が、同制度により引き起こされた新たな問題というよりも、それ以前の直営や管理委託、業務委託の中ですでに解決を求められていた課題であり、同制度導入の可否をめぐる議論の中で問題が顕在化した側面が強い。したがって、指定管理者制度との関連でこれらの課題を考える場合、制度そのものの是非を一般的に論じるのではなく、当該図書館・博物館について、制度導入によって改善が可能な要因があるのか、それともむしろ問題解決を困難にする要因となるのか、という観点で個別事例ごとに検討するのが適当である。

今後の運営改善を図るにあたって、図書館等が現在直面する諸課題の中でも特に解決が急がれると思われる点を挙げれば以下のとおりである[45]。

① 自治体行政における図書館・博物館行政の意義を明らかにするとともに、ミッション・ステイトメント（使命宣言）のような形で住民等関係者に対して運営方針を提示する。

② その方針を実現するために、どれだけの資源配分（特に予算と人員）ができるか、他の社会教育施策・文化施策等との間で、優先順位をつける。

③ 住民等のニーズに応えた新しいサービスの開発・提供を可能にするためにはどのような条件を整える必要があるのか。

④どのような種類の専門職員が必要で、そのレベルはどの程度か、そのような人材を確保し維持するためにはどうすればよいのか。
⑤コストパフォーマンスを最大化する。
⑥目標に見合った活動実績をあげるための指標をどのように設定するか、モニタリングと評価を誰が担うか。
⑦利害関係者、より正確には「ステークホールダー」(46)との良好な関係を構築し、発展させる。

これらの諸課題に取り組む中で、指定管理者制度を採用することのメリット・デメリットを当該自治体ごとに評価・判断することが実際的であろう。

一方、指定管理者制度自体にもまだまだ改善すべき点があることも確かである。特に制度運用面に関して、総務省自治行政局の幸田雅治行政課長（当時）と横道清孝政策研究大学院大学教授は、導入施設の事例を分析したうえで、以下の三点における改善を指摘しており(47)、社会教育・文化施設についても妥当な内容と思われる。

①　適正な指定管理料の設定

要求するサービス水準に見合った指定管理料の適切な積算を自治体側が行うことで、指定管理者側による人件費抑制など、サービスの低下を招きかねない無理なコスト削減を避ける必要がある。指定管理者による自主事業が、委託料の不足を補うためではなく、施設の価値を高めるために行われるようにする。

②　適正な指定期間の設定

制度導入当初は、三年間の指定期間設定の事例が多かったが、事業の安定性・継続性、改善対策の実施等の観点から、五年以上の期間設定が妥当であり、その間適切なモニタリング・事業評価を行うことで、運営の改善を図っていく必要がある。

③　指定管理者における適切な雇用条件の確保

指定管理者が雇用する職員の専門性や安定雇用を保障する仕組みを自治体・指定管理者両者で協議する。専門的知識を持った人材の継続雇用を指定管理者導入のための条例で義務付けることなども考えられる。

図書館・博物館の運営・サービスを改善するにあたっては、それが経営形態などの制度設計に関わる問題なのか、図書館等現場の運営方式や自治体の運営方針等に関わる問題なのか、問題の性質を整理したうえで、取り組む必要がある。

おわりに

指定管理者制度導入の是非については、制度創設の当初から図書館界および博物館・美術館界では大きな論争となっており、導入館における成果・問題点の検証を含めて、まだまだ議論は続いているのが現状である。図書館等への指定管理者制度導入の一般的評価は別としても、それを機に、これまでの図書館等が抱えてきた諸問題が明白になってきたことは確かであり、指定管理者制度採用の有無は置いて、課題解決に向けてすべての図書館・博物館とそれを所管する自治体が取組を始めなければならない時期に来ていると言えよう。指定管理者制度はそうした状況の改善に役立つかもしれないあくまで一つの手段であり、それ以外の制度選択(48)を含めて、様々な改善手段の比較検討が今後必要になってくると思われる。

注

（1）総務省自治行政局「公の施設の指定管理者制度の導入状況等に関する調査結果」2009.10.23.〈http://www.soumu.go.jp/main_content/000041705.pdf〉
導入施設は毎年増加しており、前回調査の平成一八年九月二日現在と比べると、約一四％増となる。

（2）図書館および博物館は、法律的には社会教育法（昭和二四年法律第二〇七号）に定められた社会教育施設であり、教育委員会の所掌となっているが、社会的には劇場やホールと同様の文化施設として受け止められることの方が一般的であるように思われる。この点が図書館および博物館への指定管理者導入の是非をめぐる論議の中でも重要な論点となっている。近年、特に博物館については、補助執行などの仕組みを使って、実質的に文化行政の一環として首長部局で事務を所掌する例も少なくない。

（3）文化庁「社会教育施設における指定管理者制度の適用について」2005.1.〈http://www.bunka.go.jp/1aramasi/pdf/21_bunkaseisakubukai_1_3.pdf〉

（4）日本図書館協会「公立図書館の指定管理者制度について」2010.3.1.〈http://www.jla.or.jp/demand/tabid/78/Default.aspx?itemid = 531〉

（5）選考過程、評価、協定等および委託料等の支出の4項目について、具体的な留意事項を挙げている。成田頼明監修『指定管理者制度のすべて（改訂版）』第一法規、二〇〇九、二一二―二一三頁。

（6）総務省自治行政局「指定管理者制度の運用について」2010.12.28.〈http://www.soumu.go.jp/main_content/000096783.pdf〉

（7）桧森隆一「指定管理者制度の光と影――『民が担う公共』の可能性」中川幾郎・松本茂章編著『指定管理者は今どうなっているのか』水曜社、二〇〇七、二五二頁。

（8）服部英二「指定管理者制度の導入の背景と制度をめぐる諸課題」『社会教育』六五（一〇）、二〇一〇年一〇月、三二―三五頁。

（9）今西幸蔵「社会教育施設と指定管理者制度」『社会教育』六一（五）、二〇〇六年五月、二二頁。

（10）指定管理者に地域のNPO等が選ばれた場合を指していると思われる。赤平市公民館の運営を担うことになったNPO赤平市民活動支援センターの活動は、その好例である。赤平市民活動センター「三年を経たNPO法人による公民館の管理運営」『月刊社会教育』五〇（八）、二〇〇六年八月、一九—二六頁。

（11）萩原淳司「振り回され続ける参入企業——制度運営の実態から」『月刊自治研』四九、二〇〇七年三月、五一—五八頁。

（12）桧森、前掲注（7）、二三七—二三九頁。嘉悦大学桧森隆一教授はここで高知県の平成一六年度文化予算の例を挙げている。

（13）「図書館における指定管理者制度の導入実態——（社）日本図書館協会の調査報告より」『指定管理者制度』五五、二〇一〇年九月、六頁。一自治体で複数の図書館を設置することがあるため、自治体数よりも図書館数が多くなっている。

（14）同前、六頁。

（15）日本図書館協会図書館政策企画委員会「図書館における指定管理者制度の導入の検討結果について　二〇一〇年調査報告」二〇一〇年八月、二頁。〈http://www.jla.or.jp/Portals/0/images/committe/torikumi/siteii2010.pdf〉

（16）前掲注（1）。

（17）渡部幹雄「図書館の専門性をどう守るか」『月刊社会教育』四九（二）、二〇〇五年二月、三〇頁。

（18）伊藤久雄「公共サービス運営主体の多様化と課題」『現代の図書館』四七（三）、二〇〇九年九月、一四一—一四三頁。

（19）三菱総合研究所「第4章　（参考）図書館・博物館等における指定管理者制度の導入状況」『図書館・博物館等への指定管理者制度導入に関する調査研究報告書（平成21年度文部科学省委託）』文部科学省生涯学習政策局社会教育課、二〇一〇、五四—五五頁。

（20）坂村圭「指定管理者制度導入を契機とした美術館運営の変容に関する研究」『東京工業大学社会理工学研究科学位論文梗概集』No.42, 2011.〈http://www.soc.titech.ac.jp/publication/Theses2011/index.html〉

（21）横浜市や京都市、足利市など、多くの事例が報告されている。横浜市歴史施設労働組合「文化施設における制度導入の現実——横浜市ふるさと歴史財団」『月刊自治研』四九、二〇〇七年三月、七五—八〇頁。松本茂章「自治体文化施設をめぐる指定管理者制度の意義とジレンマ」『地方自治職員研修』四一、二〇〇八年一一月、一七〇―一八三頁。會澤政宏「指定管理者制度をとり入れていたが、市直営に移行した美術館の運営事例」『社会教育』六五（一二）、二〇一〇年一二月、五七―六〇頁。
(22) 金山喜昭「野田市郷土博物館の事例」『社会教育』六五（一二）、二〇一〇年一二月、七四―七八頁。
(23) 前掲注（19）、一一―一二頁。
(24) 計画・実行・評価・改善の一連のサイクルで事業活動のコントロールを行う経営手法。
(25) 前掲注（19）、一三二―四二頁。
(26) 図書館は図書館法上無料サービスが原則なので、観覧料などの徴収が可能な博物館について該当する。
(27) この主張を展開する文献は数多くあるが、典型的なものとして以下の文献を挙げておきたい。長澤成次「社会教育施設における指定管理者制度の導入と問題点」『月刊社会教育』五五（三）、二〇一一年三月、一五―二二頁。
(28) 島田修一「いま真の公を築くとき――指定管理者制度の思想の貧困さを超える運動を」『月刊社会教育』四九（二）、二〇〇五年二月、一四―二一頁、阿曾千代子「改めて見えてきた社会教育の大切さ」『月刊社会教育』四九（二）、二〇〇五年二月、二二―二六頁、長澤、同前などを参照。
(29) 河崎晃一「芦屋市立美術博物館の委託問題」『月刊社会教育』四九（二）、二〇〇五年二月、四一頁。
(30) 指定管理者を導入した図書館に関する各種調査でも、この三点が導入理由の上位を占めている。大橋直人「指定管理者制度創設から五年の変化と今後の課題」『図書館雑誌』一〇三（三）、二〇〇九年三月、一四五頁。また、社会教育施設全般についてそのメリットをあげた文献の例としては、以下の今西のものがあるが、ここに掲げた三点と特に異なる論点はないように思われる。今西幸蔵「指定管理者制度の効果と社会教育」『社会教育』六五（一〇）、二〇一〇年一〇月、二三頁。
(31) 高山正也「指定管理者制度の意義と背景」高山正也・南学監修、図書館総合研究所編『市場化の時代を生き抜く図書館――指定管理者制度による図書館経営とその評価』時事通信社出版局、二〇〇七、九―一三頁。
(32) 大堀哲「これからの社会教育施設の方向性を探る――指定管理者制度で施設の活性化は可能か」『社会教育』六三（二）、二〇〇八年二月、一二―一三頁。
(33) 長澤、前掲注（27）、一九―二〇頁。
(34) 野依智子「北九州市立図書館における「指定管理者制度」の現状と課題」『月刊社会教育』五〇（八）、二〇〇六年八月、四七頁。
(35) 例えば、「特集：図書館ワーキングプア――雇用の〈非正規〉分布」『現代の図書館』四九（一）、二〇一一年三月、三―七一頁に収められた、上林洋二「基幹化する図書館の非正規職員――図書館ワーキングプアを超えて」三一―一一頁等の諸論文を参照。
(36) 三菱総合研究所　前掲注（19）、二三―四二頁で挙げられた制度活用の留意点を参考に整理した。
(37) 大堀、前掲注（32）、九―一〇頁。
(38) 近年、博物館（Museum）・図書館（Library）・文書館（Archives）の頭文字をとって、「ＭＬＡ連携」を進めていこうという機運が高まっている。その概要については、日本図書館情報学会研究委員会編『図書館・博物館・文書館の連携』勉誠出版、二〇一〇、石川徹也ほか編『つながる図書館・博物館・文書館――デジタル化時代の知の基盤づくりへ』東京大学出版会、二〇一一を参照。
(39) その一方で、図書館等を教育行政における社会教育の充実という文脈で重視していくべきであるという考え方も根強い。阿曾、前掲注（28）、二二一―二二六頁。
(40) 中川幾郎「公共文化施設と指定管理」『ガバナンス』一一九、二〇一一年三月、一七―一九頁。
(41) 同前、一八頁。
(42) 小林真理「指定管理者制度と公立文化施設の運営――問われるこれまでの自治体文化政策」『月刊自治研』四七、二〇〇五年七月、四三頁。
(43) 菅谷彰「公共文化施設の指定管理者運営のあり方」『指定管理』一三、二〇〇七年九・一〇月、一九頁。
(44) 同前、三二頁。
(45) 大串夏身編著『図書館の活動と経営』（図書館の最前線　5）青弓社、二〇〇八で改革に取り組む図書館として取り上げられた、愛知川図書館、諫早市立たらみ図書館、伊万里市民図書館、高山市図書館等の事例および福原義春編『一〇〇人で語る美術館の未来』慶應義塾大学出版会、二〇一一の諸論稿から重要課題を抽出した。
(46) 図書館等の運営管理に関わり・影響力をもつ様々な関係者で、議員、自治体職員、住民、関係業者、マスコミ関係者等々、広範囲にわたる。
(47) 横道清孝・幸田雅治「指定管理者制度の根幹に関わる三大テーマについて徹底討論」『指定管理者制度』二九、

二〇〇八年七月、四―九頁。

(48) 指定管理者制度に代わって、租税分割や施設の設置管理権限も担う「公共法人制度」などの提案も出されている。藤原通孝「指定管理者制度を越えて――『公共法人』(仮称)制度の提案」知的資源イニシアティブ編『デジタル文化資源の活用――地域の記憶とアーカイブ』勉誠出版、二〇一一、一九四―一九六頁。

第Ⅲ部　図書館経営を支える機能

第Ⅲ部　まえがき

ここには、これまでのわが国の図書館経営論ではほとんど論じられてこなかった、図書館におけるパブリック・リレーションズ（PR）、マーケティング、BPR（ビジネス・プロセス・リエンジニアリング）、財務といった個別の経営機能を論じた五論考を収めた。これらの論考は、私が実際に国立国会図書館で担当した広報と予算編成の実務を通した経験上の知見を反映しており、空疎な理論にはなっていないことは強調したい。現場での応用が十分可能であり、その意味で、現場の図書館員にも是非読んでいただきたいと思う。

第8章の図書館におけるPRとマーケティングの理論的分析は、外国事例紹介は別として、当時としてはまったく初めての試みではないかと思う。しかもPRとマーケティングとの関係を明らかにした点が、本稿の特徴である。

第10章及び第11章は、こうした理論が現実にどう適用されうるかを、国会図書館で実際に行われた業務・プロジェクトに即して検証したものである。したがって、第一論考を読んだうえで、見ていただくのがいいだろう。

第9章は、図書館情報学界でも多くの論考が出されていた図書館パフォーマンス評価について言及したものである。私がそれまでの多くの論考に不満だったのは、そもそも何のために評価するのか、評価の基準をどこに設定するのか、評価結果をどう経営に還元するのか、評価体制をどのように編成するのかなど、図書館経営のための手段でしかない評価について、それが自己目的のような具体的な評価項目選定や指標設定の方法など技術的側面に論議が集中しているように思えた点であった。それに対して、本稿では図書館経営を変革する手段として評価の意義を考えている。この点は、その後千代田区立図書館の経営を任されたときに、四つの視点からの評価方法の導入と、それに基づく業務改革という形で、具体的な成果となった。

最後の第12章の財務分析は、これまでほとんど本格的に議論されてこなかった図書館の財政的側面の理論化を図ったものであり、図書館財務論のスキームを初めて提示したのではないかと思う。これも実務体験に基づいた理論化となっており、抽象的思考の結果ではない。

第8章　図書館におけるマーケティングと パブリック・リレーションズの適用

――その理論的枠組と図書館経営上の意義

出典：『図書館学会年報』三七（四）、三八（一）、日本図書館学会、一九九一年一二月、一五三―一六五頁、一九九二年三月、一―一八頁。

はじめに

企業マーケティングにおける「製品指向」から「顧客指向」への転換を宣言し、現代マーケティング論の方向を明らかにしたT・レヴィットは、その後度々引用されることになる鉄道サービスの例をあげてマーケティングの本質を説明している。彼は、世界的に見られる鉄道事業の不振の原因が、決して飛行機やトラックなどの他の競争相手にとって代わられたことによるのではなく、鉄道自らが顧客の真のニーズを満たすことができなかったことによると考える。つまり、鉄道サービスにとって「運輸」こそがそのサービスの本質であったにも拘らず、その提供形式の一つにすぎない鉄道業こそがサービスの本質と思い違いをしたことが競争相手に負けた原因とされる(1)。企業にとって重要なことは、〝製品やサービスを生産することではなく、顧客を得る〟(2)ことなのである。

こうしたマーケティングの基本思想は、すでに世界的に企業経営の実践において定着・発展しているが、さらに欧米を中心にそれが非営利組織にまで適用され、公共事業体の経営から環境保護運動や選挙キャンペーンに至るまでの様々な組織がマーケティングを採用し、その有効性は多くの実例が示している。そして図書館界もその例外ではない。

一方、組織とその多様な「公衆（publics）」[3]との良好な関係を維持・発展させることによって組織全体の経営展開を支えるパブリック・リレーションズ（public relations：ＰＲ）の機能も、マーケティングが普及する以前にすでに営利・非営利を問わず多くの組織に定着している。そして、この両者は近年密接な関連をもって運用されることが顕著となっており、実際に機能上重なり合う部分も少なくない。

ところが、わが国では企業マーケティング論の隆盛に比べて、非営利組織のマーケティングはようやく最近注目され始めたところであり[4]、図書館のマーケティングに至っては理論的にも実践的にもほとんど手つかずの領域と言える状態である。それに対してＰＲに関しては、社会一般に普及し、図書館界においても、理論的研究はわずかであるが、運営の実際においてこれを意識しない図書館はほとんどないと思われる。しかし、一般にわが国で「ＰＲ」として理解されている内容は、本来のパブリック・リレーションズの領域の一部にすぎず、ほとんど誤解に近いと思われる用語使用や実践活動が少なくなく、図書館もその例外ではない。さらに、マーケティングとパブリック・リレーションズの相互関係についても事態は同様である。

この両者は、わが国ではもっぱら組織経営上の有効な手法・技術として捉えられることが多いが、実は社会と組織の関係を考えるうえで本質的な問題を含んでいる。図書館経営にとっても、図書館の価値を（非）利用者に理解してもらい、そのサービスを売りこむ手法であると同時に、社会における図書館の存立基盤とその在り方を考えるための重要な契機となりうるのである。

本稿では、まず非営利組織のマーケティング及びパブリック・リレーションズの基本的枠組を明らかにし、さらに両理論の関係について整理する。欧米に比べてわが国では、この分野については経営学の中でも十分な関心・議論がこれまでなかったにも拘らず、図書館への適用を論ずるためにはその見直しが不可欠だからである。そのうえで、欧米及びわが国図書館界における両理論の適用と問題点について理論的側面から論じ、両理論の図書館経営論における意義を考えたい。それは社会における図書館の将来を探るための示唆を含むはずである。

まず、マーケティング及びパブリック・リレーションズの理論的枠組を図書館への適用に関わる範囲で捉え直すことにしたい。

1　マーケティングの発生と展開

(1)　マーケティング理論の成立と展開

マーケティングの歴史を古代社会における販売にまでその起源を求める主張もあるが、[5] 大企業、特に消費財産業における大企業の形成（米国では一八八〇年代以降）とその対市場活動に端を発すると考えるのが稳当であろう。マーケティングは、〝その必要に迫られ、またその能力をもつにいたった大企業が販売を自らの問題として自らの手で解決するために展開する活動[6]〟として成立したのである。

企業組織の中に独立したマーケティング部門が設置されたのは一九一一年、Curtis Publishing Co. が初めてとされ、[7] そこではすでに市場調査やマーケティング・ミックスなど現代マーケティングの基本的手法が用いられていた。R・S・バトラーやA・W・ショーによるマーケティング理論の形成もこの時期に行われた。しかし実践面においては、当初から現代マーケティングの哲学である「消費者指向」が標榜されたわけではない。むしろフォード社に典型的に見られたように、消費者の多様なニーズを犠牲にして、少品種・大量生産→大量販売→大量消費、を可能にする手法としての高圧マーケティングがまず採用されたのである。[8] それに対して、一九二〇年代後半、消費者の不満とニーズに対応して製品の多様化を図ったGM社の動きなどをきっかけとして、一九三〇年代に、「製品指向」から「顧客指向」へのマーケティングの転換が、理論的・実践的に行われていったと思われる。[9] この基本思想に基づいて、第二次世界大戦後、理論面では様々なマーケティング手法を総合的に捉えるマーケティング戦略が確立し、実践面でもマーケティング部門は企業の経営戦略上重要な地位を占めることになる。[10]

一九六〇年代に入り、米国を中心とする消費者主義の高まりと、それに伴う企業への社会的責任（製造物責任や環境汚染など）の追求に連動して、企業マーケティングにおいても、その消費者指向の考え方がより徹底されることになった。それを典型的に示すものが、一九六〇年全米マーケティング協会による「マーケティング」の定義の変更である。従来の〝製品・サービスの生産者から顧客への流れを統制する行為〟（定義1）から、〝利益を目的に、選ばれた顧客群のニーズ・欲求を満足させるように企業の（顧客に影響を及ぼす）資源・方針・諸活動を分析し、組織化し、調節すること〟（定義2）へと変更され、その顧客指向が明確化された。[11] そして現在では、環境問題解決における企業責任・貢献を考える「環境マーケティング」が大きな課題となりつつある。[12]

ここで注目すべきことは、本来企業の経済的利益を目的として開発されてきたマーケティングが、消費者指向を掲げる中で、より積極的に企業の社会的責任の在り方を探ることに関与せざるを得なくなったことである。このように、ある組織とそれをとりまく環境との関係を捉え直す契機となり、同時に再構築の手法ともなりうることが、マーケティングの重要な一面であると考えられる。

(2) マーケティング概念の拡大と公共サービス機関

マーケティングは、理論的にも実践的にも短期間のうちに大きな発展をとげた。しかしそれはあくまで企業活動の一部としてのマーケティングであった。ところが、マーケティングが企業の営利活動に限らず、非営利組織にまで適用可能であり、その活動目的の達成に大きく寄与しうるということを示したのが一九六九年、フィリップ・コトラーらが発表した論文である(13)。その後、批判も含めて非営利組織(14)のマーケティング論は活況を呈すとともに、多くの非営利組織が担当者をおいて実際の運営にマーケティングを適用していくことになる。図書館もその例外ではなかった。

コトラーがマーケティング概念適用の拡大を考えたのは、企業以外の非営利組織（nonprofit organizations）――それらは全米自動車労組、国防省、フォード財団、世界銀行、カトリック教会など実に多様である――が、経済活動ひとつをとっても現代社会生活において従来に増して大きな影響力を持ち始めていること、それらはすべて営利組織と同様の基本的な財政・生産・人事・調達機能があり、顧客あるいは市場を指向した「製品」の開発と提供という視点の重要性は、非営利組織も企業と変わりがないからである(15)。一般マーケティング理論が非営利組織に適用しうる理由として主に次の三点があげられる(16)。

①マーケティングの中心概念のひとつである「製品」が、通常の物理的製品に限らず、サービスはもとより、人（例：大統領候補キャンペーン）、組織（例：求人のための企業ＣＩ）、理念（例：環境保護思想の普及）などに拡張可能なこと。

②製品の「消費者」も同様に多様化し、顧客に加えて、組織内の労働組合、資金・材料・人材等製品をつくるための供給業者、監督・規制機関、市民グループ・利害関係団体などさまざまな集団との関係調整が企業マーケティング成功の重要な要因となっており、そのために開発されたマーケティング手法が、非営利組織とその公衆との関係調節にも有効なこと。

③製品を顧客に提供するトゥールである「マーケティング・ミックス」が精緻化・高度化し、多様な製品と顧

客に適用が可能になったこと。「4P」[17]（第4節参照）すべての分野で非営利組織への適用が可能な改良・拡大が行われている。

以上を一言で言えば、〝マーケティング・コンセプトを中核とするマネジリアル・マーケティングの主要構成素の対応物が非営利組織にもみられる[18]〟ということになる。

一九七〇年代後半以降の米国に見られる非営利組織のマーケティングへの積極的な取り組みは、しかし、こうした理論的発展の帰結のみによるわけではない。むしろ、そうした対応をとらざるを得ない社会的背景があったと言えよう。非営利組織、特に行政部門による公共サービスは、七〇年代に入り多くの困難に直面することになった。それは、現象的にはサービス利用者の減少あるいは増加率の低下に象徴されるが、その背景には、①税金を基にする財源が、財政赤字等の理由で縮減を余儀なくされたこと、②利用者の要求に十分答えきれず、そのサービス水準に厳しい評価が下されたこと、③統合サービス機関（民間）の増加とそれに伴う伝統的市場の縮少、④財政運営における利用者料金への依存度の増加、などがあげられよう[19]。しかもサービス・コストの上昇を容易には価格に転嫁することができず、サービス水準を下げることによってさらに利用が減少するなど、公共サービスであるが故の多くの問題を抱えていたのである[20]。このような事情は、その諸要因に比重の差はあるが、ほとんどの非営利組織——その中には教会もあれば、芸術団体、大学もある——についてあてはまると言ってよい。すべての製品にライフ・サイクルがあるように、サービスや理念を売る非営利組織にもライフ・サイクルがあり、新しい「製品としての非営利組織」を提供できなければ、他の組織にとって代わられる危険は常に存在するのである。

(3) 非営利組織のマーケティングの特徴

一九八〇年代に入り、欧米諸国における非営利組織へのマーケティングの適用は極めて一般的なものとなった。一九八五年に全米マーケティング協会は、それまでのマーケティングの定義（定義2、一七二頁参照）から「企業活動」の限定をはずすが、これは明らかに非営利組織を意識してのことである。[21] また、コトラーはさらにその概念を拡大し、〝交換過程を通じてニーズと欲求を満たそうとする人的活動〟[22]（定義3）とするに至っているが、そこまで「マーケティング」を拡大することは、かえってその有効性を減じてしまうとする批判も強い。

いずれにせよ、営利活動のために開発されたマーケティングの適用が非営利組織にとっても有効であるためには、マーケティング管理における基本的概念及び規則を非営利組織が受け入れる必要がある。コトラーとレヴィは、次の九点を主張している。[23]

①「製品」の意味をとり違えないこと。石けん会社は石けんではなく「清潔」を、化粧品会社は口紅ではなく「美」ないし「希望」を、出版社は本ではなく「情報」をその製品としていると考えるべきである。

②新しい製品概念に従えば、その対象となる市場は広くなる。しかし提供する側の使用しうる諸資源に限界がある以上、その標的をむしろ絞る必要がある。

③異なる標的には、それにふさわしい個別の対応策（マーケティング・ミックス）をとる。

④顧客のニーズと行動を表面的にではなく、掘り下げて分析する。

⑤潜在的顧客にとって他の競争相手にない有利な価値を提示する。

⑥「プロモーション」（販売・利用促進活動、定義は第4節（2）③d参照）を多様化する。

⑦マーケティングの組織上の責任者をおき、さまざまなマーケティング・トゥールを統合運用できる体制をつくる。これまでの非営利組織では、全体としてマーケティング的活動をしながら、担当が分散し、結果的に

は効果をあげえない事例が多い。
⑧顧客を含めた外的環境の変化を絶えず追い、その情報を組織にフィードバックする仕組みをつくる。
⑨自組織のマーケティング戦略の評価・再編成を可能にするマーケティング監査を確立する。

これらの条件は、十分に非営利組織に適用可能だとコトラーらは結論している。

しかし、一方で非営利組織には、営利組織のマーケティングをそのまま適用できない以下の特徴がある。(24)

①対象となる公衆が多様であること。顧客に加えて、特に資金提供者が重要な対象領域となる。
②組織の目的が多様。営利組織が、最大の利益をあげることを目的とするのに比べ、図書館や大学、教会などの目的は単純ではない。
③物理的製品よりもサービスがその「製品」の中心であること。
④公共的な監査（公共性からの逸脱に対する制約）の存在。

この中でも第一点は注意を要する。企業が主に顧客の各グループをマーケティング対象とし、そのニーズの充足が利益確保に結びつくのに比べて、非営利組織の財政の中核を支える資金（公共セクターでは税金、民間セクターでは各種基金が中心）の提供者は、顧客となる人々とは重ならない場合があり、両者のニーズの充足が一致しないことも多い。従って、企業ではひとつの双方向マーケティング機能である資源配分（製品・サービスの提供）と資源確保（資金獲得）を別個に行う必要がでてくるのである。(25)

こうした非営利組織へのマーケティングの適用に対して、理論的及び適用の方法論上の観点から様々な批判・

論争が行われてきた[26]。特に公共セクターについては、①公的資金を使いすぎないか、②個人生活への介入の恐れがある、③世論操作につながる[27]、などのマーケティング論外からの批判も無視できない。それは非営利組織の扱う「製品」の公共性の問題に大きく関係しているからである。

（4）公共財と公共サービス

非営利組織へのマーケティングの適用を考えるとき、その背景となる経済（学）の枠組の変化に留意する必要がある。非営利組織――特に公共図書館のような公共セクターに属するもの――が扱う製品が、企業が提供する製品（＝私的財）とどのような共通点ないし相違点をもっているかは、マーケティングの在り方に大きな影響を与えるからである。

現代の公共経済学では、これまで形式的であるにせよ前提とされてきた「公共セクター＝非市場」と「民間セクター＝市場」の枠組を維持できず、相互関与の大きさを考慮せざるを得なくなっている[28]。企業マーケティングひとつをとっても、それまで外的環境として無視してきた諸要素をとりこんだ戦略策定――つまり〝マーケティング管理の与件の安定化[29]〟――が不可欠となっている。これは外部（不）経済（市場経済の外部に及ぼす経済的影響、望ましいものは外部経済、望ましくないものは外部不経済と言う。企業による環境汚染は市民にとって外部不経済である。）の内部化の問題でもある。企業と言えどもその社会性、公共性を配慮せずに営利活動はできない。一方、公共サービス機関にとっても、その扱う製品が何らかの市場性をもつ限り、収益性や効率を考慮せざるを得ないのが現実である。文字通りマーケット（市場）あってのマーケティングであるとすれば、「マーケットの発見」は、非営利組織のマーケティング採用の大きな背景と言えよう。しかし、それではなぜ公共＝非市場の図式がくずれてきたのだろうか。

この図式を成立させる重要な前提のひとつに、公共セクターが提供すべきとされる財（＝公共財）の性格づけがある。公共財の特徴である非競合性と非排除性[30]をもつ財を市場で供給することは極めて難しいとされる。限界費用が必要とされない以上、価格と要求を通じての供給情報が得られず、最適供給を行うことができないからである。従って、それらは国防や消防サービスのように、公共セクターが供給すべきものとされる。

しかし、こうした公共財の定義を現実の財・サービスに適用しようとするとき、何が公共財で、私的財であるかは、公共経済学の枠組だけで決定することはできず、最終的には〝社会関係とそのなかで形成される『外部性』に対する評価能力の発達を問題にせざるをえない[31]〟のである。少なくとも非排除性と非競合性の観点から厳格にみれば、公共セクターの提供するほとんどの財・サービスは公共財と考えることはできない。しかも科学技術の発達によって、かつては排除不能であった財が、次々と排除可能な私的財となっているのが現実であり、ここに市場性の介入の余地がある。しかし、私的財の要素をもつとはいえ、市場だけに任せておいては公共の利益の観点から不都合なサービス・財があることも確かである。それが一般に価値財とされるものであり、資源供給の面での外部性の存在と資源配分面での社会的公正を保障するために公共セクターによる供給を必要とすると考えられる[32]。むろん外部性や社会的公正も社会的評価による相対的なものでしかなく、また、それらすべてが公共セクターによって供給されるのではなく、民間セクターに属する非営利組織が提供する多くのサービスも価値財の性格をもっている。いずれにせよ、公共財と私的財の両方の性格をもつ混合財として、また、こうした価値財としての側面から非営利組織へのマーケティングの適用を考える必要があろう。

この他、サービスのコストを何によって賄うか――税収や基金運用によるか、利用者負担によるか、それらをどう組み合わせるか――の問題も、非営利組織のマーケティングの在り方に大きな影響をもつことは言うまでもない。

(5) 社会的マーケティングと組織論への拡張

非営利組織がマーケティングを通じて提供しようとする対象は、具体的な製品・サービスにとどまらない。その中でも〝対象とする人々のなかにおいて、社会的思想、主義、習慣が容認されることを増大させるためのプログラムを企画し、実行し、コントロールする〟[33]「社会的マーケティング」(social marketing)は、それを推進することによって個々の利益だけでなく、社会的便益を生むことをめざしたものである。公共の福祉を目的とする公共セクターはもちろん、禁煙や交通安全を「売る」ことによって、自動車保険や生命保険の会社が間接的に利益を得るように、企業にとってもそれは重要なマーケティング分野となっており、一般マーケティングとは個々の手法において異なる配慮を必要とするが(制約条件が多い)[34]、その違いも〝フットボールとラグビーの関係〟[35]程度と言われる。

図書館を考えたとき、個別のサービスについてマーケティングを適用することは当然として、社会的マーケティングの手法を取り入れることは重要な意味をもっている。図書館そのものの価値を自明とする限られた知識人に支えられた昔と違い、あらゆる階層の人々の税金によって支えられている図書館(公共図書館)の存在価値は、現代のすべての人々にとって自明なものではない。こうした大衆社会において、図書館の価値あるいはそれを利用することの意義を訴えることは、図書館の発展のために常に必要とされるのである。

こうして企業利益のために開発されたマーケティングは、思想普及や選挙運動も含めた様々な非営利組織の活動に広く応用されることになったが、コトラーはこれをさらに進めて、組織とその公衆との関係一般にまでマーケティングの適用を拡張し、その有意義性を主張した。ここで言う「公衆(publics)」とは、〝ある組織に対して潜在的な利害・影響力をもつあらゆる集団〟とされ、具体的に九種類の公衆をあげてその関係を彼は定式化している。[36]すべての組織は、その経営環境において、これまでのマーケティングが対象とした顧客だけでなく、非営利組織が重視せざるを得ない支援者グループや組織を規制する役割をはたす政府、競争相手、世論などとの良好な関係の維持をマーケティング活動の対象として考慮する必要があり、事実上マーケティングを行なっているのである。

マーケティングの諸手法は、組織とその公衆を関係づける機能であり、その本質は両者における価値の交換にあるとコトラーは主張している[37]。これはマーケティングの進化を記述するにあたって、市場指向に止まらず、公共志向をめざすべきであるとする彼の思想につながるものと言えよう[38]。ここまでマーケティング概念を拡張することについての正否は別として、ここで着目すべきことは、このようなマーケティングの新しい領域は、すでにパブリック・リレーションズが扱ってきた領域であり、両者の関係が改めて問われるべきことである。

(6) 図書館のマーケティング

マーケティングの適用は、一般企業から非営利組織へ、さらに組織一般へと三段階の発展をみた。そこで、図書館への具体的な適用については後述するとして、ここでは図書館、特に公共図書館のマーケティングを考えるうえで、その基本的特徴を確認しておきたい。

図書館のもつ情報資源を、それを必要とする人々に効果的・効率的に提供する個別のサービス（私的財の性格をもつ）については、企業が行う通常のマーケティングが、必要な変更を加えて十分適用可能であろう。しかし同時に、社会的公正を保障する観点から、公共的な情報を価値財として提供する役割も図書館は担っている。さらに、個別サービスではなく、図書館そのものの文化的価値や利用数全体の増大を図るという社会的マーケティングの適用も可能である。直接の利用者ではない多くの人々が、行政、税負担など様々な形で図書館を支えているとすれば、組織とその公衆との良好な関係をつくり出す努力も不可欠となる。

このように、図書館のマーケティングは、多様な次元を含んでおり、その適用は一様ではない。[39]

2　パブリック・リレーションズ（ＰＲ）の発展とマーケティングとの関係

（1）ＰＲの発展とその背景

まずマーケティングの観点からパブリック・リレーションズ（public relations：以下ＰＲと略）の歴史に簡単にふれておきたい。

コトラーによれば、ＰＲの基本は公衆に対する情報提供、説得、総合化の三点にあり、その意味からすれば、ＰＲは古代から行われてきたとも考えられよう。しかし、企業経営の一環としてのＰＲの成立は、やはり一九世紀末であり、それ以降の発展を彼は五段階に整理している。[40]

企業がＰＲに取り組まざるを得なくなったきっかけは、企業社会の進展に伴って起きた企業の反社会的行動（公害、不公正な競争、政治への介入など）と市民への一方向的（one-way）な情報提供に対する社会的批判であるが、それに対処するため、企業は、特にその批判勢力の中心となった議会・行政と新聞との接触を図った。その具体的手法が、その後各々ロビイングとプレス・リレーションズと呼ばれるものである（第一段階）。さらに、（顧客となりうる）市民を含めた様々な公衆に対して、その関心を高め、企業活動を円滑かつ有利に展開するために、新聞等マスメディアにより「パブリシティ」（定義は注51を参照）を中心とした積極的な接触が試みられるようになった（第二段階）。一九〇六年、炭鉱会社（米国）によるアイヴィ・Ｌ・リーのパブリシティ・アドヴァイザーとしての採用がその嚆矢とされる。[41] こうしてＰＲは、新聞等のマスメディアの好意的なパブリシティを得ると共に、様々な公衆（関連利害集団）との接触・調整を通じて好ましい企業のイメージを作る一方、経営活動に不利に働くイメージを抑えることを大きな目的として発展したのである。そしてこの機能は、企業に限らず政府・各種公共機関を含めたあらゆる組織活動にとって不可欠のことと見なされるに至った。

そのうえで、ＰＲをより積極的に活用し、世論を事前に調査して、必要があればそれを制御しようとする考え方も出てきた(42)（第三段階）。このようにＰＲが組織一般において広く使われ(43)、経営の必要条件と認められたことが、ＰＲの専任部門の設置——営利・非営利の違いを問わず——につながるのである（第四段階）。それによって各部門に分散していたＰＲ機能が統合され、効果的運用が可能になった。

第二次世界大戦後、ＰＲは、欧米を中心に社会的に定着し、発展するが、六〇年代に入り、企業や政府が、消費者主義、環境保護主義、エネルギー問題などの新しい社会的視点からの批判を受けるに及んで、その窓口であるＰＲ部門も、より公共指向であること——特に企業において——を明確にする必要に迫られた(44)（第五段階）。ＰＲ部門は、その組織に対する公衆の様々な意見・不満を捉える最適の立場にありながら、それまでは直接他部門へ伝達・改善させる権限に乏しく、経営トップを通じて意向を伝える傾向が強かったが、徐々に他部門への関与を含めた組織内での重要性が増してきたのである。その組織が、いかに公衆に対して振舞うべきかを経営トップに助言する機能もＰＲの重要な役割とされている。

(2)「公衆」の成立

ＰＲの発展を考えるうえで、その語に含まれる〝Public〟の意味とその社会的背景・変遷は、重要な意味をもっている。その理解は、わが国におけるＰＲの限定的な受容を捉え直すためにも必要である。

近代における〝Public〟の成立——それが実体的なものか、理念的なものにとどまるかは別として——を市民革命以降の英国社会に求めることに大きな異論はないと思われる。それを前提として、米国において「世論

(public opinion)の尊重」も主張されたのであるが、現実の大衆社会の進行は、私利を離れて公共性を支える市民(public)から、個別の多様な争点とその利害を中心に形成される公衆(publics)への移行を余儀なくさせたと言えよう。[45] しかし、政府やマスメディアによる一方的な情報伝達・操作を想定させる大衆(mass)と異なり、公衆は、情報の受発信能力によるコミュニケーションの双方向性と行動の自律性をもつとされる。現代社会において、こうした公衆と向かい合い、その社会的責任を果たすことが求められる企業や非営利組織にとって、公衆との良好な関係の維持を図る方法としてのPRは、経営上重要な役割を担っていたのである。

さて、わが国におけるPRの本格的導入はやはり第二次世界大戦後ということになる。GHQの指示によって行政部門に"Public Relations Office"が置かれるが、当時の担当者には、PRの意味は十分理解されなかった。[46] なぜなら、公＝お上と臣民という支配・被支配の考え方に慣れた人々にとって、そのキーワードとなる"Public"の本来の意味がわからなかったからである。そのために、"Public Information"の訳語としてむしろふさわしい「広報」が定着し、もっぱら行政機関から民衆への一方的なお知らせとしてPRが理解されてしまうことになった。これはその後の消費社会の進展の中でも本質的には変わらず、PRは、企業の消費者に対する一方向的なお知らせの手段＝広告へ埋没してしまうのである。そこではPRの構成要素である公共性(public)も相互関係(relations)も理解されにくくなるのは当然であろう。

もちろん現在では、わが国でもほとんどの企業で広報と広告(advertisement)は分けて考えられている。しかし、社会一般には、「PR」、「広報」、「広告」、「宣伝」等が混乱した使われ方をしているのが現状と言えよう。

(3) PR業務とマーケティングとの関係

まず、本論で前提とするPRの定義をあげておきたい。

定義4：組織と公衆との一連の相互的なコミュニケーション・理解・受容・協力の確立・維持を助け、経営面で、問題対処に関与し、世論への配慮とそれに対する適切な反応を助け、公共的利益への経営責任を明確にし、時代の潮流を予測する装置として変化を効果的に利用できるようにし、調査と健全なコミュニケーション技法を活用する、明確な（他と識別可能な）経営機能。(47)

こうした定義にも拘らず、一般にはPRとプロモーション、パブリシティ、広告との概念的混同は広く見うけられ、欧米の図書館界においてもそれらの区別が定着しているとは言いがたい。(48) しかし、PRがマーケティング同様、経営機能のひとつであるのに対して、パブリシティ等はそれを実行するための手段にすぎず、その違いは明確に理解すべきである。パブリシティと広告は、PR及びマーケティング両方の領域で利用される手法であり、それが逆に概念の混乱を招く一因ともなっている。PRについて重要な点は、マーケティングと異なり――それは「始める」意思決定がなければ存在しない――、組織が活動するや否やPRも同時に行われているということ、要は、意識的か無意識的か、うまくやるかまずくやるか、の違いであることを認識することである。組織にとって、PRなしですませることはできない、と言えよう。

PRの内容は大きく、①組織内の経営トップ、他部門への助言、②公衆とのコミュニケーション活動の計画・実施、に分けられ、さらに後者を、(a)広報（パブリシティ、広告が中心）(49)、(b)広聴、(c)交流、（懇談会、各種行事、文化活動など）(50)に、(d)工作（議会・行政、競合機関など規制的機関への説得活動）、を加えた四種類に分けることができる。①が②に基づいて行われることは言うまでもない。

この中で、パブリシティと広告は(51)、それがPRのすべてであるように誤解されたり、マーケティング・プロモーションの一環とされるなど、用語使用上の混乱がある。ここでは個々の製品・サービスについてのパブリシティと広告は、市場調査、標的設定（targeting）、製品開発、価格、流通、評価等の一連のマーケティング戦略の一部としてのプロモーションの手法とし、組織の理念や概要、組織への公衆の好意的態度の形成などを目的とするものをPR手段の一部としておきたい。このように区別して考えることによって、PRとマーケティングの関係理解や実行の有効性を高めることができるからである。

次にPRとマーケティングがどのような関係にあるかを考えたい。PR部門が確立している欧米の図書館においても、マーケティング機能・組織をどのように経営上位置づけるかについては、一致していないのが実状である。

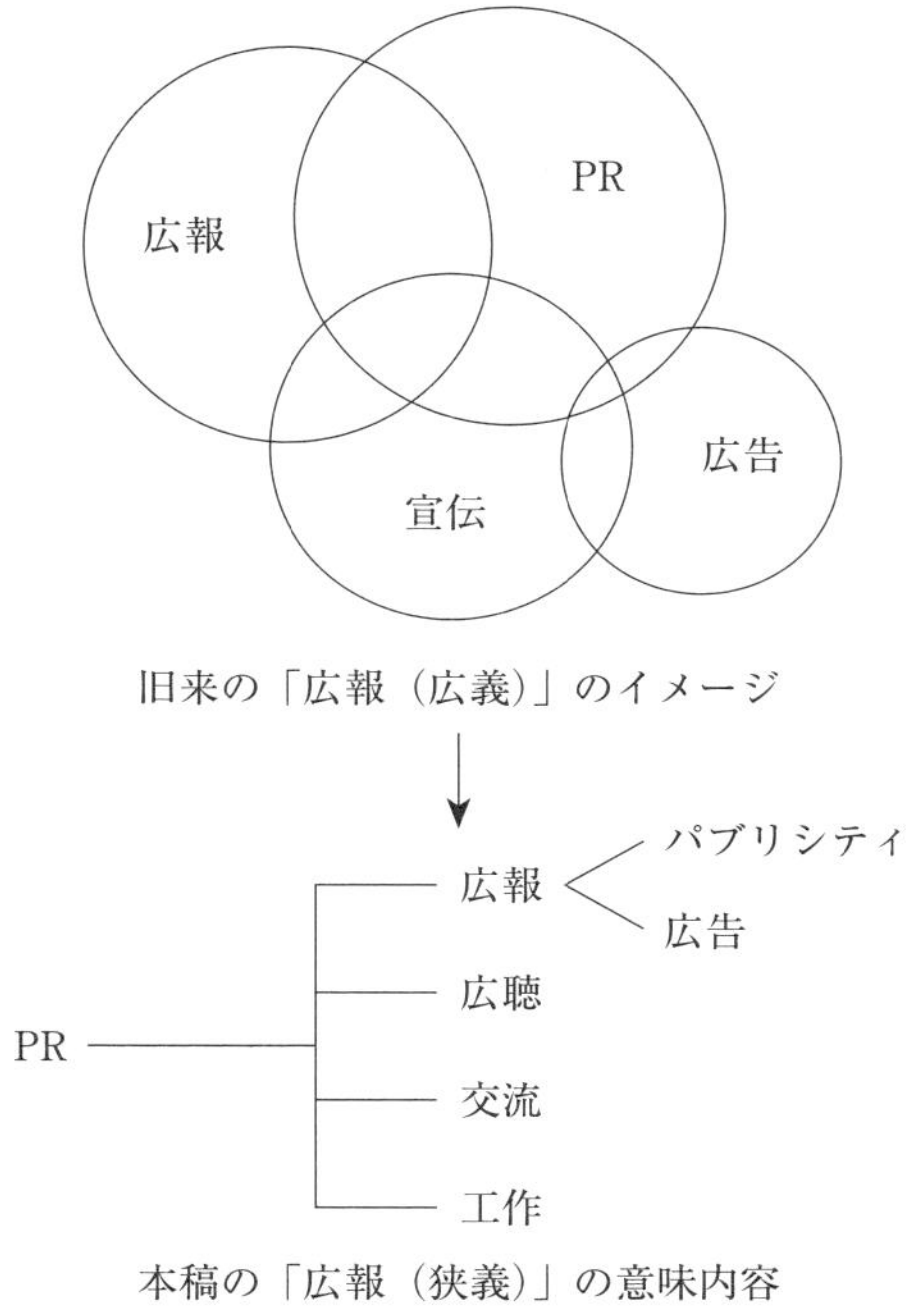

図8－1　「広報」の意味の変化

歴史的にみれば、企業・非営利組織ともにPRの概念的・組織的整備が先行したと考えて良い。そしてマーケティング理論と実践の進展に伴い、それまでPRのトゥールであったパブリシティや広告が、マーケティング・ミックスのトゥールとしても利用されることになる。さらにこうした実践的適用だけではなく、マーケティング概念の拡張――特にマーケティング対象としての「公衆」の拡大――は、PRが対象としている公衆すべてへのマーケティングの適用を理論的に可能にしたと言えよう。資金提供者や選挙民へのマーケティングの適用は、ＰＲの一環としてのロビイングや資金獲得活動（fund raising）と内容的に多くの点で重なっている。現代企業では、ＰＲとマーケティングは別々の機能・組織として運用されるのが通常であるが、ＰＲのもっていた幾つかの機能をマーケティングが取り込み、発展の材料としたのは確かである。

では両者の残る違いは何か。ＰＲは、公衆とのコミュニケーション活動にほぼ限られる、公衆の態度に影響を与えることを目的とする、組織目標を特に設定することはない、などの性質をもつのに対して、マーケティングは、コミュニケーション以外にも評価・製品開発・価格政策など多くの機能を含む、特定の行動（購入、利用など）を引き出すことを目的とする、組織の目標（目的、サービス内容、対象）を設定する等の違いがある。[52]

こうした共通点・相異点をもとに、コトラーらは両者の関係を五種類に類型化（Ａ～Ｅタイプ）し、それぞれの特徴・考え方を論じたうえで、以下のＡ→Ｅタイプへの発展を示唆している。[53]

マーケティングとＰＲとは別々に機能する対等の関係とする考え方（Ａ）、独立した対等の関係であるが重なり合う部分があるとする考え方（Ｂ）、マーケティングの統御下にＰＲがおかれるとするマーケティング優位の考え方（Ｃ）、逆にＰＲを優位におく考え方（Ｄ）、さらに、組織と公衆・市場との関係を発展的に保つために一体として運用されるべきとする考え方（Ｅ）の五種類である。マーケティングとＰＲを使用する特定の組織にとって、どのタイプの考え方が適切であるかについては、組織の性質、おかれている環境によって異なり、一概に決められないことは言うまでもない。しかし、本論では以下の理由から図書館にとってＥタイプが一般的には望ましいと考えたい。

企業に比べて、図書館を含む非営利組織と公衆との関係は、組織の公共性の強さや公衆の多様性等の理由から複雑にならざるを得ないことは前述のとおりであり、そこに図書館ＰＲの重要性があった。マーケティングが効果的・効率的に行われるためには、組織活動の妨げにならないような公衆と組織との良好な関係をつくり出すPRが有効に行われることが不可欠なのである。

しかし一方では、第1節（2）でふれたように、非営利組織と言えども、その生き残りと将来の発展のためには積極的にマーケティングを採用するべきと考えざるを得ない状況が生まれつつある。図書館へのマーケティングの適用を考えたとき、サービスから理念まで扱う「製品」の複雑さや対象となる公衆の多様さ等から、そのマーケティングも公共性に制約された複雑なものとなる。

対象とする公衆・市場の多様さ、市場細分化の必要性、使用される手法の共通性など多くの概念・方法において図書館のマーケティングとPRは共通性をもっており、相互に補完することによって図書館サービスの公共性と市場性の均衡が保たれるのである。また、大企業と異なり、通常の規模の図書館でPRとマーケティングをそれぞれ別の組織とすることは、予算的・人員的に不可能に近く、統合的に運用することが最も効率的であると考えられる（第4節（2）⑤参照）ことも、Eタイプが望ましいと考える理由のひとつである。

これまで公共的役割を果たすことを重視して、PRに力を注いできた多くの非営利組織が、収益や顧客の拡大を図る必要からマーケティングを採用する一方で、収益中心にマーケティングを展開してきた企業が、公共的責任を果たし、その外部環境の安定化に努力せざるを得なくなっている。PRとマーケティングの相互関係は、民間・公共のセクターの違いを問わず、強まっていると言えよう。

3　図書館PRの目的と実際

(1)　図書館におけるPRの受容

図書館界におけるPRの実践は、英国と米国がその先進国となった。米国の図書館、特に公共図書館は、その成立の経緯、基盤の故に、当初から公衆との関係強化の必要を自覚し[54]、そのために様々な手法が工夫された。その後米国図書館界でPRの功績に与えられる賞の冠となるジョン・コットン・ダナが、パブリシティを中心とした活発なPR活動を行なったのが一九一〇年代であり、ALAによって「全米図書館週間」の設定が提案された二〇年代には、すでにこうした活動が米国では一般的になっていたと考えられる[55]。しかし、このことは必ずしもPRの意義・内容が十分理解されていたことを示すわけではない。公衆との関係強化の手段としての広告やパブリシティそのものがPRとみなされ[56]、図書館あるいは個々のサービスの利用促進を図るプロモーションこそがPRの内容とされることがむしろ一般的であった。こうした誤解も、社会一般でのPR活動の普及と、図書館界におけるPRの組織的整備によって、七〇年代後半には、図書館が公衆との良好なコミュニケーションを通じてその目標の追求を可能にする機能としてのPR本来のイメージへと変わってきたと言えよう。ALAによるPRの定義はこれを裏付けており[57]、実施面でも全米の各種図書館でPRは定着していると考えられる[58]。

個別の図書館のPR活動の発展に加えて、米国では七〇年代後半以降、州レベル、国レベルでのPRへの取組みが盛んになる。社会各層に対して広く図書館への関心を惹起し、理解を得ることが、各図書館のPR展開のうえで大きな助けとなるからである。従って、州立図書館は、州内図書館職員の研修、図書館ロゴや記念日の設定、各種プロモーション資料・情報のクリアリング、基礎的調査の実施、総合調整などを行うことによって、州全体のＰＲ活動を支援することが重要な役割となる。さらに国レベルでも（その中心はＡＬＡ、ＬＣ、ＮＡＣＬＩＳ）、国民各層を対象とした読書振興、図書館利用の重要性を訴える諸活動が行われている。「図書館情報学に関するホワイトハウス会議」（ＮＡＣＬＩＳが主導）の開催（一九七九年及び一九九一年）、予算編成期における連邦議会へのロビイング（ＡＬＡ）、〝Center for the Book〟の設置（ＬＣ）などはその事例である。

このような国、州、地域を通じたＰＲの実践は、英米を中心に、程度の差はあれ先進国ではすでに常識となっていると考えられる。

（2）図書館ＰＲの目的と方法

図書館ＰＲの目的は、他の組織同様、公衆との良好な関係を築くことによってその経営目標の実現を容易にすること、つまり経営環境の整備にある。具体的には、図書館のイメージを改善し、関心を高めるといった一般的なものから、各公衆の違いに合わせたものまで様々な目標が設定される。

ＰＲ実施の過程として、①公衆の同定、②図書館に対する各公衆の態度・イメージの調査、③どのようにそれを改善するかの目標設定、④費用対効果を考えた戦略策定（具体的戦術の選択）、⑤計画の実施とその評価、の五段階があげられる。[59] そこでまず出発点となる、図書館にとっての公衆とは何か、が問題となる。

公共図書館を例に考えたとき、その「公共（public）」の名称が単一の公共社会あるいは市民を前提としていたことは明らかである。[60] しかし、前節でもふれたように、現実の社会は様々な利害、図書館へのニーズをもった人々で構成されており、〝各図書館は、多くの公衆をもっている〟[61] ことを認めざるを得ない。企業と異なり、サービスの提供対象とサービスの財源が必ずしも重ならないことは、非営利組織の特徴のひとつでもあり、それがＰＲの対象をさらに複雑にしている。このことは、他の館種についても同様であろう。

次に、図書館が関係する公衆を五分野に分け、具体的に例示してみたい。（公共図書館の場合）

Ａ　資源供給関係

取次・書店、図書館関連サービス・製品業者、委託業者、ほか。

Ｂ　管理運営関係

議会、教育委員会、職員、職員団体、図書館協議会、ほか。

Ｃ　サービス対象

一般市民（利用者）、各種団体、潜在的利用者。

Ｄ　競合・協力機関

情報産業、文化・教育機関、図書館協会、他の図書館、ほか。

Ｅ　社会的影響力を持つ団体

マスメディア機関、経済団体、市民運動グループなど。世論。

このように多様な公衆に対して、それぞれのニーズ、利害・関心を分析し、図書館にとってどのような関係を築くことが望ましいかを決定し、その特性に合わせたＰＲ手段を選択・実行するのである。図書館の資源（職員・予算）に制約がある以上、その中で優先順位がつけられるのは当然であり、費用対効果の視点が必要になってくる。従来、ＰＲの対象としてＣに重点がおかれがちであったが、欧米、特に米国では、近年の財政危機の影響から、図書館への社会的理解とその結果としての資金獲得のため、Ｂ、Ｅへの働きかけが活発である。

米国においても、ＰＲの成立初期には、その内容理解がプロモーション、特に広告とパブリシティに集中していたことはすでに指摘した。しかし、PRの手段は、公衆の多様性に合わせて多彩であり、その本質は公衆とのコミュニケーションにある。従って、たとえば利用者あるいは潜在的利用者である一般市民に対しても、前節(3)であげた広報、広聴、交流、工作のすべてのPRのアプローチが必要となる。それを具体的に例示する。

A　広報
ニューズレター・パンフレット等紙メディア、ビデオ等AVメディア、展示会、新聞発表、その他。

B　広聴
投書箱、電話アンケート、モニター制度など。

C　交流
シンポジウム、利用者懇談会、見学ツアー、読書感想文コンクール、文化事業など。

D　工作
図書館友の会の組織化、読書運動グループ代表者との意見交換[62]など。

以上のうち、「A　広報」を考えるうえで注意すべき点がある。

その第一点は、本論では、図書館がその費用で制作する各種広報メディア（パンフレット、年報、ニューズレター、スライド、ポスター等々）を用いて行う広報を「広告（advertising）」として位置づけていることである。それは、専門の業者（広告代理店など）に依頼するか、職員の協同制作によるかに関わりなく、費用がかかり、それを図書館の財源で賄う点で、企業の広告と変わりがないからである[63]。図書館経営にとって、費用対効果、費用対便益は重要な評価の基準であるにも拘らず、広報についてはこのようなコスト意識は希薄であった。それが逆に

PR活動の基盤となる予算上の位置づけ――独立した費目の設定――が明確に図書館界で認識されないことにもつながっていると思われる。[64] その一方で、新聞社やテレビ・ラジオ局に働きかけることによって、各社の自主的判断において報道されるパブリシティの重要性（直接の支出が必要なく、低コストで大きな効果を得ることができる点）も明白である。

注意の第二点は、PRとしての広報と、マーケティング・プロモーションとしての広報の違いである。前述のように（第2節（3）参照）、PRの手段として用いられていた広告とパブリシティは、マーケティング技術発展の中で、製品のプロモーションの手段として位置づけられ、マーケティング戦略の重要な部分を占めるようになっている。そのため図書館界では、PRの現代版＝マーケティング＝プロモーション＝広告・パブリシティといった混同が広く生じるとともに、[65] PRとマーケティングそれぞれの意義が不分明のまま実施されている場合が少なくない。個々の図書館サービスの広報は、図書館（非）利用者のニーズを捉え、それを製品化・サービス化して提供するマーケティング機能の一環として理解し、実践することによってその有効性が高められるのに対して、PRの一部としての広報は、マーケティングを含めた図書館活動全般にとって有利な環境をつくり出すことを目的としている。両者を区別して用いることが必要である。

図書館をとりまく環境が激しく変化する現在、その環境条件を制御する機能としてのPRは、今後さらに図書館経営にとって重要なものとなろう。[66]

4　マーケティングの手法と図書館への適用

(1)　図書館におけるマーケティングの受容と意義

図書館が、経営戦略策定におけるマーケティングの重要性を認識し、その実践に取り組むきっかけは、他の非営利組織同様、一九六九年以降のコトラーらによるマーケティング概念拡張論に依るところが大きい(67)。もちろん、図書館の経営計画の基本をそのコミュニティの情報ニーズにおくという点では、マーケティング理論の意識的適用はともかく、その基本思想の理解はすでに図書館界に定着していたとも言える。また、図書館サービスのプロモーションに関しては、長期にわたる実績があることは前述のとおりであるが、やはりその本格的導入は、一九八〇年代に入ってからである。しかも、当初は理論・実践の両面で、図書館での受容には幾つかの問題があった。

その第一点は、マーケティングとPR、プロモーションその他の機能との概念的混同、誤解が起きたことである。たとえば、図書館のマーケティングをテーマにした初期のある著作では、〝PR、より現代的な言い方をすればマーケティング〟(68)と記述され、両者の区別がつけられていない。図書館を含めた非営利組織では、PR部門の活動がすでに確立し、後発のマーケティングはその中に取り込まれることが多かったことも、こうした混同を増幅させた原因のひとつと考えられる。そしてその区別は、未だに図書館界で一般的なものとなっているとは言い難いのが現状である(69)。

第二の問題は、マーケティングの技術的部分、特にプロモーションに関心が集中し、組織の経営戦略全体に関わる経営的側面の理解が十分得られなかったことである。

このことは第三の問題点、つまり、「欲しくないものまで売りつける」技術としてのマーケティングという、一般図書館員のイメージ形成につながっている。それは〝図書館の製品は本来的に価値があり、それを人々は利用すべきである〟という図書館員の思い込み(70)――裏返して言えば、「利用しない人が悪い」という感情――と相まって、商業主義にすぎるというマーケティングへの反発を少なからず引き起こしたのである。こうした誤解や反発が、現在でも完全に解消されたわけではない。

非営利組織の多くがマーケティングを採用するに至った背景については、すでに第1節（2）でふれた。その点は図書館も同様である。しかも、図書館側に「図書館の価値の自明性」への思いが強ければ強いほど、七〇年代後半以降の社会・経済的環境の悪化による財政難は、図書館の経営戦略の見直しを余儀なくさせた。無料サービスを維持するために、有料サービスを導入するというような皮肉な事態も起こり、図書館本来の価値と市民のニーズとの間隙を埋める必要が生じたのである。

こうした状況における図書館経営へのマーケティング導入の有効性の根拠は主に次の四点と思われる。

①マーケティング戦略の策定に際して、図書館の存在意義とその経営目的を構造的に把握する必要性が生じる、つまり図書館の経営計画作成の重要な要因となること。

②マーケティング・リサーチ、標的設定等一連のマーケティング過程を通じて、図書館のサービス対象や存立基盤が何であり、どう変わるべきかについて図書館員が常に意識しながら活動する利用者指向の組織へと図書館を変える契機になること。

③経営目標達成のために、マーケティングの具体的手法が様々に利用できること。

④マーケティングを経営戦略の言わば「共通語」とすることによって、図書館を特異な存在ではなく、社会的組織のひとつとして位置づけ、他の組織との諸関係を明示的にすることが可能になること。

別の言い方をすれば、経営の枠組そのものを問い直し、しかも具体的な分析・コミュニケーションの手段を提供するという、思考システムと行動システムの両面から、マーケティングの図書館への適用は有効と考えられるのである。[71] もちろん、こうしたマーケティング適用の原理的有効性と現実的な実施との間に、多くの問題が横わっていることも事実である。それらは、図書館という非営利組織のもつ環境制約要因（たとえば公共性の保持など）、マーケティング戦略の特殊性、さらに図書館独自の組織的・人的要因、の三つに大きく分けられ、一般マーケティングと異なる様々な配慮が必要とされる。

しかもそれにも拘らず、欧米図書館界におけるマーケティング採用の普及は、館種・規模を問わずめざましいものがある。たとえば、新しい動きへの対応が比較的遅いと考えられている国立図書館においても、文献供給センター（Document Supply Centre）での実績[72]がある英国図書館を先頭に、米国議会図書館も組織全体を顧客指向の観点から再編し、マーケティングとPRを強化しつつあることがわかる。[73] 国立図書館の市場指向は、その財政問題とも関連した必然的な傾向とも言えるのである。[74]

(2)　図書館マーケティングの実際と特徴

本館では、図書館へのマーケティングの適用可能性について、その特殊性と問題点の解明を中心に実施過程に従って考えていきたい。図書館が扱う「製品」の性質上、以下で言及する「マーケティング」は、広い概念を含む〔定義3〕（第1節（3）参照）に従っている。[75]

①　マーケティング管理過程

現代企業ではマーケティング計画作成はその経営戦略の中心的位置を占めており、企業が目標とする成長戦略に基づいて、それを可能にするマーケティング計画が作られる。一方、政府に代表される公共セクターにおいても、長期にわたる政策や年度予算の作成におけるプラニングの重要性は、年々増している。図書館におけるプラニングの研究と実行も、こうした二つの潮流のもとになされてきた(76)。現在では——少なくとも米国においては——図書館における長・短期の経営計画作成の必要性は常識となっていると言えよう。そして図書館のマーケティング計画も、図書館の使命（mission）を明らかにし、それを実現するための目的（goal）を定めるプラニング全体の中に位置付けられる必要がある。プラニングが“where to go”を定めるとすれば、マーケティングは“how to get there”を可能にするのである(77)。とは言え、現実には企業においても公式的な経営計画が明示されることは少なく、図書館でも各年度の予算書の策定という形で置き換えられるのが一般的と思われる。それにしても何らかの経営計画に基づいてマーケティング計画は作成されることになる。なぜなら、図書館活動に必然的に伴う基本的サービスや管理的業務と異なり、マーケティングは、計画に従って行われる能動的業務であり、実行の決定なしには作動しないからである。

マーケティング計画が、ある目標の達成をめざして作られるのは当然であるが、収益率や市場占有率といった明確かつ比較的少数の財務指標を設定しうる企業と異なり、図書館マーケティングの具体的目標達成の指標は、非財務的要素を多く含み、複雑である。コトラーは、費用対便益の観点から非営利組織のマーケティング目標の規準を七点あげており(78)、図書館ではその内「利用の極大化」が中心になると思われるが、マーケティングの対象に応じてその比重が異なることは明らかである。しかし、どのような場合でも、目標規準の設定が不可欠であることは確かと言えよう。

マーケティングは、通常、①市場機会の分析、②標的市場の選定、③マーケティング・ミックスの開発、④計画・実施の制御、⑤マーケティング監査、の五段階の過程を経て行われる。従って計画書は、それらの要素を含んで作成されなければならない[79]。

② **マーケティング・リサーチと標的設定**

市場の分析を行うためには、図書館のおかれた環境の分析がまず必要である。マーケティング環境が、人口動態、経済・社会・文化、自然条件、技術革新などのマクロ的要因と、関連する多様な公衆（publics）[80]に規定されるミクロ的要因から形成される点は、図書館も企業と異なるところはない。しかし、非営利組織としての性質上、企業に比べて複雑な制約条件がそれに加わる。

一般に企業では、各公衆との関係、特に一般市民との関係が限定的（主に顧客としての関係）であるのに対して、図書館と公衆との関係は、より包括的である。図書館は、サービスを享受する利用者あるいは潜在的利用者だけではなく、図書館の資金を税金などで負担する非利用者への配慮を忘れることはできない。公共的機関として、効率性・利便性にとどまらず、社会的公正（たとえば情報アクセスの保障）や統合性（文化的伝統の保持など）の実現に至るまで、図書館への社会的な期待値は高く、逆に、そこからの逸脱と見られるような新しい試みに対しては、市民や行政・議会などからの強い批判・制約を受けることがある。

このことは、図書館のマーケティングを考えるとき、企業に比べてその自律性と柔軟性において不利に働くことがある点は否めない。また、公共性を掲げることによる市場影響力の緩和は、新サービスの開発、市場競争力の強化といったマーケティングの中心部分に対する図書館の動機を弱めていることも確かであろう。マーケティングの失敗が倒産にもつながりかねない企業と違い、図書館は、公共性の保持という最低線は確保されているのである。そこに図書館マーケティングの難しさのひとつがある[81]。

いずれにせよマーケティング環境要因の抽出を含めた市場の調査とその分析は、マーケティング過程の出発点・基盤という意味で極めて重要である。

図書館の情報サービスの利用を対象としたマーケティングを例にとれば、対象地域内の人口動態等の環境要因に加えて、人々の情報探索行動における影響要因、探索パターン、分析方法を調べることによって、図書館への情報ニーズの内容を明らかにする必要がある。そのためには、信頼のおける各種社会調査資料や図書館統計の利用は当然として、独自の調査が不可欠であろう。特に図書館のようなサービス機関には、便益分析の手法が有効とされる[82]。マーケティング実施上の制約要因を発見することも調査の重要目的のひとつである。

マーケティング・リサーチに基づいて、マーケティングの対象となる公衆[83]――特にその中でも利用者――をさらに細かく特定化した市場セグメント（一定のマーケティング刺激の集合に対して同じように反応する集団）に分ける市場細分化が可能になる[84]。そして、その中から、限られた資源を使って効果的なマーケティングを行いうる対象となるセグメントを選び出す標的設定の作業が必要となる。その際、選択の基準がマーケティングの目標によって異なることは言うまでもない。ところが、これを一般市民への図書館サービスにあてはめたとき、実施上の障害と思われる問題が幾つか存在する。

その第一点は、技術的問題と言える。市場細分化の根拠となる十分なデータの収集・分析を行う技術的・人的・財政的基盤が図書館にあるか否かの問題である。たとえば、一般の図書館統計では、利用者を人口動態、地理的条件、職業などの観点から分類することが多く、市場分析での有効性が確かめられている心理動態的・行動論的分析は十分ではない[85]。

第二点は、理念的なものである。図書館は特定のグループのためではなく、市民全体にサービスすべきであり、対象を細分化して異なるサービスを行う（たとえば、特定の利用者層――企業や行政担当者――に対してのみ、通常のレファレンスサービスの範囲を超えた実施調査や調査資料の作成を実施する）ことは、平等な情報アクセスを市民に保障することと矛盾するという考え方である。

しかし、現実には各図書館は、これまでにも異なるセグメント（児童と成人、教員と学生など）に異なるサービスを行なってきた。また、図書館サービスへのニーズをもつ潜在的利用者への接触も限定的になりがちで、来館利用者中心にサービスを行うことにより事実上の選別をしていたとも言えよう。それは、図書館資源の有限性とサービスの効果・効率を考えれば当然のことであり、要は標的設定を意識的に行うか否かの違いにマーケティング適用の可能性がかかっているのである。現代マーケティングは、特定のセグメント選別と、それに合わせた製品・サービスの開発・提供との結合による差別化を特徴としている。そして各種の調査は、図書館利用者とそのニーズの多様性を示しており[86]、標的を定めたマーケティング適用の可能性を示唆していると思われる。それは新しいサービスの開始時だけではなく、現在行なっているサービスを見直すことにも役立つのである。

ところで、標的とすべき「市場＋製品」の選択は、それ自体の可能性だけで決定されるわけではない。他の競合者との関係を考慮することなしに、有利なマーケティングの実行は不可能である。ある図書館サービスによってそのニーズを満たすことができる市場セグメント（潜在的利用者の集団）を発見したとしても、そこに競合者（企業や他の公共機関）の介入の余地がある場合、どのようなサービスの差別化によって競争を行い、その市場での棲み分け（ニーズのどの部分に対応するか）を考えるかという位置設定の問題が次に出てくるのである。

ラムは、公共機関がこうした一連の標的マーケティングを行ううえでの企業とは違う制約要因として、次の三点をあげている[87]。

①最も適切な（成功の可能性の高い）市場セグメントではなく、むしろ最も不適切な（困難の大きい）ものを選ばざるを得ないことがある。〔社会的マーケティングの適用〕

②標的設定による市場セグメントの選別を嫌う、逆に言えば、差別化（対象に応じて、提供するサービスの範囲

やレベルを変えること）しない一般的なサービスを行わせるような社会的圧力がある。

③競合機関との本格的な競争を避けざるを得ないことが多い。企業同士の競争では、その結果として他社が倒産しても何ら責められることではない。しかし、公共機関の活動が私企業の経営を大きく圧迫することは通常許されず、むしろ企業ではカヴァーできない――したがって経営効率の悪い――分野における補完的役割が期待される。これは適切な位置設定を行ううえでの大きな障害となる。

そしてこの三点は図書館マーケティングについてもあてはまるのである。第一点のひとつの事例としては、米国で盛んな公共図書館による識字運動があげられよう。通常の図書館サービスの潜在的利用者としては獲得の困難な対象に働きかけることも、図書館の公共的使命を考えれば何ら不思議なことではない。有望な市場に特化して資源を集中することができる企業と比べて、有力な市場の開発と並行して効果の低い市場へのマーケティングも行い、サービスの廃止・新設が難しい図書館は、経営資源の分散によるマーケティング効率の低下を避けることはできないのである。

制約要因の第二点も図書館――特に公共図書館――では一般的な要因である。特定の利用者層に対して、貸出冊数制限をなくしたり、料金を徴収して文献リストを作成するといった「特別扱い」をしないのが普通である。しかし、この点に関しては、再考の余地は十分あり、それが図書館でのマーケティング実施の前提であると思われる。どの個人も「平均的」利用者ではなく、多様なニーズをそれぞれもっており、一般的なサービスは逆にすべての利用者に何らかの不満を抱かせる可能性があるからである。

第三点も図書館が常に直面する問題である。古くは、貸出サービスが貸本業を圧迫すると抗議されたように、無料のオンライン情報検索が、民間サービスとは競合しないようにする配慮（たとえば、対象者が限定的で、利用方法が不便）が図書館に求められている。こうした位置設定上の制約があることはやむをえないが、それは市場位置設定の難しさを示すのではなく、むしろより細心な位置設定の重要性を意味していると考えるべきであろう。

③　マーケティング・ミックスの開発

対象とすべき市場セグメントの選択とそこでの位置設定が決まると、そのセグメントから図書館が期待する反応・成果を得るためのマーケティング・ミックスの構成・運用が必要になる。このマーケティング・ミックスこそ現代マーケティングの中核を成すものであり、図書館サービスのあり方を考えるうえでも示唆に富む内容をもっている。それは通常４Ｐと言われる、製品（product）、価格（price）、場所（place）[88]、プロモーション（promotion）の有機的な統合によって行われる。

a　製品

図書館の扱う「製品」とは何か、の問題はかなり複雑である。一般的マーケティングが扱う物理的製品（目録や書誌、一次資料など）とサービス（レファレンス、貸出、各種プログラム）はもちろん、読書や図書館利用の振興といった理念――社会的マーケティングの対象となる――、読書・コミュニケーションの成立する場の提供など、その「製品」は多様であり、マーケティングも複合的にならざるを得ない。さらに、そのコミュニティが図書館をもつことによって得る誇りや帰属意識[89]も図書館の提供できる製品と考えることができる。こうした事情は、図書館へのマーケティング適用の困難さを示すのではなく、多様なマーケティングの使い分けを必要とする適用上の問題として考えるべきであろう。

物理的製品とサービスに限ったとき、マーケティングの通常の「製品」概念の大部分は、図書館サービス・製品に適用可能である。これに関しては多くの論点があるが、マーケティングだけではなく、図書館サービスの捉え直しに役立つと思われる三つの重要な概念に絞って言及することにしたい。

この第一は、製品概念の三段階、つまり中核的（core）、実際的（actual or tangible）、拡大的（augmented）の各段階の違い[90]を意識的に把握し、図書館の提供する製品（サービス）を構成することである。具体的な例をあげれば、知識や情報は図書館の中核的製品のひとつであるが、そのままで利用者に提供できるわけではない。必ず物理的形態や具体的なサービスといった実際的製品（図書やデータベース、レファレンス・サービスなど）を経ることになる。さらに、同じ貸出サービスを行うにしても、予約を受けつけるか、冊数・期間の制限はどの程度か、相互貸借は利用できるか、等の付加的部分による拡大的製品（他の図書館の貸出サービスとは異なる、差をつけたサービス）の違いによって、「製品」の質、従って利用者の満足度はまったく異なってくるのである。[91]図書館サービスをめぐるこれまでの議論の中には、製品の中核的・実際的段階の区別が必ずしも十分に意識されていないことに混乱の一因がある場合も少なくないと思われる。

第二の概念的枠組は、製品品目、製品ライン、製品ミックスの区別とそれらの総合的把握である。蔵書を例にとれば、蔵書は、図書、逐次刊行物、ＣＤなど、類似の機能、利用対象、利用方法等をもつ各資料群の集合で構成される。これを製品ラインと言い、ラインの長さは、資料群の種類の豊富さで決まる。さらに、ひとつの資料群、たとえば図書は、製品品目である個別の図書から構成され、その冊数や質によって深さが測られることになる。

図書館が提供する製品は蔵書だけではない。そのサービスやプログラムも、それぞれ貸出・相互貸借・オンライン検索あるいはお話し会・上映会・講習会などの製品ラインをもち、それらを総合して図書館の製品ミックスを構成するのである。[92]製品ミックスの幅は、何種類の製品ラインを提供できるかに左右される。こうした長さ・深さ・幅をもつ立体的構造としての製品ミックスの考え方は、図書館サービスの在り方を総合的――各サービスの相互連関を考慮しながら——に把握するために極めて有効と思われる。新しいサービスを始めるにあたって、それが「製品ミックスの幅を広げる」、「ある製品ラインに新しく付け加える」、「製品品目の数を増やす」のいずれにあたるか——それによって経営資源の投入及びサービス全体の再構成の程度が違ってくる——を確認する必要がある。そしてこの製品ミックスの考え方は、多元的に応用することができる。蔵書の製品ラインのひとつである図書を例にとれば、その中で、専門書、概説書、児童書などの種別ごとに社会科学系、自然科学系等の製品ラインをもつ製品ミックスを構成していると見なすことも可能と言えよう。

　第三の着目すべき概念的枠組は、製品のライフ・サイクル、つまり導入・成長・成熟・衰退の各段階の存在と、各段階に適合したマーケティング戦略の必要性である。この考え方は、企業マーケティングにとっては常識とされるが、提供するサービスの永続的価値を重視しがちな非営利組織にとっては受け入れにくい概念である[93]。しかし、図書館の情報提供機能ひとつを考えても、具体的な諸サービスが、競合機関を含めた社会的環境の変化の中で成長・衰退のサイクルと無関係でないことは明らかであろう。この問題は、中核的製品と実際的製品の区別にも関係している。中核的製品（たとえば知識や情報）に永続性があるとしても、それが実際的製品の永続性を保証するわけではない。紙メディアである本に代わって電子書籍などの電子メディアが中心になるかもしれないのである。

　以上の諸概念の他にも、ブランド、パッケージング、新製品開発戦略など多くの点で、マーケティングは図書館製品（サービス）への高い適用性をもつと思われる。

b　価格

　製品の価格設定は、企業マーケティングの重要な要素であるが、非営利組織においても一般に、①余剰の極大化、②コストの回収、③市場規模の極大化、④市場需要の沈静化、の四点の目標に応じて行われる[94]。図書館界では、オンライン情報検索サービスの導入をきっかけに、サービスの有料制導入と無料制維持に関する論争が激しく行われたことは記憶に新しいが、従来の複写サービスなどを含めて図書館の有料制の直接的目的は、コストの回収が中心であったように思われる。(95)

その運営資金の大部分を税金あるいは親機関からの醵出に頼る図書館にとって、マーケティング戦略に影響を与える制御可能な要因としての製品・サービスの価格設定のもつ意義は、企業に比べてはるかに限られる点は否めない。(96) しかし、図書館の現在及び将来のサービスすべてを無料で提供できないこと、より高度なサービスを求める利用者層――一般に彼らは図書館の中核的な支持者層に重なる――の要求に応じる必要があること、様々な価格設定を行うことによって各サービスの需要を計り、サービス全体の構造化と利用の調整を図る有効な手段となりうること、などの理由を考えれば、限られた範囲であるにせよ、価格設定方針（pricing policy）の形成が図書館にとっても重要な意味をもつことは明らかであろう。有料のコンピュータ情報検索サービスの導入によって一次資料自体の利用を増やしたり、貸出登録手数料によって地域外の住民の利用を抑えるなど、その適用が可能となる分野は少なくない。

図書館サービス・製品の価格を考えるとき、注意すべきことは、価格には金銭的価格と社会的価格の二種類がある点である。(97) たとえあるサービスが直接的には無料であっても、利用者がそれを受けるために多くの時間・労力を必要としたり、心理的抵抗を感じることがあれば、それは社会的価格が利用者にかかっていることになる。価格設定は、無料で不便な公共サービスか、あるいは有料で便利な民間サービスか、の二者択一の問題ではなく、社会的価格の算定を含めて、あらゆる非営利組織にとっても、そのマーケティング戦略に組み込むべき課題と言えよう。

金銭的価格の決定にあたっては、課金の目的が何であるかを明確にすることは当然であるが、それに影響を与える要因としては、次の三点があげられる。[98]

a．要求（demand）の規模

b．コスト分析

c．競合関係

（第三の要因は、公共サービス機関として、他の同種機関が提供する類似のサービス価格との均衡を図るという基準と、市場でどのような位置設定を行うか、の二つの観点を考慮する必要がある。）

さらに、図書館サービスの価格設定においては、上記三要因に加えて、図書館の公共性を考慮する余地が大きく残されている。貸出サービスの有料化によって利益を得ることと引き換えに、貸出冊数の減少を受け入れる図書館はほとんどないと思われる。あるサービスを有料にする場合も、利益の極大化ではなく、利用のための障害の極小化を目的にすることがむしろ一般的と言えよう。[99]

図書館サービスの価格設定は、４Ｐの中では一般マーケティングと最も異なる配慮を必要とするが、無料を含めた価格設定方針の形成は、やはりマーケティング・ミックスの一環として位置づけるべきであり、それによって不整合で目的合理性の欠けた有料サービスの導入を避けることもできるのである。

c　場所（流通）

マーケティング・ミックスにおける「場所（＝流通）」とは、〝適切な製品を適切な時間に適切な場所で[100]〟提供するための諸活動と考えることができる。そこには、製品が提供される「場」の要素と、製品生産の場と提供の場を結ぶ「流通経路」の二つの側面があり、物理的製品を対象とする企業のマーケティングでは、後者——どれだけ効率的に顧客に製品を届けるか——に重点が置かれるのが普通である。従ってその名称も「場所」よりも「流通（distribution）」が一般的になっている。

ところが、図書館の主要な製品ラインであるサービスは、物と違い、その生産（サービス行為の発生）と提供（サービスの利用）が同じ場所で行われるのが通常であり、それがサービス業一般の特徴とも言える。サービス提供の「場所」が含む要素は、単に空間的位置（location）にとどまらない。その場所（図書館）への接近難易度（交通の便など）、提示・提供方法、窓口の数・外観、時間（開館時間、提供速度など）等多くの要素から構成され、それらの水準によって利用者の要求が大きく左右される。そこでは館内サービスが中心的に想定されていたのである。しかし、技術革新は図書館サービスにおける場所の制約条件を大きく変更しつつある。

従来図書館は、本館に加えて、分館の設置、移動図書館の運行などによって空間的なサービス拠点の確保に努めてきた。そして、開館時間に代表されるサービスの時間的要素は、こうした地理的条件とそれに付随する人的・設備的条件に大きく制約されていたのである。ワインガンドは、図書館マーケティングにおける場所の構成要因として九点をあげているが[101]、それらは相互に独立しているのではなく、時間要因はかつては空間（位置）の従属関数であったと言えよう。

ところが、近年のコンピュータ及び電気通信技術の発達と図書館業務への適用は、館内でのカード目録の検索や郵送による複写物の送付から、自宅端末での情報検索やオンラインによる文献請求とその提供への移行に見られるように、それまでの空間的・時間的制約から図書館サービスが脱することを可能にしつつある。それは、製品と顧客（利用者）を結ぶ「場所」における時間要素――図書館員がサービスを提供できるようにするための時間、利用者・サービス間の物理的距離を縮めるための時間、サービスが利用可能な時間、の三種類から成る[102]――の重要性が増していることを意味する。つまり、新しい技術を利用することによって、空間要因を時間の従属関数にすることが可能になったのである。

将来の図書館にとって、館内での図書館員と利用者の一対一関係を中心としたサービス提供の場という「場所」概念から、電子メディアを含めた出版・流通や通信メディアとのネットワークによってサービスの供給源を確保する一方、時間要素を重視して様々な提供手段（インターネットから宅急便まで）を目的に応じて選択する「流通」の観点への移行が必要とされる状況になりつつある。その意味では、一般的なマーケティング・ミックスにおける流通の諸手法が、図書館へも十分適用可能な条件が整ってきたと言えよう。

d　プロモーション

マーケティング・ミックスのひとつとしてのプロモーションは、「製品（サービス）の価値を伝達し、それを利用するよう標的対象者を説得するために行う諸活動」[103]であり、その本質は、製品の単なる利用促進ではなく、組織とその利用者あるいは関係利害集団（公衆）との効果的なコミュニケーションを図ることにあるとされる。[104]その点で、組織と公衆との良好な関係（コミュニケーション）の維持を目的とするPRと共通性をもち、実際に運用方法の多くは重なっている。[105]また、図書館界では、マーケティングとはプロモーションのことである、とする見方も根強いとされる。[106]それがPR、マーケティング、プロモーションの各概念の混同の素地になっていると も言えるが、本稿ではこれらの機能・方法を別個のものとして考察してきた。

まずプロモーションは、マーケティング・ミックスの一部として、他の3P（製品・価格・場所）との有機的関係の中で最大の効果をあげることができるマーケティングの一手段である。

PRの諸手法とプロモーションの手法に多くの共通性があることは確かである。しかし、良好なコミュニケーションの創出と維持を通じた経営環境の整備を目的とする経営機能としてのPRと、マーケティングの一部として特定の製品――それが貸出サービスであれ、読書振興という思想普及であれ――の利用や受容を説得する手段であるプロモーションは、異なる概念であり、区別する必要がある。[107]そうすることによって、両者の効果を最大限に引き出す運用が可能になると思われる。[108]

本稿で用いる主要概念の関係を整理したのが図８－２である。そこで示したように、プロモーションは宣伝（advertising）、利用促進（promotion―狭義）、パブリシティ（publicity）、人的接触（personal contact）の四分野から成る総合的機能である。[109]そして、誰に何を訴えるか、使える予算はどの程度か、など様々な要因に応じて四分野の組合せの比率（プロモーション・ミックスの構成）は異なってくる。たとえば、運営資金の一部となる寄付金を市民から集めようとするとき（米国の公共図書館では一般的方法である）、宣伝は多数の一般市民から少額を、人的接触は少数の地域の名士から多額を得るのにそれぞれ適した方法であり、それらを組み合わせる（プロモーション・ミックス）ことによって効果の最大化を図るのである。[110]

プロモーションの実施にあたって、担当者は、①標的オーディエンス（プロモーション活動の対象者）の識別、②望ましい反応の明確化、③メッセージの選択（何をいかに伝えるか）、④メディアの選択、⑤ソース属性の選択[111]、⑥フィードバックの収集、の六段階を経る必要があるとされる。[112]

以下ではプロモーション・ミックスの四分野について、図書館への適用に即して関連する問題に言及しておきたい。

〈宣伝〉

図書館の行う宣伝は、商品価格に宣伝コストを含めて行う企業広告と異なり、その費用を年度ごとに定められた運営経費全体の中から支出する場合――つまりコストの回収が難しい――が多いと思われる。従って、宣伝を行うための経費・方法は限定され、メッセージ内容等への公共性による制約も大きい。しかも、宣伝は一般にその効果の現れる時間が長くかかり、費用との相関関係（費用対効果）も明確でないため、図書館員は宣伝に消極的になりがちであるとされる。[113]

しかし現実には、図書館の多様な印刷物（パンフレット、年報、ニューズレター、ポスターなど）や視聴覚資料

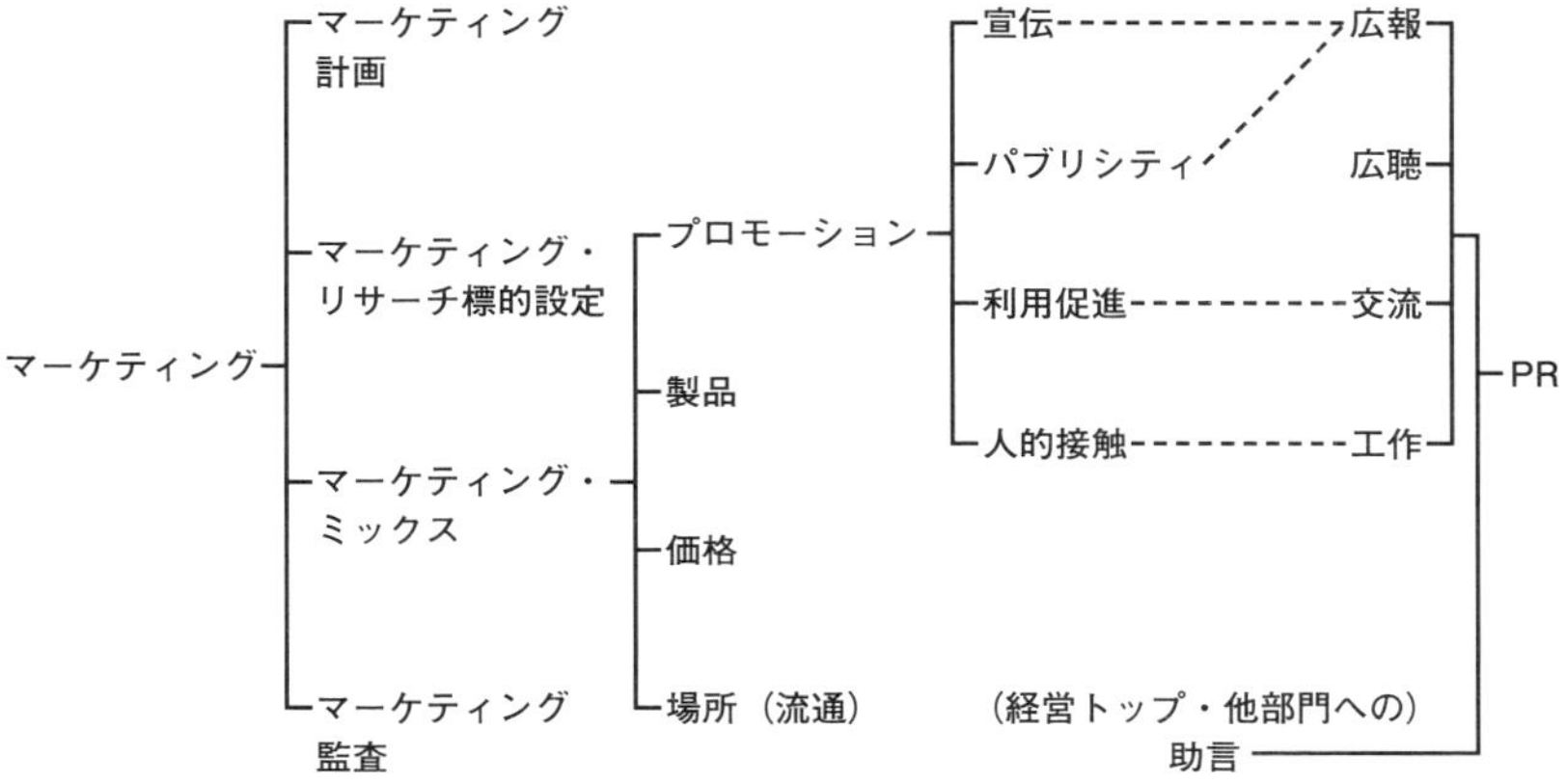

図8－2　図書館のマーケティングとPR（----は対応関係）

（広報ビデオなど）の作成・配布にかかる人的・物的コストは決して少なくなく、規模や適用範囲の違いこそあれ、企業が行う広告方法との共通点を見出すことができる。

広告には、制度広告・ブランド広告・分類広告・売出し広告・弁護的広告があり[114]、この観点から図書館の宣伝も分類可能である[115]。また、広告をその目的の観点から、報知的・説得的・想起的の三つに分けて行う方法[116]も図書館サービスの宣伝に適用可能と思われる。あるサービス（たとえば情報検索サービス）を行なっていることを伝えるのか、それを利用することが有益であると説得するのか、今すぐではなくても必要になったときに使えるよう想起させるのか、の目的の違いを意識することは、メッセージやメディアの選択に大きな影響を与えるのである。

図書館サービスの宣伝は、図書館活動において長い歴史をもっているが、当初はそれがＰＲやパブリシティと明確に区別がなされなかったために、コスト面への配慮も不十分になりがちであった。しかし、目標設定→予算割当て→メッセージ選択→メディア選択→実施と評価、という宣伝サイクルにおいては、コストは各段階に影響を与える決定的要因であることを認識する必要がある。

〈パブリシティ〉

新聞・テレビ・ラジオなどマスメディア機関の記者・編集者の自主的判断において報道されることを目的とするパブリシティは、自らの費用において行う宣伝と比較して、情報の受け手の信頼性が高く、費用対効果もはるかに良いという特徴がある。全国紙に記事が掲載されたときの反響の大きさは、他のプロモーション活動の比ではない。しかし一方では、ニュースとして採用されるか否か、どのような観点から報道されるか、あるいは、報道を望まないことまでもとりあげられる可能性がある、などの不確実性を免れない。

特定の製品・サービス（たとえば、新たに始めるＣＤ、ビデオの貸出サービス）のパブリシティは、ＰＲの一手段として図書館への好意的イメージを得るために行うパブリシティとは、一応区別される。後者は、様々な公衆——その中には当然、報道関係者が含まれるが——との関係を改善・維持すると共に、不利な評判を沈静化する環境整備をめざして、その図書館または図書館活動一般についての好意的報道（例：館長インタヴュー、地域における図書館の役割の紹介、利用者の話題）を働きかけることが目的である。一方、製品パブリシティは、特定の製品（サービス）のマーケティングの一部であり、それが効果的に行われるためには、良好なＰＲが不可欠の前提とも言えよう。逆に、個々の製品パブリシティ（新規サービスや貴重な収集資料の紹介と利用の勧めなど）を積み重ねることによってこそ、報道機関との関係（press relations）において信頼性を保つことができるのも確かであり、ＰＲパブリシティと製品パブリシティは相補的関係にある。

大企業や主要な行政機関と異なり、一般の図書館が報道機関と恒常的関係（例：記者クラブの設置）にあることは稀である[117]。従って、特定の製品パブリシティを行うためには、その目的に応じて働きかける対象——新聞なら学芸部か社会部か、全国紙か地方紙か、等々——を選ぶとともに、それに沿った製品の紹介内容（ストーリー）をつくる必要がある。そのためには、どの図書館サービスにニュース価値があるかを発見し、もし該当するものがなければ、それを生み出す――新規サービスの開始、展示会の開催などによる――努力が要求される。それはすでに多くの図書館で行われていることであろう。

〈利用促進〉

利用促進は、〝比較的早いおよび／または比較的強い市場反応を刺激しようとする〟[118]多様な利用誘導の諸活動をさし、企業では、試供品、クーポン、プレミアム、コンテスト、デモンストレーションなど多くの方法が使用されている。これを図書館にあてはめれば、リアバーガーがプロモーションの「特別プログラム・催し」としてあげている展示会、講演会、上映会、読書会、演奏会、ブックフェア等[119]に加えて、情報検索サービスのデモンストレーションなど、特定のサービス・資料の利用促進を図る諸活動を考えることができる。[120]こうした利用促進活動は、宣伝やパブリシティの「基本的」プロモーションに比べて「特殊な（special）」ものと思われがちであるが、新しいサービスのプロモーション手段として、宣伝やパブリシティと同等に、あるいはそれと連動して積極的に使用することを検討すべきであろう。[121]

〈人的接触〉

化粧品や保険の例をひくまでもなく、人的販売（接触）は、商品のプロモーションにおいて重要な部分を成している。一方、図書館員が、戸別訪問によって特定サービスの利用を働きかけることは、実際の事例としては少ないと思われるが、団体貸出や教員へのＳＤＩサービスのように、特定の対象について〝セールスマンのようにあちこち出掛けて〟[122]人的接触を行うことは必ずしも珍しくない。しかも、図書館員が、日々のサービスにおいて利用者と直接に応対していることは、常にプロモーションとしての人的接触の機会に恵まれているとも言える。[123]それにも拘らず、図書館では必ずしも人的接触が積極的に行われてきたわけではない。その理由のかなりの部分は、方法論上の困難と言うよりも、その成否が個人的応対に依存することから考えて、図書館員の訓練とそれを支える体制の不十分さにあると思われる。

他のプロモーション手段と比べて人的接触は、図書館サービスとその利用者を対象とする通常の製品マーケティングでの適用はもちろん、接触対象者を限定しやすい別領域の図書館マーケティング――たとえば、良質の人材（図書館員）を獲得する新人採用マーケティング（注39参照）、図書館のもつ公共性への理解を高めるための社会的マーケティング、議員・理事者から運営資金の増加を引き出すためのマーケティングなど――においてさらに有効であり、こうした多元的観点から人的接触を重視する必要があろう。

④ マーケティング監査

本節では、図書館への適用を念頭において一連のマーケティングの過程（目的設定と実施計画、マーケティング・リサーチと標的設定、マーケティング・ミックスの構成）を追ってきたが、その実施結果の評価を含めて、経営的観点からマーケティング全体を評価・調整する仕組みがその中で保障されなければならない。それによって、経営資源の少なからぬ部分を投入して行うマーケティングの効率性を高め、次回の成功にもつなげることができるからである。こうした機能は、「マーケティング監査」と言われ、環境監査（市場、関係利害集団、マクロ要因等の外部環境の評価）、システム監査（戦略、組織、実施計画等の評価）、機能監査（費用対効果やマーケティング・ミックスの評価）の三部門で構成される(124)。

監査を行うためには、マーケティングの目的に沿って、環境、システム、機能を適切に測定・評価する必要がある。しかし、収益、利潤率、市場占有率等の測定可能な（数値化される）指標をもつ企業と異なり、図書館を含めた非営利組織におけるマーケティングの評価基準の確立は複雑である。この問題は、図書館サービス全般の測定と評価についても該当することであり、本稿では、環境条件や市場データの調査方法の開発、マーケティング効果の指標となる図書館統計の整備等、評価基準の確立[125]が図書館マーケティングにとって不可欠の要件であることを強調するにとどめたい。

⑤ 組織とスタッフ

図書館経営論は、その理論の多くを一般経営理論から学んできた。科学的管理法の始まりとされるテイラー型管理論から、産業心理学、経営管理過程論、コンティンジェンシー理論等に至るまで、その受容の仕方は様々であるが[126]、PRとマーケティングもその例外ではない。しかし、MBO（目標による管理）やZBB（ゼロベース予算管理）などの手法を導入した米国の図書館界では、必ずしも十分な成果を上げることができなかったとされ、その理由としてウッドは、①企業経営論をそのまま図書館へ適用した、②現実離れした期待をいだきすぎた、の二点をあげている[127]。その背景には、図書館側の理解の不十分さがあると思われる。

こうした原因に対処し、有効なマーケティングを行うためには、図書館内での組織とスタッフの整備が不可欠である。ここではPR部門との関連を含めて、その要点を簡単に整理しておきたい。

a 組織

PRが、組織的保障や明示された担当者の有無にかかわらず、図書館活動があるところ必ず同時に誰かによって行われているのに対して、マーケティングは、開始の意思決定がなければ存在しえない点が、両者の大きな違いのひとつであった（第2節（3）参照）。その意味で、マーケティングにとって明確な組織あるいは担当者の存在は、不可欠の実行要件と言えよう。そのためには、非営利組織が「起業的（entrepreneurial）」であることは難しいとされる中で[128]、マーケティングそのものの意義と必要性を図書館長や一般職員がどの程度認識しうるかが大きな問題である[129]。その中でも特に、図書館長のリーダーシップの有無が重要な要因となる。

マーケティングを行うためには、かなりの経営資源の投入が必要であり、少なくとも年度事業計画に事前に盛り込まれている必要がある。それに基づいて、独立したマーケティングの部門あるいは担当者をおくことが望ましいが、職員数が少ない場合——わが国では大部分の図書館にあてはまるだろうが——、図書館長あるいはそれに準じる者を長とするプロジェクト・チームをつくることが現実的と思われる。なぜなら、マーケティングの実施には図書館全体の協力が不可欠であり、それを動員・調整する権限が必要だからである[130]。

こうしたトップ・マネジメントの必要性は、監督機関を含めた様々な公衆との関係維持を担うPR部門にも言えることであり、小規模館では、館長がPRとマーケティング両方の責任者を兼ねることが自然であろう。

b　スタッフ

図書館マーケティングの中心となるサービスにおいて、それを提供する図書館スタッフの要素が大きな部分を占めることは明らかである。また、PRの基本は、人対人のコミュニケーションにあると言われる。つまり、マーケティング、PR共にスタッフの訓練・養成が中心課題なのである。

公衆に対して図書館全体を代表すると見なされるPR担当者にとって、図書館業務全般の知識と館長との意志疎通は不可欠の条件である。同時に、PRが効果的に行われるためには、日常的に公衆と接している館長や一般職員の協力・参加が欠かせない[131]。PRの専任担当者をおくことができない中小規模の図書館では、職員全体での取り組みが必要であり、PRの理念・技術の習得がすべてのスタッフに望まれる。しかし、通常の図書館学教育でそれが十分に行われていないのが現状とすれば、現職教育でそれを補わざるを得ないだろう[132]。

マーケティングを行いうるスタッフ[133]の養成は、さらに困難である。その必要性がすでに一般に理解されているPRに比べて、マーケティングに関しては、無関心にとどまらず、図書館員の反発の可能性も否定できない。その理由として、①図書館は、それ自体の文化的価値があり、積極的な市場開拓によるサービスの売り込みはふささわしくない、②特定の専任者（専門家）ではなく、組織的に行うことが求められるマーケティングは、専門職としての職務のあり方を乱すことになる、[134]ということがあるとすれば、それはまさにマーケティングの本質に関わることになる。反発という形をとらなくても、マーケティングの採用に対する消極性――というよりも積極的要因の欠如――の解消は、[135]スタッフの意識をどのように利用者指向・市場指向に変えていくかという図書館経営の大きな課題に関連している。

5　日本の現状と問題点

本節では、欧米を中心に発展したPRとマーケティングが、わが国図書館界でどのように理解され、経営論上位置づけられているかについて、その理論的問題点を中心に論じることにしたい。

（1）PRの一般的理解

わが国におけるPRの一般的理解が、その導入当初から本来の趣旨とは必ずしも一致せず、ずれを残したまま定着してきたことは前述のとおりである（第2節（2）参照）。そして、その原因が公共社会のあり方への理解の違いに根ざしているとすれば、現在でもそれが十分改められていないことは想像に難くない。その典型が用語上の混乱である。

わが国の経営学辞典のひとつを例にとれば、PRの基本的定義は米国の代表的辞典と異なることなく、「様々なコミュニケーション活動を通じて公衆（関係利害集団）と組織との良好な関係をつくり出すこと」とされる。[136]そして同辞典ではそれに続いて〝日本では、PR活動のことを広報活動といい[137]〟PRと広報は同義とされている。

こうした理解は、わが国では一般的なものと考えられ、ＰＲと広報をことさら概念的に区別しないのが普通であろう。(138)

しかしその一方で、代表的な社会学辞典では、広報の訳語として〝publicity〟があてられ、その定義も〝組織・機関が、自らの方針・見解・活動などの情報を公衆に伝達し、一般の理解を求めるとともに活動に有利な環境を形成しようとする努力〟となっている。(139)そこではＰＲの基本である双方向コミュニケーションの要素がうすれ、組織から公衆への一方向的な情報の伝達行為として広報が理解されており、それが日常的な「広報」の使われ方と思われる。そして本来のＰＲがもつ公衆から組織への情報伝達の側面を保障するために、「広報」が用いられるのである。

つまり、ＰＲ手段としてのパブリシティ、広告、広聴、交流、工作のうち、パブリシティと広告を指して広報とする場合（狭義）と、ＰＲ全体を広報とする場合（広義）が十分区別されずに使用されていることに混乱の原因があると思われる。(140)経営機能の一部としてあるいは経営機能全体を支える基盤としてのＰＲと、ＰＲやマーケティングにおいて用いられる手法としてのパブリシティと広告は、区別するのが合理的であろう。

(2)　図書館界におけるＰＲの理解

図書館ＰＲの記述の一例として、最初に『図書館ハンドブック　第５版』をとりあげてみたい。(141)

まず用語に関しては、〝ＰＲは広報と訳され〟とあり、ＰＲと広報は同義的に扱われている。ＰＲの目的は〝図書館を正しく住民に知らせ、それを十分に使いこなしてもらうと同時に、住民の要求を知り、図書館の改善につなげる〟ことにあり、その対象は、住民各層に限らず、役所の職員、教育・社会・文化諸機関、議員、マスコミ関係者など〝あなたの出会ったすべての人〟とされる。また、ＰＲにおいて伝える内容は、図書館活動のすべてであり、担当者は必要としても、基本的には職員全員がＰＲの主体となり、利用者の参加も考えられるべきとされている。

ＰＲの目的・対象・内容・主体などその意義に関するこうした記述は、図書館と公衆とのコミュニケーションというＰＲ本来の趣旨に沿ったものであり、それを広報と定義する限りは、「ＰＲ＝広報」に問題はないと言えよう。ところが、ＰＲの方法を論じるにあたって同書では、広告（宣伝）やパブリシティのためのメディア・提示様式の説明が中心となり、コミュニケーションの双方向性を保障するその他のＰＲ方法――広聴、交流、工作――への言及がわずかになっている。

しかも、『図書館ハンドブック』のこうしたＰＲの意義に関するほぼ妥当な理解が、図書館界共通のものになっているわけではない。むしろ、ＰＲは利用者である住民に対して行う広報・宣伝活動であり[142]、〝各図書館がサービスできる事柄を潜在・顕在の利用者に、そして市政の担当者達に報知し、図書館サービスへの理解を深め、より良い利用者にして行くこと〟、それに加えて〝図書館サービスの形態の拡大・質的充実のための財政的・行政的措置の拡大を指向するようにすること[143]〟の二つをＰＲの柱とする考え方が根強いと思われる。それは、戦後わが国で図書館ＰＲをテーマとしたほとんど唯一のまとまった著作である『ＰＲと図書館報』があげたＰＲの目的、つまり①利用者の増加、②利用者の質の向上、③市民、特に理事者の理解と協力の確保、の三点とも符合している[144]。

しかし、このような利用の促進と支持の獲得は、ＰＲの重要な部分であるが、そのすべてとは言えず、そこであげられているＰＲ方法は、やはり宣伝とパブリシティが大部分を占めている。自治体の理事者[145]（公共図書館の場合）を含む各界の有力者、有識者層に対して十分な働きかけ、理解を高める必要が言われながらも、その具体的な方法はほとんど示されていないのである。

図書館ＰＲに関する定義・目的とその実現方法とのこのような食い違いの傾向は、近年においても大きな変化がないように思われる。その一例として『図書館情報学ハンドブック』をあげてみたい。

同書は、〝広報活動とは、図書館の利用者を含めて広く人々に図書館の活動計画やサービスの内容を知らせ、そのサービスや計画に対する人々の理解と認識を新たにしようと意図する活動〟であり、〝広報活動を通じて人々の反応を知り、企画やサービスの改善を図るとともに、人々の理解と協力を得るための手段〟と記述している。[146] ここでの「人々」を「公衆」で置き換えれば、欧米での経営学や図書館界での定義と大筋で変わりがなく、適切な記述と言える。[147] ところが、それに続く記述では、公共図書館を例にとれば、その対象と目的は住民の潜在的利用者の発掘に限られ（その他に図書館友の会が別に論じられている）、ＰＲ方法も宣伝メディアの事例があげられているのみである。[148] しかし、公共図書館がコミュニケーションの関係を保ち、ＰＲ活動の対象とすべき公衆は多岐にわたり（資源供給関係、管理運営関係、サービス対象、競合・協力関係、社会的影響力をもつ団体、の五分野）、[149] 潜在的利用者は、その一つであるサービス対象者の一部――主要であることは確かだが――にすぎないのである。〝図書館の場合、直接的な利用者を対象とする利用案内やオリエンテーションのみをＰＲと考えがちであるが、それのみに止まってしまってはならない〟[150] と考えるのが妥当と思われる。

（3）　ＰＲ理解の問題点とその背景

前節で指摘したわが国におけるＰＲ理解の問題点を整理すれば、以下の四項目になると思われる。

①ＰＲの意味内容の理解が一致しておらず、「広報＝ＰＲ」と「広報＝宣伝・パブリシティ」の二つの「広報」が混同して用いられていること。

②ＰＲの対象となる公衆（publics）が、利用者、理事者、報道関係者等に限定され、そのためにＰＲの内容や方法も限られたものになりがちなこと。
③ＰＲの方法が、宣伝とパブリシティに集中し、交流や工作といった重要な分野への配慮が乏しいこと。（図書館友の会の組織化や見学会実施など個別には実行されているが、ＰＲ領域としての概念化がなされていないため、組織的対応ができず、十分な効果が発揮できないことになる。）
④公衆とのコミュニケーションと並んで、ＰＲのもうひとつの重要な要素である図書館内での館長や他部門への助言機能が視野の外にあること。

こうした問題の背景としては、次の三点が考えられる。

①ＰＲや広報の用語自体の解釈が社会一般に整理されておらず[151]、それが図書館界にも投影されていること。
②図書館活動の中でのＰＲの位置づけに図書館界全体で共通の認識がなく、図書館サービスとの関連や経営機能上の役割が明確でないこと[152]。
③図書館情報学の研究対象としてとりあげられることが少なく[153]、ＰＲの構造的理解が理論的に進んでいないこと[154]。

（4）　ＰＲの新しい動きとマーケティング論の登場

図書館ＰＲに関する理論的研究に停滞の感があったのに対して、図書館活動に伴うＰＲの実践が日々各図書館で行われ、内容的な拡がりをもってきたことは確かである。たとえば、宇都宮市立図書館の実践例は[155]、本稿で提示したPRの対象と業務内容をほぼ網羅している。図書館活動におけるこのようなPRへの取り組みは、程度の差こそあれ多くの図書館で実行されていると考えられる。[156]問題は、こうした活動を理論的・構造的に把握・再整理することによって、より効果的・効率的な実践に結びつけることであろう。[157]

そうした試みのひとつに、広報活動を通じて大学図書館の経営全体の活性化を図ろうとした私立大学図書館協会内のグループの活動がある。

彼らは、従来の広報活動は形式的な「お知らせ」にすぎなかったとして、理事者、利用者、図書館員三者の情報流通を活発化することによって図書館全体のシステムを開かれた発展的なものに変えていく戦略として広報を位置づけようとしている。[158]相互の情報交換を重視し、それによって事業展開を可能にしようとする考え方は、PRの基本と一致する。しかし、彼らは、広報の意義と組織改革の方法をあまりに直接的に結びつけたために、かえって広報の意味を明確に捉える機会を失なっているように思われる。そして結局は、広報が従来の宣伝のメディアの使い方や計画のたて方の論議に落ちついてしまうのである。[159]

とは言え、大学図書館の停滞的閉鎖モデルに対してあげられた市当局・市民・図書館による発展的循環モデルとしての公共図書館の考え方[160]には、PRに加えて、実はマーケティングの本質をつかもうとする萌芽が認められる。しかし、それ以上の展開が見られないのは、改革の方向が図書館指向であり、顧客指向ではないことに大きな理由があると思われる。こうした図書館内部の問題をいかに克服するかが、PRの成否及びマーケティングの実施にとって大きな鍵となっていることは確かである。

PRとマーケティングの大きな違いのひとつとして、図書館活動には必ずPR活動が伴うのに対して、マーケティングは実行の意思決定が必要な計画的行為であることをあげた。しかし、それは非計画的なマーケティング的活動が存在しないということではない。[161]むしろ、図書館が、既存のサービスの活性化や新規サービスの普及、図書館の社会的イメージの改善などをめざして行う活動の多くは、マーケティングの諸要素[162]を含んでいると言えよう。問題は、マーケティング本来の効果を発揮させるために、計画に沿ったそれらの統合的運用ができるか否かにある。そしてそのためには、図書館マーケティングの理論化が不可欠なのである。

こうした観点から見ると、わが国では図書館のマーケティング論はまだほとんど手つかずの状態である。たとえば、図書館経営論をレヴューした最近の代表的論考においても、マーケティングへの言及はなく[163]、それが研究の現状を示していると思われる。しかし、そうした中でマーケティングを主題とした論考[164]が出てきていることも事実である。

わが国における図書館マーケティングは、理論的にも実践のうえでも、まさにこれからの課題と言えよう。

6　おわりに
――図書館経営上の問題点と課題

米国の図書館界では、マーケティングへの取り組みが一種のブームになっている感さえある一方で[165]、わが国の図書館マーケティングの実践例を見つけることは難しい。また、理論的にも〝マーケティングは経営計画策定の一部である[166]〟として、経営戦略の中心部分にマーケティングを位置づけることが常識となりつつある欧米図書館界に対して、わが国ではようやくその理解を始める段階にある。その違いは何に起因するのであろうか。様々な理由が考えられる中で、ここでは図書館経営論の根幹に関わると思われる二点を指摘しておきたい。

そのひとつは、図書館の経営主体とその経営権のあり方の問題である。

わが国において見るべき図書館の経営計画が少ない理由として、図書館界に経営概念がいまだ確立していないことがあげられている[167]。しかし、経営理念や個々の経営計画をつくるためには、独立した経営権[168]をもつ経営主体の存在が前提となる。そしてわが国の図書館は、〝独立の権限を持つ経営体〟ではなく、〝それが属する組織の意思と資源配分によって決定的に影響され〟てしまいがちであること[169]、さらに、図書館内部においても図書館長の経営責任と指導性が必ずしも明確でない場合が多いこと[170]、の二重の意味で経営権の確立の度合が弱いと言わざるを得ない。

ＰＲが、個別の図書館活動を効果的に行うための環境整備という経営全般に関わる役割を果たし、一方でマーケティングが、図書館資源をどのように配分して図書館の目的を達成するかという図書館経営計画の中核となるべき機能であるとすれば、この両者の成否が図書館の経営権の確立と館長のリーダーシップに大きく依存していることは明らかであり、そこに大きな現実の問題がある。

図書館界へのマーケティング導入及びＰＲの深化が遅れている第二の原因は、わが国の図書館経営論の現状――〝英米に比べて、わが国では経営管理に対する関心が高くないため、この分野の研究蓄積は乏しく、その上、理論的・分析的な研究となるとほんの数えるほどしかない[171]〟――に求めることができる。

こうした事情は、特に理論的計画性を前提とするマーケティングの実施にとって大きな障害となる。わが国の図書館経営論が、まず図書館業務の内部管理面（内部経営的側面）を中心に議論され[172]、企業等におけるような対市場面（外部経営的側面）での経営論への配慮が十分でなかったことも、図書館経営論の発展に不利に働いたように思われる。

その責任は、しかし、図書館学だけにあるわけではない。同じ〝Administration〟概念の基盤に立って、行政（public administration）と企業経営（business administration）における公共性と経済性の関係が、様々な分野で論じられてきた米国などに比べて、わが国では、行政法や制度論を中心とした行政学と企業経営中心の経営学との学問的交流は少なく、「経営」「行政」「管理」等の概念整理も不十分であった[173]。そうした状況では、公共性をもつ事業サービスである図書館サービスを考察すべき「非営利組織の経営学」としての図書館経営論の未発達は、やむをえない点があったと考えられる。

こうした現実の経営面及び経営理論面の諸困難の背後に、さらに大きな問題が横たわっている。それは、図書館とそれを支える社会との関係である。

近代公共図書館を出現させたのは、一九世紀英国市民社会であった。その伝統を引き継いだ米国図書館界で、市民（コミュニティ）を重視したPR活動に力が注がれることは自然と言える。顧客指向のマーケティングの導入も、その文脈で理解されるべきであろう。もちろん、第2節（2）で指摘したように、現代の我々は、一枚岩の「市民」の存在を無条件に信じられるほど単純ではない。しかし、それを信じようとする、あるいは、つくろうとする社会と、そうでない社会とでは、そこに成立する組織のあり方も大きく異なってくると言わざるを得ないのである。

経営学者のドラッカーは、今や図書館を含めた非営利組織が、〝アメリカにおける生活の質と、市民としての行動の中枢にあり[174]〟、まさしく、アメリカの社会と伝統の価値を担っていると指摘し、さらに、非営利組織の活動そのものが〝アメリカの「市民社会」となった[175]〟とまで述べるに至っている[176]。我々は、このような市民社会が、わが国において存在するのか、あるいは、形成されうるのか、への問いに真剣に回答を試みる必要があろう。

わが国に「ＰＲ」が導入されたとき、その本来の意義が十分に理解されないまま、報知や広告を内容とする「広報（広義）」に置き換えられがちであったことは第5節（1）でふれた。しかし、設立間もない国立国会図書館の諸業務のあり方への助言を考えるために来日したＲ・Ｂ・ダウンズが提出した報告書（いわゆる『ダウンズ報告書』一九四八年）の中で、その第九章〝Public Relations〟には、本来の意味を反映した「公衆との関係」の訳が与えられていたのである。[177] そこでは、本稿で主張したPRの目的――〝外部との関係をよくすること〟――と対象＝公衆（マーケティングの対象でもある）の多くがすでに指摘されていた。[178] しかし、この〝Public Relations という奇妙な一章〟[179] は、当時の館界の関心を呼ぶことなく、PRの本質が十分理解されることはなかったのである。[180]

はたして当時と現在あるいは将来の日本社会との間に、こうした状況を変える要因があるか否かの考察は、マーケティングとPRを含めたわが国の図書館経営論や、図書館の社会的存立基盤を論じるうえで不可欠の条件と思われる。

コトラーは、マーケティングの本質は価値の創造にあると述べている。[181] また、PRが、組織とその環境との良好な相互関係を築くことを最大の目的としていることは本稿でも繰り返し述べてきた。そしてマーケティングとPRが、相互に補い合う機能をもっていることにも言及した。両者は、ある組織に関係する多様な公衆の「発見」と尊重にその特徴があると言っても良い。

図書館、特に公共図書館は、利潤を中心的な目的とする企業や、特定の公共的目的（ゴミ処理や業務教育など）を果たすための一般の公共サービス機関と異なり、その目的は教養・娯楽・情報入手・教育・コミュニケーション活動など極めて多様であり、対象とする公衆の範囲も広い。しかもそれは完結することなく、言わば螺旋的に展開していくと考えられるのである。[182]

マーケティングやPRに積極的に取り組むことによって、企業がすでに多大の利益を外部経営・内部経営の両面であげていることは周知のことであり、米国を中心に多くの非営利組織が、それを見習う形でPRとマーケティングの採用を行なってきた。そして本章第1～4節で検討したように、それらが図書館サービスの発展と図書館経営の確立に有効であることも確実と思われる。しかし図書館にとって、PRとマーケティングの意義は経営論上の有効な技術にとどまるわけではない。

図書館の使命が、図書館の存立基盤であるコミュニティに関係する様々な公衆との交流を通じて、ある種の文化的価値をそのコミュニティ内で創造していくことにあるとすれば、PRとマーケティングは、図書館経営の本質に関わる理念的問題としても考えることができるのである。図書館の経営あるいは経営論にとって、PRとマーケティングは実践的・理論的に取り組むべき今後の重要な課題と思われる。

注

(1) Levitt, Theodore, "Marketing Myopia", *Harvard Business Review*, 38(4), July-Aug. 1960, pp. 45-56. 図書館について類比的に言えば、本やCDといった形態ではなく、情報や知識こそ貸出サービスの本質ということになる。

(2) Ibid., p. 56.

(3) マーケティング及びPRにとって最も重要な概念のひとつであるが、日本では必ずしも十分理解されているとは言いがたく、訳語も不明確であるが、すでに定着した語でもあるので、本論では「公衆」を"publics"の訳として用いることにしたい。

(4) 生活協同組合のマーケティングなど個別の論文は別として、非営利組織全般を本格的に論じた著作はわが国ではまだないと言ってもよいだろう。(論文発表当時：著者注)

(5) Kotler, Philip and Mindak, William, "Marketing and public relations", *Journal of Marketing*, 42(4), Oct. 1978, p. 15.

「交換」こそマーケティングの本質であるとする考え方は、その後のマーケティング概念拡張の基盤のひとつとなっている。

(6) 光澤滋朗『マーケティング管理発展史』同文館、一九八七、一一二頁。

(7) Kotler, Philip and Mindak, William, art. cit., p. 15.

（8）光澤滋朗、前掲書、八二―八三頁。

（9）同前、p. 110.

（10）同前、pp. 156–158.

（11）Kotler, Philip, *Marketing Management: andlysis, planning and control*, Prentice-Hall, 1967, p. 12.
ここで留意すべき点は、顧客指向の強調とともに、マーケティングが単なる流通戦略から企業の経営戦略策定全体に大きく関係づけられていることである。

（12）三上富三郎「経済教室：企業マーケティング、環境保全重視を」『日本経済新聞』一九九一年三月二日朝刊、二八面。

（13）Kotler, Philip and Levy, Sidney J., "Broadening the concept of marketing", *Journal of Marketing*, 33(1), Jan. 1969, pp. 10–15.

（14）「非営利組織」を厳密に定義することは難しい。ここでは〝非営利部門や非営利環境の下で運営する組織〟としておくが、営利組織との境界を明確に一線で区切れるわけではない（徳永豊ほか編『詳解マーケティング辞典』同文館、二八四頁）。さらに、同じ非営利組織でも、公共図書館や公立病院のような公共サービス（公共セクター）と、私立大学図書館や環境保護市民団体（民間セクター）では事情が異なる。しかし、本稿はその分析が目的ではないので、必要がない限り区別せずに全体的に普及する。

（15）Kotler and Levy, art. cit, pp. 10–11.

（16）Ibid., pp. 12-13.

（17）図書館の情報検索サービスの例をあげれば、書誌情報をオンラインで提供するか、ＣＤ―ＲＯＭを使うかの「製品」、そのコストをどの程度料金で賄うか、他機関に比べて割安にするかの「価格」、提供方法について、大きな中央図書館で集中的にするか、分館ごとに行うか、学校図書館を通じてするかの「流通」、新しいサービスの宣伝を何を使って行うかの「プロモーション」の四点である。

（18）田村正紀「レビュー・アーティクル：マーケティングの境界論争」『国民経済雑誌』一三五（六）、一九七七年六月、九六頁。

（19）Lamb Jr., Charles W., "Public Sector Marketing is different", *Business Horizons*, 40(3), July-Aug., 1987, pp.

56–57.

（20）民営化以前の国鉄に対する批判を思いうかべれば十分であろう。

（21）梅沢昌太郎『非営利・公共事業のマーケティング』白桃書房、一九八八、一一二頁。

（22）Kotler, Philip, *Principles of Marketing*, 2nd ed., Englewood Cliffs, 1983, p. 6.

（23）Kotler and Levy, art. cit., pp. 13–15.

（24）Kotler, Philip, *Marketing for Nonprofit Organizations*, 2nd ed., Prentice-Hall, 1982, p. 9.

（25）Shapiro, Benson P. "Marketing for nonprofit organizations", *Harvard Business Review*, 51(5), Sep.-Oct., 1973, p. 124.

（26）田村正紀、前掲論文、九九―一〇四頁。

（27）Kotler, *Marketing for Nonprofit Organizations*, 2nd ed., pp. 18–19.

（28）山田太門『公共経済学』日本経済新聞社、一九八七、一三頁。

（29）光澤滋朗、前掲書、二六四頁。

自動車産業で言えば、製品を「うまく売る」だけではなく、環境汚染、駐車場確保、廃車処理など様々な問題にもマーケティング戦略上対処しなければならない。

（30）その定義は、Brown, C. V. and Jackson, P. M., *Public Sector Economics*, 4th ed., Basil Blackwell, 1990, pp. 34–36. 参照。

（31）二宮厚美「公共財の経済学的検討」『現代国家の公共性分析』室井力ほか編、日本評論社、一九九〇、四〇八頁。

（32）Brown and Jackson, op. cit., pp. 175–176.

（33）フィリップ・コトラー『マーケティング・エッセンシャルズ』宮沢永光ほか訳、東海大学出版、一九八六、五五六頁。

（34）具体的な違いについては、Bloom, Paul N. and Novelli, William D., "Problems and challenges in social marketing", *Journal of Marketing*, 45(2), sep. 1981, pp. 80–87. 参照。

（35）Ibid., p. 80.

(36) Kotler, Philip, "A generic concept of marketing", *Journal of Marketing*, 36(2), Apr. 1972, p. 51.
その後、彼はさらに一六通りの分け方を提示している。ref. Kotler, *Marketing for Nonprofit Orgaanizations*, 2nd ed., p. 47.

(37) Kotler, "A generic concept of marketing", p. 48.

(38) Kotler, and Mindak, art. cit., p. 16.

(39) その多様さを示す一例として、新人採用マーケティングがある。これはある組織、たとえば図書館にどのように人を引きつけ、人材としてとりこむかをめざすものである。非利用者を利用者にし、さらに関係者（友の会会員など）にする、そこからサービスのボランティアの人材を見つけ、最後に優秀な人材を職員として採用する、という一連の流れの中で、様々な次元のマーケティング手法が用いられる。ref. Kotler, *Marketing for Nonprofit Organizations*, 2nd ed., p. 400.

(40) Kotler and Mindak, art. cit., p. 16.

(41) *ALA World Encyclopedia of Library and Information Services*, 2nd ed., ALA, 1986, p. 681.

(42) 第一次世界大戦に際して、米国ウィルソン大統領が設けた公共情報委員会はその一例である。ref. 小倉重男『ＰＲを考える・改訂版』電通、一九八八、四二頁。

(43) 一九四〇年代後半には、米国の一般的辞書に「ＰＲ」の語が採用されるようになる。ref, *ALA World Encylopedia of Library and Intormation Services*, 2nd. ed., p. 681.

(44) それを表すためにＰＲよりも"Public Affaires"などの用語が近年使われることが多くなっている。

(45) 小倉重男、前掲書、四六—四九頁。
このように、現代マーケティング論とＰＲ理論は、「公衆」という共通の基盤の上に展開されており、その理論的妥当性については別の詳細な議論が必要である。

(46) 小倉重男、前掲書、一八—一九頁。

(47) Kies, Cosette, *Marketing and public relations for libraries*, Scarecrow Press, 1987, p. 5.　Rex F. Harlow の考えを Kies がまとめたものであるが、ほぼ標準的定義とみなしてよい。

(48) わが国でも、広報を特集した最近の雑誌ですら、各論者の概念理解・視点には様々な違いが見受けられる。

ref.「特集：広報の時代」『現代のエスプリ』二八四号、一九九一年三月。

（49）わが国では一般に広報（広義）をＰＲと同義で使うことが多いが、本論は以下ではＰＲの部分的機能としてより厳密な意味で「広報」（狭義）を用いる。図8—1参照。

（50）小倉重男、前掲書、三三〇頁による。

（51）ここで簡単な定義を与えておきたい。

パブリシティ：マスメディア機関に向けて、その編集者の資格でニュース価値があると判断し、無料で報道されることを希望して情報を伝達すること。

広告：広告主の意志によって、製品その他の情報を公衆に対して有償で伝達する手段。製品広告と制度的広告に分けられる。（制作にあたっては、広告代理店等に依頼するのが企業では一般的であるが、通常の図書館では自主制作が中心と思われる。

（『詳解マーケティング辞典』徳永豊ほか編、同文館、一九八九、を筆者が加筆・修正）

両者は、コストと統御権の点で明白な違いがある。

（52）Kotler, *Marketing for Nonprofit Organizations*, 2nd ed., p. 382.

（53）Kotier and Mindak, art. cit, pp. 17-19.

（54）ＡＬＡ成立の一八七六年に発表された次の論文はその一例である。

Green, Samuel Swet, "Personal Relations between librarians and readers", *Library Journal*, 1(2-3), Nov. 1876, pp. 74-81.

（55）一九二四年には、この種のテーマとして初めての単行書が発行される。ref. Ward, Gilbert O. *Publicity for Public Librarians*.

（56）*Library Literature* の見出し語としての採用は、"Publicity" が "PR" より一〇年以上先立っている。

（57）「組織とその公衆との相互理解を確立するために計画し、維持される企て。」ref. *ALA World Encyclopedia of Library and Information Services*, 2nd ed., p. 680.

（58）一九八〇年にＡＬＡが行なった全国規模の調査を参照。Kies, op. cit., pp. 183-192.

（59）キースのあげた11ステップを参照。

ref, Kies, op. cit., pp. 59–60.

（60）この点に関しては、すでに別の機会に論じている。柳与志夫・小泉徹「公共図書館の経営形態――その課題と選択の可能性」『図書館研究シリーズ』二七号、一九八七年七月、四一―四三頁、六二―六六頁（本書第５章）を参照。

（61）Rice, Betty, *Public Relations for Public Librarians:creative problem solving*, H. W. Wilson Company, 1972, p. 15.

（62）これはほんの一例にすぎない。本論とは分類の観点が異なるが、詳しい事例として、Usherwood, Bob. *The visible Library:practical public relations for public librarians*, LA, 1981. 第３～11章を参照。

（63）こうした「広告」の考え方は、経営学ではすでに確定しているが、非営利組織、特に図書館についてそのままこの用語を使うことは日本語の語感として抵抗があると思われる。従って、次章以降では図書館による広告に限って「宣伝」を用いることにしたい。

（64）米国においても、調査した図書館の内、ＰＲの費目が予算化されているのは二四％にすぎなかった。ref, Kies, op. cit., p. 188.

（65）たとえば、一九八二年に出版されたB. A. Leerburger, *Marketing the library*, についての書評で、経営学者のShapiroは、その内容があまりにプロモーションに偏していることを批判している。ref, Shappiro, Stanley J. "Book Review: Marketing the Library", *Special Libraries*, 74(2), apr. 1983, p. 204.

（66）最近の大規模な図書館ＰＲの一例として、英国図書館（The British Library）の実践事例をあげておく。ＢＬ友の会の発足、展示会の開催、"Centre for the Book"の設置、施設見学会と懇談会、コンサルタントサービスの実施、図書館情報連合評議会への参加・運営、ビデオ・シリーズの制作、出版活動、講演会・コンサートの開催、ラジオ番組制作への参加・協力、ほか。ref, *The British Library 17th Annual Report 1989-90*, The British Library, 1990, pp. 24-25.

（67）Mathews, Anne J. "The Use of Marketing Principles in Library Planning", *Marketing for Libraries and Information Agencies*, Weingand, Darlene E. ed., Ablex, 1984, pp. 3-4.
以下、マーケティングへの取り組みが盛んな米国の事情を中心に述べる。

（68）Leerburger, Benedict A., *Marketing the Library*, Knowledge Industry Publications, 1982, p.6. 一九八九年に出版された同著者の改訂版では、この点は改められ、関係が整理されている。ref. Leerburger, *Promoting and Marketing the Library*, rev. ed., Hall, 1989.

（69）*The ALA Yearbook of Library and Information Services '89*, p. 191. 最近の図書館経営論の教科書でも、ＰＲとマーケティングは明示的には区別されていない。Sager, Donald J. *Managing the Public Library*, 2nd ed., Hall, 1989, 第八章を参照。

（70）Weingand, Darlene E., *Marketing/Planning Library and Information Services*, Libraries Unlimited, 1987, p. 110.

（71）Savard, Réjean, *Guidelines for the teaching of marketing in the training of librarians, documentalists and archivists*, UNESCO, 1988, p. 1.

（72）*Gateway to Knowledge: The British Library Strategic Plan 1989-1994*, The British Library, 1989, pp. 17-18.

（73）*Annual Report of the Librarian of Congress 1989*, Library of Congress, 1990, p. 11.

（74）Line, Maurice, and Scott, Peter, "Commercial and Revenue Raising Activities in National Libraries", *IFLA Journal*, 15(1), Feb. 1989, p. 29.

（75）以下で依拠するマーケティング管理システムの枠組、諸概念・用語の定義は、コトラー『マーケティング・エッセンシャルズ』〔*Marketing Essentials*, Prentice-Hall, 1984〕宮澤永光ほか訳、東海大学出版会、一九八六、の記述にほぼ従う。細かい点は別として、本書がマーケティングの代表的概説書のひとつであることに異論はないと思われる。

（76）Molz, Redmond K., *Library Planning and policy Making: The Legacy of the Public and Private Sectors*, The Scarecrow Press, 1990, p. 21.

（77）Weingand, op. cit., p. 19.

（78）それらは、①余剰利益の極大化、②歳入の極大化、③利用の極大化、④利用の標的設定、⑤全コストの回収、⑥コストの部分的回収、⑦提供側の充足感の極大化、の七点であるが、社会的マーケティングなどを含めると、これ以外に多くの基準が考えられる。ref. Kotler, *Marketing for Nonprofit Organizations*, 2nd ed., pp. 270-271.

(79) 図書館におけるその簡単な様式の例として、Charles, Sharon A. "Marketing in a Public Library —— A Model", Weingand, ed., op. cit., pp. 93-94, fig. 1. の「マーケティング戦略計画書」をあげておく。

(80) 『マーケティング・エッセンシャルズ』では「関連利害集団」と訳されており、意味的にはその方がふさわしいが、本稿では一貫性を保つため「公衆」のまま用いることにしたい。（第1節（5）参照）

(81) こうした公共セクター・民間セクターにおける公共性や費用負担のあり方は相対的なものに過ぎず、企業の社会的責任や公共性保持への要求は年々増大している。また、たとえば自動車をもたない人も、交通事故や排ガス・騒音対策といった外部不経済による費用負担を強いられており、企業は、製品の非購買者も含めたマーケティングを必要としている。こうした民間・公共両セクターの相互参入的状況こそ、現代マーケティングの成立根拠であることは、第1節（4）で述べたとおりである。

(82) Massey, Morris E., "Market Analysis and Audience Research for Libraries", *Library Trends*, 24(3), Jan, 1976, p. 480.

(83) 第3節（2）であげたA～E（資源供給関係、管理運営関係、サービス対象、競合・協力機関、社会的影響力を持つ団体）すべてのカテゴリーが含まれるが、その対象者に応じて、用いるマーケティングの種類は大きく異なる。一般的マーケティングが可能なのは、C（サービス対象）が対象となる場合に限られる。

(84) コトラー『マーケティング・エッセンシャルズ』pp. 42-43.

(85) 図書館学における読書・読者の心理学的・社会学的研究の弱さにその原因があるとの指摘もある。ref, Kies, op. cit., p. 76.

(86) Mathews, Anne J., "Library Market Segmentation: An Effective Approach for Meeting Client Needs", *Journal of Library Administration*, 4(4), winter 1983, p. 25.

(87) Lamb, art. cit., pp. 59-60.

(88) 最近では動的意味を強調した「流通（distribution）」を使う方が一般的である。図書館においても、場所に制約されたサービスから、コンピュータや電気通信を利用した多様なサービスに移行しつつあると言えよう。従って本章ではマーケティングの専門用語として「場所」と「流通」を以下の記述では同義に（互換的に）用いる。

(89) 企業と異なる非営利組織の製品の特徴とも言える。ref, Shapiro, art. cit., p. 131.

（90）本を例にとろう。人が本を購入するのは、特別な愛書家は別として、紙でつくられた物理的形態を所有するためではなく、そこに表現された知識や情報を得るためである。つまり、その製品によってもたらされる便益こそ「中核的製品」と言うべきものと考えられる。そしてこうした知識・情報は、個別具体的な製本・印刷・紙質・表紙デザインなどの諸要素を通じて、店頭で手にとって見ることができる（顧客が知覚できる）「実際的製品」としての本になる。さらに、本を「拡大的製品」にしあげるためには、予約注文の受け付け、宅配サービス、返品保証など他の出版社と異なるサービスを付加する必要がある。ref. コトラー『マーケティング・エッセンシャルズ』pp. 230-231.

（91）Savard, op. cit., p. 46.

（92）Weingand, op. cit., p. 61. 本書でWeingandは、「製品ラインの幅」「製品ミックスの長さ」と記述しているが、通常のマーケティング理論書の記述及び言葉の意味から判断して不適当と思われるので、本稿では、「ラインの長さ」「ミックスの幅」に改めた。

（93）Ibid., p. 70.

（94）Kotler, *Marketing for Nonprofit Organizations*, 2nd ed., p. 305.

（95）有料論の論拠自体は、公共経済学に立脚したものを含めて多岐にわたる。ref. 小泉徹・柳与志夫「有料？無料？——図書館の将来と費用負担」『現代の図書館』第二一巻四号、一九八三年一二月、二四三—二四五頁（本書第4章）。
なお、本章では図書館への有料サービス導入の是非論には立ち入らない。

（96）Eisner, Joseph, “The Fallacy of Applying Traditional Market Pricing Theory to Tax-supported Public Libraries”. Weingand, ed., op. cit., p. 30.
上記論文は公共図書館についてのみ論じているが、大学図書館や専門図書館も、親機関（大学、企業、政府、財団など）からの資金に大部分依存している点では事情に大きな違いはないと思われる。また、企業と異なり、収益がそのまま運営資金に還元されないことが、図書館の価格政策形成の負の要因となっていることは確かである。

（97）Savard, op. cit., p. 52.

（98）Ibid., p. 53.

(99) Bloom, and Novelli, art. cit., p. 83.
コストの点から無料では提供できないサービス（たとえばオンライン情報検索）を有料――コスト回収の範囲――で行うことによって、高価な民間サービスを利用できない人々の情報アクセスを保障することは、その一例と考えられる。
(100) Lovelock, Christopher H. and Weinberg, Charles B., *Marketing for Public and Nonprofit Managers*, Wiley, 1984, p. 282.
(101) サービスの質、時間・利便性、優先順位、人的仲介、窓口、情報メディア、革新性、４Ｐのライフ・サイクル、位置設定の九点。ref. Weingand, op. cit., pp. 98-107.
(102) Ibid., p. 99.
(103) コトラーの定義をもとに、非営利組織にも適用可能なように変更を加えた。『マーケティング・エッセンシャルズ』四九頁参照。
(104) 前掲書、pp. 398-399.
(105) たとえば、アシャーウッドがあげたＰＲ手段七項目のうち、出版物・視聴覚資料・展示の三点は宣伝（広告）、新聞・放送関係の二点はパブリシティ、講演・その他の二点は利用促進というプロモーションの各分野に対応している。ref. Usherwood, op. cit., chaps. 3-9.
(106) Weingand, op. cit., p. 110.
(107) 公衆とのコミュニケーションとその制御を中心概念と捉え、その下に広告（直接的コミュニケーション）、ＰＲ（間接的コミュニケーション）、プロモーション活動の三つを置く考え方も成立すると思われるが、それぞれの目的・経営機能上の位置づけの違いから、本章ではその立場はとらない。ref. Savard, op. cit., p. 57.
(108) ＰＲとマーケティングの関係については、すでに述べたとおりである（第2節（3）参照）。
(109) 経営学では、"advertising"を「広告」、"promotion"を「販売促進」、"personal selling"を「人的販売」とするのが定訳であるが、図書館マーケティングについてそのまま用いることは不適切と思われるので、本稿ではこのように言い換えた。パブリシティと宣伝（広告）の定義は注51を参照。これらプロモーションの諸分野を図書館向きに再編成する――たとえば、ワインガンドは、ＰＲ（パブリシティと人的接触）、宣伝、誘導（利用促進にあたる）、雰囲気の四分野をあげている——ことも可能であるが、ここでは通常のマーケティング理論に従った。ref. Weingand, op. cit., pp. 111-112.

（110）Shapiro, art. cit., pp. 127-128.

（111）メッセージの説得力を何によって保証するかに関係する。通常は信頼性、専門性、好感度のいずれか、あるいはその組合せによる。コトラー『マーケティング・エッセンシャルズ』四〇九頁を参照。

（112）前掲書、四〇二頁。

（113）Wood, Elizabeth J., *Strategic Marketing for Libraries: a handbook*, Greenwood Press, 1988, p. 77.

（114）コトラー『マーケティング・エッセンシャルズ』四二八—四二九頁。

（115）「図書館へ行けば、好きな本やCDをいつでも利用できる」という組織イメージの長期的創出（制度広告）、「文献の情報検索なら図書館を利用するのが便利」という特定ブランドの確立（ブランド広告）、児童向けストーリー・テリングについての情報伝達（分類広告）、などに対応させて考えることができる。

（116）コトラー『マーケティング・エッセンシャルズ』四三〇頁。

（117）わが国で独自の記者クラブが置かれている図書館は、国立国会図書館のみであろう。「館内スコープ」『国立国会図書館月報』三四九号、一九九〇年四月、二一頁を参照。

（118）コトラー『マーケティング・エッセンシャルズ』四四三頁。

（119）Leerburger, *Promoting and Marketing the Library*, pp. 51-85.
もちろん、こうしたプログラムは図書館サービスそのものでもあり、ＰＲの交流としての側面もある。

（120）Ibid., chaps. 2-3.

（121）クーポン、プレミアム、試供品等は、いずれも有料サービスを前提としている点で、無料サービス中心の図書館が今のままでは利用しにくいことは確かである。

（122）森耕一「市民とともに図書館をつくる」『同志社大学図書館学年報』一七号、一九九一年六月、四九頁。

（123）我々は、その種のプロモーションを小売店で日常的に経験している。

（124）Weingand, op. cit., p. 6.
より詳細には、『マーケティング・エッセンシャルズ』五〇九—五一二頁を参照。

(125) たとえば、ピクトンは、図書館のプロモーションの効果を測るための多くの方法を提示している。ref. Pickton, David, "Evaluating a Campaign Programme", *Planned Public Relations for Libraries; a PPRG handbook*, Kinnell, Margaret. ed., Taylor Graham, 1989, pp. 103-107.

(126) 土屋守章ほか編『現代経営学説の系譜』有斐閣、一九八九、及び、高山正也ほか「図書館・情報センターの管理と運営」『図書館・情報学概論　第二版』津田良成編、勁草書房、一九九〇、一七四―一八三頁参照。

(127) Wood, op. cit., p. 99.

(128) その理由としてコトラーは、新しいサービスのための試行の予算確保の困難など四点をあげている。ref, Kotler, *Marketing for Nonprofit Organizations*, 2nd ed., pp. 113-114.

(129) 積極的に業務の改革に取り組もうとする「組織文化」の形成が重要な要素となる。ref. Wood, op. cit., p. 93.

(130) Savard, op. cit., p. 77.

(131) PR担当者の仕事は、全体の企画・調整と影響力の大きい公衆――各界有力者、報道関係者など――との応対に限られ、大部分の実践は他のスタッフや館長が担うことになる。

(132) Weingand, Darlene E. "Evaluation and Training of Staff", Kinnell, ed., op. cit., p. 76.

(133) マーケティング担当者は、全体の企画・調整を行うだけで、その実施には組織的裏付けが必要である。その関係する部門の範囲は広く、図書館スタッフ全員の理解と協力がその前提となる。

(134) Dragon, Andrea C., "The ABCs of Implementing Library Marketing", *Jornal of Library Administration*, 4(4), Winter 1983, pp. 33-36. 第二の理由は、皮肉にも専門職制の確立していないわが国では問題にならないかもしれない。

(135) スタッフの意欲を引き出すためには、昇給・昇進など何らかの報酬システムが必要であるが、非営利組織では様々な制約がある。現状のままでは、マーケティングの成功による利用増によって、職員は同じ待遇で忙しさだけが増す可能性が大きい。

(136) 神戸大学経営学研究室編『経営学大辞典』中央経済社、一九八八、p. 836, 及び、Rosenberg, Jerry M. *Directory of Business and Management*, 2nd ed., John Wiley and Sons, 1983, p. 404.

(137) 『経営学大辞典』八三六頁。

(138)「特集：広報の時代」『現代のエスプリ』二八四号、一九九一年三月、参照。
(139)見田宗介ほか編『社会学辞典』弘文堂、一九八八、二九〇頁。
(140)PRと広報の概念的関係は、第2節（3）及び図8－1を参照。
(141)以下は、図書館ハンドブック編集委員会編『図書館ハンドブック　第5版』日本図書館協会、一九九〇、一三二―一三四頁による。
(142)鈴木四郎『公立図書館活動論』全国学校図書館協議会、一九八五、一二〇頁。
(143)前島重方『図書館活動』理想社、一九八三、一五六―一五七頁。
(144)石井敦編『PRと図書館報』日本図書館協会、一九六七、三六頁。
同書は、図書館PRの定義として、〝図書館のもつ機能を一般民衆に理解してもらうばかりでなく、さらに民衆が図書館を支持し、積極的に利用されるよう努力する活動〟をあげている。一一―一二頁。
(145)同上、六七―七二頁。
(146)図書館情報学ハンドブック編集委員会編『図書館情報学ハンドブック』丸善、一九八八、九〇一頁。
(147)第2節（3）の定義4（一八四頁）及び注57のALAの定義を参照。
(148)『図書館情報学ハンドブック』九〇二頁、九〇四―九〇五頁。
(149)本章一九〇頁参照。
(150)末吉哲郎「専門図書館のアイデンティティ――PR戦略を考える」『専門図書館』一三一号、一九九〇年一一月、二頁。
(151)PR＝宣伝のイメージが一般に広がった責任の多くを広告業界での使用に帰する指摘がある。
ref. 池田喜作『広報の基本』日本能率協会、一九八三、一六―一七頁。
(152)『PRと図書館報』では、PRは〝図書館活動の中核体としての位置〟（四二頁）をもち、奉仕計画全体と連動するもの（五〇頁）として重要な役割を担っているが、他の機能、サービスとの関連を含めたより具体的な位置づけは明確でなく、その後も本書を超えて理論的に精緻化されることはなかったように思われる。
(153)たとえば、最近の代表的な図書館情報学概説書の中でもPRは論じられていない。津田良成編、前掲書参照。
(154)このことは必ずしもわが国の図書館PR論全体の水準が低いことを示しているわけではない。一九六七年発行の『PRと図書館報』における宣伝やパブリシティの記述、PRの相互協力論などは、本稿で言及した外国文献の水準と比べてそれほど低いわけではなく、問題はその後の研究が十分なされていないことにある。

(155) コミュニティ分析、利用（者）調査、広聴・広報（宣伝、パブリシティ）活動、交流事業、市役所内部を含めた関係諸機関・団体との交渉など。塚田隆一「公共図書館におけるパブリシティ」『現代の図書館』第二一巻四号、一九八三年一二月、二一八―二二二頁を参照。

(156) ただし、ここでは標題として、意味の限定された「パブリシティ」ではなく、「PR」を使うべきである。その一端は、以下の特集の各報告からも伺い知ることができる。「特集：図書館は攻めじょうず――プレゼンテーション入門編」『みんなの図書館』一七二号、一九九一年九月、一―三八頁。私立大学図書館など他の館種でも熱心な取り組みが見られる。

(157) PR方法の技術的部分の解明に止まらず、経営機能面での役割や図書館・公衆関係のあり方といった理念的部分も視野に入れる必要がある。

(158) 広報グループ編集委員会編『図書館広報を考えなおす――戦略への脱皮をめざして』私立大学図書館協会図書館サービス研究分科会広報グループ、一九八二、八頁。

(159) 仁上幸治「大学図書館広報を考えなおす――戦略への脱皮をめざして」『現代の図書館』第二一巻四号、一九八三年一二月、二二八―二三九頁。

(160) 同上、二三四頁。

(161) 『図書館広報を考えなおす』一三一―一四一頁に具体的事例があがっている。

(162) マーケティング・リサーチ、市場細分化、標的設定、マーケティング・ミックスなど。

(163) 三浦逸雄「経営管理」『図書館学研究入門：領域と展開』長澤雅男・戸田慎一編、日本図書館協会、一九九〇、一九九―二一九頁。

(164) 戸田光昭「専門図書館のマーケティング」『専門図書館』一三〇号、一九九〇年九月、一一六―一二四頁。この中で戸田は、J・シュミットに従って、本稿と同様にプロモーションとしての宣伝と広報（PR）を分けているが、その定義と差異は明確でなく、マーケティングとPRの諸概念が十分に整理されていない印象を受ける。ref. 同論文、一二〇頁。

(165) その一端を次の報告から知ることができる。藤井昭子「ＳＬＡ　第81回年次大会に参加して」『専門図書館』一三一号、一九九〇年一一月、二〇—二二頁。
(166) Bryson, Jo. *Effective Library and Information Centre Management*, Gower, 1990, p. 121.
(167) 高山正也ほか、前掲書、p. 185.
(168) もちろん、ごくわずかの私立図書館などを除いて、ほとんどの図書館は大学、学校、企業、地方公共団体等の組織の一部であり、「経営の独立性」は相対的なものである。
(169) 小泉徹ほか「国の図書館行政——新しい社会システムをめざして」『日本における図書館行政とその施策』日本図書館学会研究委員会編、日外アソシエーツ、一九八八、五四頁。
(170) 大学図書館の場合、それが顕著であると言えよう。『図書館ハンドブック　第五版』三五二頁を参照。
(171) 三浦逸雄、前掲書、二〇三頁。
(172) 草野正名『図書館経営概論』三省堂、一九七三　はそうした例のひとつである。
(173) 一瀬智司『日本の公経営——その理論と実証』ぎょうせい、一九八八、二二—二八頁。
(174) ピーター・F・ドラッカー『非営利組織の経営』上田惇生・田代正美訳、ダイヤモンド社、一九九一、viii頁。
(175) 同上、xii頁。
(176) そのことは、公共図書館のマーケティングにおいて、サービス対象となる市民の細分化（segmentation）を行い、〝別個の市場としてとらえる〟ことを妨げるものではない。同上、八一頁を参照。
(177) 「ダウンズ報告書」『国立国会図書館三十年史資料編』国立国会図書館編、一九八〇、三五四頁、三九四頁。訳は当時の国会図書館職員の手によって行われた。
(178) 同上、三五四—三五五頁。
(179) 「問題と解説——図書館とＰＲ」『国立国会図書館月報』一五号、一九六二年六月、二頁。
(180) 同前、四頁。
さらに興味深いことには、ここでマーケティングの本質を表すとも言える〝図書館は、まず最初に利用者の要求を捉え、あるいはその不満を知らねばならない〟との記述を認めることができる。
(181) Kotler, "A Generic Concept of Marketing", p. 50.

(182) ゴミの回収や義務教育のように、一定期間内に目的が達せられれば、それが基本的に繰り返されるサービスと異なり、図書館サービスでは当面の目標設定（たとえば住民一人あたりの貸出冊数の増加）は可能であるが、達成されるべき目的を具体的に明示することは難しい。

第9章　結果の評価とプロセスの評価

出典：『情報の科学と技術』四四（六）、情報科学技術協会、一九九四年六月、三一二―三一四頁。

1　評価論の陥穽

図書館のパフォーマンス評価については、欧米（特に英国と米国）を中心に永年にわたる理論的検討と実際の活動への適用が行われており、一九八〇年以降さらに盛況を呈している。[1]理論面では、従来の言わば演繹的分析に対して、チルダースらが「帰納的」な分析を提示するなど新しい展開が見られる一方、理論・実践両面での蓄積をもとに館種別の評価マニュアルが出版され、[2]図書館情報学の一分野としてのパフォーマンス評価は確立したものとなっている。日本でも特に一九九〇年代に入って、理論的検討と現場への適用は盛んである。文献面で言えば、パフォーマンス評価の指標の有効性をめぐる論議や各図書館での実践報告、調査などを中心に、国内外を合わせて大きな蓄積がなされつつある。そこでの観点は、サービス指向の図書館をめざした産出（output）評価にせよ、図書館経営の効率性をめざした投入（input）／産出比の問題にせよ、図書館資源の投入とその産出形態である図書館サービスの数量的な測定、指標化、比較が中心であった。

通常、パフォーマンス評価の図式は、

投入→プロセス→産出

と単純化して示すことができる。この三要素のうち、これまでのパフォーマンス評価の議論では、投入・産出のそれぞれ、あるいは両者の関係の分析に焦点がおかれていたことは否定できない。そこでは「プロセス」はあたかもブラックボックスとして扱われ、数量化できる投入・産出の尺度が考察の対象となってきた。

しかし、本来パフォーマンス評価は、図書館経営の改善を行うための手段であり、投入・産出の指標化、尺度の設定・評価はその具体的方法である。ところが近年のパフォーマンス評価論には、その測定・分析があたかも評価の目的となりかねないような理論展開あるいは評価活動も行われているように思われる。こうした論理の逆立ちを防ぐためには、プロセスの分析・評価が不可欠であり、そこでは量的ではなく、質的分析が中心となる。最新の経営理論ＢＰＲ（Business Process Reengineering）が問題にしているのは、まさにその点なのである。

2　プロセスの評価

(1)　ＢＰＲ登場の背景

近年、従来の運営で成功してきた多くの企業に経営上の行きづまりが見られる一方、目ざましい業績をあげ続けている企業があり、その対比が目立ち始めている。その違いは何に起因するのだろうか。それは、従来の企業経営の成功を導いていた経営プロセス――基本的にはＡ・スミス以来の分業を基盤とした近代経営システム――

をそのまま（もちろん多少の修正は行いながら）踏襲するか、抜本的にプロセス全体の構造を変えてしまうか、の違いにあることを、数多くの企業の実態を調べたBPRの提唱者たちは指摘している。業績をあげている企業群に共通して言えるのは、個々の経営プロセスの構成要素を改善する「いかに」の問題ではなく、「なぜ」変えなければならないかを問うことによるプロセス全体の見直しに関心を寄せたことである。従ってそこでは「プロセス評価」が最も重要な課題となる。

M・ハマーらは、現代企業が変革をせまられる外部の変動要因として、①顧客、②競争、③変化、の三点をあげている[3]。図書館の例におきかえれば、①利用者の要求の多様化・高度化（例：二次情報の検索だけではなく、一次文献の電子的入手）、②図書館関連産業の多様化・複合化（例：図書館の中心業務であった資料の保管・提供を、電子媒体を使うことによって営利で行う企業の登場）、③収集対象資料の継続的・根本的変化（例：インターネットの普及や電子書籍の登場）、と言うことができよう。つまり、従来の分業や階層性を基本とした業務プロセスのままでは対応できない状況が生まれてきたのである。そして、「分断化されたプロセスと専門化された構造は、外部環境つまり市場で起きた大きな変化に反応しない」、それは変化を認識できないというだけではなく、「仮に認識しても、それについて何もできないようになっている」のである[4]。

BPRはその根本的対応策として登場してきた。

(2)　BPRの考え方

BPRの目的は、ビジネス・プロセスの変革である。では、そのプロセスとは何か。

企業、非営利組織の違いを問わず、ある規模以上の組織体は様々なレベルの組織ユニットをもっており、班・係から部局・本部等に至るまで各種の名称がつけられている。そして一旦固定化されると、それがプロセスを表わしているように見誤ってしまい、組織改革とプロセス改革を同一視してしまう危険がある。一般に、プロセスは組織の名前の下に隠されていることが多く、「プロセスには通常名前はつけられていない」(5)。

しかし、組織体であればすべて、その目的を達成するための幾つかの基本プロセスがあり、各プロセスごとに投入・産出がある。メーカーを例にあげれば、製品開発、販売、注文処理、顧客サービスなどがそれであり、各プロセスには始めと終りがある。製品開発で言えば、製品コンセプトの発案からプロトタイプの作成までである。ひとつのプロセスに対して、複数かつ異なるレベルの組織ユニットが形成されるが、BPRが対象とするのは、あくまでプロセスそのものの変革である。組織改革はその結果にすぎない。

BPRを実行しようとするとき、従って何がその組織の基本プロセスであるのかを正確に識別することが、改革の大前提なのである。

その次に、BPRを適用する個別のプロセスの選別が必要となる。それは、①特に機能障害を起こしているもの、②顧客（図書館で言えば利用者）の影響度から見た重要性、③実行可能性、の三点から考えられよう。

では、改革の対象となるプロセスの識別・選定が行われた後、どのような方法が適用されるのだろうか。ハマーらは以下の三点をあげている(6)。

①ビジネス・プロセス全体の見直し

複数の仕事をひとつにまとめる、従業員が意思決定を行う、プロセスに複数のパターンを用意する、など。

②人と仕事の関係の見直し

職能別からプロセス・チームへ、単純作業から複合的業務へ、管理から権限委譲へ、活動重視から結果重視へ、など。

③情報技術の抜本的適用

情報を複数の場所で共有する、ゼネラリストがエキスパートの仕事を行う、集権化と分権化両方の利益を享受する、など。ここで注意すべき点は、「情報技術によって既存のプロセスをオートメーション化するのは、牛専用の道を舗装するようなもの」[7]であり、「情報技術の真の力は古いプロセスを改善することにあるのではなく、古いルールを壊し、新しい仕事のやり方を創造すること」[8]を認識する必要性である。

このように、BPRの方法は、個別に見れば比較的簡易であり、平凡でさえある。特にわが国では、②で例示した項目のかなりの部分は実行され、「日本的経営」として海外から評価されてもいる。問題は、①〜③を統合的に把握し、計画をつくり、いかに実行するか、にかかっている。既存のプロセス全体を抜本的に見直すというBPRの本質上、プロセスに携わる人々の職務、組織の広範な変化は不可避であり、BPR実施に対する組織内の抵抗は強固とならざるを得ないからである。

3　図書館評価とBPR

米国の図書館では、TQM（Total Quality Management）の導入が近年盛んである。[9]もちろんそれは、最初に企業で実行され、次に大学、病院などの非営利組織でその有効性が確かめられてきた故である。TQMの詳細については、参照文献に譲るとして、その本質を一言で言えば、顧客指向（図書館では利用者指向）を大前提として、その組織が属する業界（図書館界）で最高の質の製品（図書館サービス）を提供できるような「人と組織の関係」を再構築しようとするものである。具体的には、チームワークの重視や集団的意思決定、QCの徹底など、日本的人事管理や組織管理の特徴とされるものの多くをそこに認めることができる。カタロガーやレファレンス・ライブラリアンが専門職として区別され、同じ目録業務担当者間でも階層性が固定している米国の図書館にとって、レファレンス担当者が人事異動の翌日には目録業務を行っている日本の「柔軟な」人事や組織が見習う対象として考慮されるに至ったことは偶然ではない。それだけ、硬直化した人事・組織への反省が強いといえよう。しかし皮肉なことに、日本では逆に、日本的経営の行きづまりを指摘する論調が目立ち始めている。

いずれにせよ、TQM導入による業務改善の少なからぬ事例報告にもかかわらず、それらが既存プロセスの「改善」にとどまり、プロセス全体の組み換えを招く「変革」にまでは至っていないことも確かなようである。BPRの意義は、そのような改善が前提としている組織の近代的システムそのものが環境変化にすでに対応できなくなっていることを指摘しているところにあると言えよう。

それでは、図書館にBPRの適用は可能であろうか。BPR導入によって変革に成功した企業や他の非営利組織に比べて、図書館が根本的に異なる組織であるとする理由はない。既存の組織ユニットの下に隠れているプロセス——例えば、パッケージ系メディアの収集・保管プロセス、その利用者提供プロセス、オンライン系メディアの収集・提供プロセス、書誌コントロール・プロセスなど——を識別・選択し、抜本的に変革することは十分可能である。

BPR実施における失敗の最大の原因として、プロセスを変革せずに修正しようとすることがあげられる(10)。それは、投入・産出の諸要因に目を向けられたパフォーマンス評価とそれを受けた改革の陥りやすい問題でもあろう。

上田修一も指摘するように(11)、意義あるパフォーマンス評価を行うための指標の設定と測定、データ分析と評価等にかける膨大な労力と、わが国における図書館改革へのインセンティヴの弱さを考えたとき、一部の図書館を除いて、パフォーマンス評価がそれほど緊急の課題とは考えにくい。むしろ、変革を真剣に指向する図書館であれば、ＢＰＲの導入こそ、まさに費用対効果の良い抜本的方法ではないだろうか。

注・参照文献

（１）Childers, T. et al. Dimensions of Public Library Effectiveness, *Library and Information Science Research*. Vol.11, No.3, pp.273-301(1989), Vol.12, No.2, pp.131-153(1990).

（２）それぞれ公共図書館用、大学図書館用の代表的なものとして以下の二点をあげておく。Office of Arts and Libraries, *Keys to Success:performance indicators for public libraries*. HMSO, 1990.

Van House, N. A. et al. *Measuring Academic Library Performance: a practical approach*. ALA, 1990.

（３）マイケル・ハマーほか『リエンジニアリング革命』中野郁次郎監訳、日本経済新聞社、一九九三、三五頁。以下のＢＰＲに関する記述は主に同書による。

（４）同上、五二頁。

（５）同上、一七四頁。

（６）同上、第三～五章。ここでは項目を例示するのにとどめる。細部については、同書を参照されたい。

（７）同上、七八頁。

（８）同上、一三七頁。

（９）その事例報告として、次の二論文をあげておく。

Lee, S. Organizational Change in the Harvard College Library: a continued struggle for redifinition and renewal. *The Journal of Academic Librarianship*. Vol.19, No.4, pp.225-230(1993).

Fitch, D.K, et al. Turning the Library Upside Down reorganization using Total Quality Management principles. *The Journal of Academic Librarianship*. Vol.19, No.5, pp.294-299(1993).

さらに専門図書館への適用については、次の特集を参照。

Special Libraries, Vol.84, No.3, pp.120-157(1993).

（10）ハマーほか、前掲書、二九八頁。

(11)　上田修一「大学図書館のパフォーマンス尺度」『大学図書館研究』No.38、一九九一、一―七頁。

第10章　図書館ＰＲの意義と実践——国立国会図書館を事例として

出典：『論集・図書館学研究の歩み第一三集——図書館経営論の視座』日本図書館学会研究委員会編、日外アソシエーツ、一九九四年七月、一九二—二一四頁。

本稿は、図書館ＰＲ（Public Relations）の理論的構造及び日本における図書館ＰＲ理解の問題点に関する論述(1)を受けて、その実践上の諸問題についての若干の考察を目的としている。ＰＲが図書館経営において重要な役割を果たすものとすれば、ＰＲの理論面だけでなく、それが図書館活動へ実際にどのように適用されるかの検討が必要だからである。

1　図書館ＰＲの意義と構造

図書館ＰＲの実際を考えるにあたって、まずＰＲの意義と機能、範囲について基本点を確認しておきたい。

（1）　ＰＲの定義

多少長くなるが、ＰＲの定義をここであげておきたい。

> 定義：組織と公衆との一連の相互的なコミュニケーション・理解・受容・協力の確立・維持を助け、経営面で、問題対処に関与し、世論への配慮とそれに対する適切な反応を助け、公共的利益への経営責任を明確にし、時代の潮流を予測する装置として変化を効果的に利用できるようにし、調査と健全なコミュニケーション技法を活用する、明確な（他と識別可能な）経営機能。[(2)]

この定義をそのまま図書館のＰＲに適用しても大きな過不足はないと思われる。その本質は組織（この場合は図書館）と様々な公衆（publics：利用者としての市民に限らない。具体的内容は後述）との良好なコミュニケーションの維持・発展を図ることによって、図書館経営全体の効率的運用を支えることにあると言ってよい。その大きな特徴は、他の基本的経営機能（会計、人事など）と同様、図書館活動があるところ必ず図書館ＰＲも存在することである。図書館ＰＲは、「行う・行わない」の選択の問題ではなく、「いかに効果的に行うか」の程度上の問題なのである。

この点については、図書館に限らずわが国ではＰＲ本来の意義が十分理解されず、特に図書館のような収益を主たる目的としない非営利組織ではサービスの付属物（宣伝の一種）のように見られることも少なくなかった。[(3)]そうした誤解の生まれる背景には、単に日本の図書館界の事情だけではなく、図書館の成立する社会的基盤の違いがあると考えられる。[(4)]しかし、近年の図書館の発展とそれをめぐる環境の変化、公衆の多様化と図書館との関係の複雑化——例えば、委託業者の出現やボランティア、アルバイト職員の増加など——は、受動的な図書館ＰＲから積極的で計画的な図書館ＰＲへの転換を必要とし、またそれが可能となる条件が整いつつあるように思われる。

（2）ＰＲの構造

①機能

ＰＲはまず大きく、Ａ：公衆とのコミュニケーション活動の企画・実施・評価、とＢ：Ａに基づいた知見による館長等経営幹部あるいは各部門の担当者に対する助言、の二つの機能から成る。さらにＡは、その目的・対象・方法等の違いから、①広報（パブリシティと広告）、②広聴、③交流、④工作、に分けることができる。

従来わが国では「ＰＲ＝広報」の印象が強いと思われるが、組織と公衆との多様な関係を維持するためには他の機能も不可欠であり、相互に補い合う必要がある。また、Ｂの助言機能は特に看過されがちであるが、ＰＲが本来もつべき経営全体への影響力を考えるとき、忘れてはならない重要性がある。

ここでＡの五つのコミュニケーション機能の内容を図書館に即して簡単に整理しておきたい。

①パブリシティ：マスメディア機関が自主的に図書館関連報道を行うようにする働きかけ（情報の伝達、説得）。

②広告：図書館の経費を使って、各種メディアを用いて行う情報伝達。自主制作か委託制作か、自館メディア（図書館報など）か一般メディア（新聞広告など）か、などの違いは問わない。

③広聴：モニター制度や電話アンケートなどを通じて、図書館に対する公衆の意見・イメージ等を把握する活動。

④交流：各種催し等を通じて、公開の（あるいは公開性の強い）場で図書館員と公衆との相互理解や意見交換を図る活動。

⑤工作：特定の公衆に対する人的接触を通じて行う相互理解・説得活動。

② **対象**

ＰＲが対象とする公衆は、いわゆる一般公衆にとどまらない。図書館に利害関係（関心）をもつすべての社会的集団がその対象となる。ここではそれらを以下の五つの類型に分ける。

①資源供給関係：図書館活動を行ううえで不可欠な様々な物的・人的資源の供給者。
②管理運営関係：図書館活動を法的・制度的に助成あるいは規制する団体（個人）。
③サービス対象：図書館サービスの対象となる人々。
④競合・協力関係：他の図書館あるいは図書館サービス（の一部）と類似の活動を行う諸機関。
⑤社会的影響力をもつ団体：マスメディア機関など、その動向が図書館と他の公衆に大きな影響力をもつ団体（あるいは個人）。

もちろんサービス機関としての図書館を考えたとき、「③サービス対象」とその他の公衆では図書館にとっての意義は異なる。①②④⑤との関係改善は、むしろ一般公衆を中心としたサービス対象との良好な関係を発展させるための前提条件とみなすことが妥当であろう。なお本章では、ＰＲ用語としての“Publics”を以下では「公衆その他利害集団」と表記する。

③ **意義**

図書館活動が順調に行われるためにＰＲ活動は不可欠の要件と言えるが、そこには二つの側面がある。ひとつは、新しい関係を作る、あるいはこれまでの関係をさらに強化するような、言わば積極的な価値を作り出す側面である。それは、図書館が新しい事業を始めるときには欠かすことができない。しかし一方で、図書館活動に不利となる（あるいはなりそうな）環境要因を解消する、あるいは減じることもＰＲの重要な側面である。スキャンダルの防止はその典型的事例であろう。

この二つの側面は表裏一体の場合が多く、例えば、職員組合との関係を積極的に改善することは、新しいサービスの開始を可能にすると同時に、それがめざす本来のサービス水準を維持することにもつながる。優利さを作るか不利を減じるか、のどちらを重視するかは、ＰＲへ取り組む姿勢を含めた図書館経営におけるバランスの問題と言えよう。図書館ＰＲを積極的に行うためには、少からぬ資源（経費と職員）の投入が必要であり、限られた経営資源と複雑な経営環境の中で、図書館ごとにＰＲの政策順位づけと実施計画の策定が求められる。

2　図書館ＰＲの実際

ここでは国立国会図書館におけるＰＲを事例として取り上げ、図書館ＰＲの実践上の諸問題について考察したい。なお、以下の記述は、組織名、サービス内容等すべて一九九四年の執筆時点の状況に基づく。

そこでまず、一般的な図書館ＰＲを考えるための事例として、同館はふさわしくないのではないかという疑問が起こるかもしれない。確かに、納本制度や全国書誌作成、国会への情報提供サービスなどは、同館独自の機能であり、それを事例に図書館の収集・整理業務あるいはサービスを論じることは不適切であろう。しかし図書館ＰＲについては、その規模・様態の特殊性は当然としても、第1節で述べたＰＲの機能・対象・経営上の意義に関して本質的な違いはなく、必要な変更を加えればすべての図書館に適用可能と考えられる（具体的には以下の記述で明らかにしたい）。むしろ個別条件では、大学図書館と公共図書館の違いの方が大きい場合もあるだろう。

国立国会図書館におけるＰＲの実際にふれる前に、まず同館の対外関係の歴史を四期に分けて簡単にみておきたい。

（1）　国立国会図書館対外関係小史

①　草創期（一九四八〜一九六〇年）

国立国会図書館が、終戦後に米国の強い影響下に成立したのは周知のことである。その中でも、GHQ民間情報教育局特別顧問の資格で来日したR・B・ダウンズ（当時イリノイ大学図書館長）が提出したいわゆる『ダウンズ報告書』（一九四八年）は、「その後の国立国会図書館の司書部門の運営につよい影響をのこしている」[5]。そこでは、整理業務、全国総合目録、書誌作成、著作権、交換、閲覧室、人事、支部図書館、の各章と並んでPR（訳は「公衆との関係」）が最終章におかれている。「各種の関係方面が、国立国会図書館に対して好意を持つことは就中大切なことである。国立国会図書館は、新しい機関であるだけに、外部との関係をよくすることが旧い既設の機関と比べてはるかに決定的なものとなる。[6]」との記述は、PRの本質を言い表している。

当時の国会図書館は、財政・人材・資料のあらゆる資源面で限られていたが、基本的にはこのような考え方に沿って制度と業務の整備を順次図っていたように思われる。例えば、外部の図書館との関係に焦点をあてると、官庁図書館研究会設立（一九五〇年三月）、専門図書館協議会設立（一九五二年三月）、PBリポートセンター（後に地区科学技術資料館と改称）の設置開始（一九五四年四月）、レファレンス・ワーク連絡協議会開催（一九五七年三月）、第一回都道府県議会事務局長との懇談会（一九五八年一一月）、第一回都道府県立図書館長との懇談会（一九五九年一一月）、第一回大学図書館長との懇談会（一九六〇年一月）、と年を追って実施され、その中には現在まで引き継がれているものも少なくない。この動きに対応して同館の組織も、国際業務部と支部図書館部が統合され、対外関係の窓口としての連絡部が設置された（一九五九年六月）。各種図書館に対する援助及び協力に関する規定が、組織規程や組織規則に明記されるのもこの時である。

ここでは図書館との関係に限定したが、その活動内容の評価は別として、国立国会図書館とそのPR対象となる公衆その他利害集団との基本的な関係はこの時期に形成されたと思われる。

② 内部管理期（一九六一〜一九七三年頃）

一九六一年八月、本館の完成に伴って、資料の移送、分散していた事務室の移転が始まる。そしてその後、事務管理と司書業務の両面にわたって諸業務と組織の統合化へ向かっての整備が図られることになった。ＮＤＬＣや図書利用規則など夥しい量の規則・内規・要領・基準等がこの時期に制定される。また、ＪＡＰＡＮ―ＭＡＲＣ作成を中心とした業務機械化への準備も始まっている。

しかし、業務管理の整備が進む一方で、ＰＲの面では前期と比べてほとんど進展がなかったと言っても過言ではない。内部体制の確立に力を注ぐ余り、他者との新しい関係を作ることには消極的であった。それを象徴的に表しているのが、一九六一年版『全日本出版物総目録』である。そこからは、以前の版までは収録していた国立国会図書館に未納入の出版物に関する情報が除かれ、「国会図書館の蔵書＝国の蔵書」という一種の虚構を成立させることになった[7]。それは、関係の集合としての組織（ＰＲの前提でもある）よりも、実体的組織観に基づくものと言えよう。

③ 全国計画期（一九七四〜一九八一年頃）

全国的な図書館協力活動への関心の高まりを背景に、国立国会図書館も新しい対外関係を模索し始める。

一九七四年三月、「国立国会図書館の将来計画の策定に資する」ため、副館長を長とする将来計画調査会が設置され、同館の業務全般にわたって将来的なあり方が検討されることになった。対外関係では、大学図書館及び公共図書館の実務担当者との懇談会（それぞれ一九七四年二月、同年九月）、書誌連絡会（第一回は一九七五年一〇月）、図書館関係団体会長との懇談会（一九七七年一二月）、地域図書館連絡懇談会（一九七八年六月・八月）等の開催、図書議員連盟の発足（一九七八年五月）など、図書館の全国計画《ナショナルプラン》の策定を中心テーマとしてこれまでにない試みがなされている。特に、全国的な図書館振興をめざした図書議員連盟による「図書館事業振興法（仮称）」の策定には、同館も図書議員連盟事務局として関与した。同連盟で、第二国立国会図書館構想が浮上するのも同じ時期である。

図書館の全国計画に係わるこのような同館の積極的な関心も、「図書館事業基本法」が幻に終わる（一九八一年末頃）と共に一段落し、同館は新館建設の推進とそれに関係する業務再編という内部問題に力を集中することになる。

④ **新館建設準備以降（一九八二年〜）**

この時期については、現在進行中でもあり、十分な位置づけは難しい。新館建設と移転、新体制の整備などに忙殺される一方、対図書館サービスに関わる一連の改革や保存協力プログラムの設定などサービスの改善を軸とした新しい関係づくりの試みも認めることができる。また、指宿館長在任時において、各種図書館の訪問、職員との対話機会の設定、既存の各種対外的会議の活性化、記者懇談会の定例化や広報用出版物の発行など広報活動の強化、シンポジウム・展示会等の開催、館外有識者による説明聴取会と参与会議の設置、文部省との関係改善、外部の図書館関係各種会議・集会への積極的参加など、PRに関しては顕著な展開が見られた(8)。いずれにせよ、この時期の評価については、ここでは控えるのが妥当であろう。

⑤ **まとめ**

国立国会図書館というひとつの組織をとっても、内部管理を重視する時期と外部への新しい関係を求める時期とがあり、PRのあり方に大きな変化が認められる。その要因は複雑であり、特定化することは難しい。しかし少なくとも、本館建設と新館建設という物理的要因、館長・副館長のリーダーシップのあり方という人的要因の二つが大きな役割を果たしているように思われる(9)。

創設以来、国立国会図書館が様々なＰＲ活動を行なってきたことは確かである。また、一九八六年六月の機構改革で同館に広報係が誕生したことも、ＰＲの観点からは大きな前進であった。しかし、公衆その他利害集団すべての関係発展を図るという本来のＰＲの趣旨を考えるとき、その定着が未だ不十分であることは否定できない(10)。

(2)　目的と実施組織

①　目的

国立国会図書館で行うＰＲ活動には大きく二つの目的があると考えられる。ひとつは、個別の対象者との関係改善をめざすもので、ＰＲ目的は、その対象者とのこれまでの交渉や現在の状況に応じて望ましい関係が個別に設定される。そしてもうひとつの大きな目的は、国会図書館全体のイメージ向上にあり、それは個別のＰＲが成功するための環境整備の意味合いを強くもっている。逆に、個々のＰＲの積み重ねが全体のイメージ向上に大きく役立つとも言え、両者は相互補完的関係にある。

さらに国立図書館としての本来の役割からすれば、もうひとつの重要なＰＲ目的が考えられる。つまり、図書館界を代表して日本の図書館活動全体の振興を図ることであり、それによって各図書館におけるサービスの展開が行いやすくなるような社会的環境整備をめざしたＰＲである。しかし実際には、この点に関しては、同館ではほとんど手つかずの状況と言えそうである。

②　実施組織

国立国会図書館におけるＰＲの実施組織としては、①各関係部局課、②広報係を含む総務部総務課、③館長等首脳陣、があげられる。公衆その他利害集団（publics）との個別関係については各関係部局が、館全体のイメージ向上については館長の果たす役割が大きいが、ここではその間をつなぐと言える広報係の役割をみておきたい(11)。

わが国の図書館において、同館広報係のような独立した広報の組織が置かれているのはきわめて例外的と思われる。同係は事務分掌として、

一　広報の企画及び調整に関すること。

二　参観及び見学に関する計画、実施及び調整に関すること。

三　展示会の企画及び運営に関すること。

四　利用案内の企画及び作成に関すること。

五　前四号に掲げるもののほか、広報一般に関すること。

が定められている(12)。一言で言えば、同館のPR全体の企画・調整及び広報重要事項の実施が任務である。具体的業務としては、広報業務全般の企画・調整・記者クラブへの発表を中心としたマスメディアへの働きかけ、取材への対応、同館で行う見学案内、展示会の企画・調整・運営、主要広報資料の企画・作成等を行なっており、パブリシティと広告（広報）、交流といったPR手法がその中心となる。

こうした業務は、広報係単独で行えるものではなく（一九九三年一〇月現在二名の担当者）、それを支える企画・調整・実施のための仕組みが作られている。それらは、各部局関係者による広報連絡会議、広報資料委員、展示委員会、館内の各広報誌編集担当者懇談会などであり、すべて広報係で所掌している。また、総理府主催の各行政官庁広報担当者会議にも同係は参加している。

ここで注意すべきことは、このような業務や組織は、規模や様態の違いはあれ、一般の図書館でも必要と思われる――そして現実に何らかの形でその機能を遂行している――ことである。日本で一〇〇名以上の職員数をもつ図書館が数えるほどしかない現状では、独立した広報係や広報担当者の設置は例外的措置としても、小規模図書館では館長、中規模館では他の業務も兼ねた広報責任者がその役割を果たすべきことを明確にする必要があろ

う。

(3) 対象者別の特徴と留意点

本節では、国立国会図書館におけるＰＲの対象となる公衆その他利害集団を類型別（第1節（2）②参照）に取り上げ、ＰＲ実施面での内容・方法上の特徴、問題点等にふれることにしたい。その中には、同館固有の問題に関わる部分もあるが、例えば、国会議員を公共図書館における市議会議員や私立大学における理事等に読み換えれば、問題の本質に共通する部分は多いと思われる。

① 資源供給関係

a 出版社等資料発生源

商業出版物の大半は、取次を通して納入されるため個々の出版社との関係は強くない。しかし、納本という独自の制度への理解と協力を求める観点から、出版界を代表する日本書籍出版協会、日本雑誌協会、日本新聞協会の代表者が国立国会図書館納入出版物代償金審議会の委員となっている。また同審議会には、日本レコード協会、日本マイクロ写真協会、日本電子出版協会など非紙メディア系の関係者も入っている。図書館にとって資料の質的・量的確保が最優先の課題であることは言うまでもない。そして近年情報メディアの多様化など出版・メディア環境の変化は著しいものがある。その意味で、関係諸団体を網羅したこのような審議会の存在意義は大きい。しかし、その名称からも明らかなように、現状ではあくまで「納入出版物の代償金に関して審議するため」（同審議会規則第一条）のものであり、より広範な相互理解と相互協力関係を構築するというＰＲの観点からの再編が望まれる。それは単に国会図書館と出版・メディア界の関係にとどまらず、図書館界全体に大きな影響を与えよう。

b　取次・書店

納本制度に基づく国立国会図書館への商業出版物の納入は、その大半がわが国の取次大手である日本出版販売とトーハンを通じて行われる。この二社の代表は、納入出版物代償金審議会の委員でもある。

近年取次各社は、現実の流通に合わせてＭＡＲＣの作製・提供を行なっており、ＪＡＰＡＮ―ＭＡＲＣとの関連が図書館界で広く問題になっている。国内資料の収集とそれに基づく全国的書誌コントロールは、国立図書館の基本機能であり、その意味で取次との関係はますます重要となっている。しかし、実際には個別の事務的な関係が中心となり、ＭＡＲＣの全国的標準化を図るための協議といった政策的観点は乏しいように思われる。

外国資料の購入は、その多くを洋書販売店を通じて行われ、担当者が個々に応対している。収集・受入業務全体の枠組と対応したＰＲ対象としての捉え方は余りなされていない。

c　物品・サービス提供業者

国立国会図書館は、図書館サービスを行うにあたって多様な業者の直接的・間接的関与を必要としている。それは大きく二つのグループに分けられる。

第一のグループは、業務に必要な備品・消耗品の提供業者である。消しゴムからコンピュータに至るまでその形態・価格は様々であるが、購入やリースによって賄われるものである。

第二のグループは、サービス提供業者であり、委託契約を通じての関係が中心となる。それらは、ビル管理、コンピュータ・システム管理といった管理的業務から、複写作業、書庫内出納、製本業務のような図書館サービスあるいはその支援業務に至るまで、多岐にわたる。もはやこうしたサービスなしでは、同館の機能は麻痺してしまうのが現実である。

また、同館で編集する書誌その他の出版物は膨大であり、民間の印刷・出版サービス業者への依存度も高い。

d　特徴と方法

一般に図書館界では、これまでａ～ｃの集団をPR対象として考えることはほとんどなく、個別の業務に関係して担当の部門（人）が「業者とのつきあい」を維持してきたのが実際と思われる。それは政策的というよりも、定型的・固定的なものにとどまり、図書館の周辺的業務と見なされることが多かった。しかし、出版・各種メディアの制作・流通環境の変化、図書館サービスの発展とそれに伴う業務委託の拡大など、資源供給関係者が図書館に与える影響力は明らかに増大している。また、例えば酸性紙対策に本格的に取り組むためには、出版社のみならず、安価で良質な中性紙の開発を製紙会社に働きかけることも必要になるなど、その対象範囲の広がりとともに、関係のあり方にも変化が生じている。ＰＲの観点からの統合的な把握と、状況の変化に応じた動態的な図書館の対応が求められている。

この集団に対するＰＲ手段は、当然のことながら人対人を基本とした工作が中心となり、広報等の方法は、それをうまく運ぶための環境作りの役割を果たすと考えられる。したがって、そこでは図書館の担当者の個人的応対の巧拙が大きく影響してくる。担当者が代わったために業者との関係が悪化することも起こりうるのである。個人的資質のみに依存しない、基本的な応対のルール作りと担当者の訓練が必要であろう。

②　管理運営関係

a　国会

国立国会図書館は、その名の通り国会に属する図書館であり、両議院の監理下にある。実質的には、両議院の議院運営委員会（特にその中の図書館運営小委員会）が日常的な管理運営の責任を負っている。同委員会は、少なくとも半年に一度同館の経過報告、予算等を審査するために開かれることが法律上規定されている。また、同館の運営上重要な事項については、正式の委員会とは別に各委員長及び委員に対して報告を行い、その了解を得ることは当然としても、同館の日常的な業務運営に関しては館長の裁量に任されているように思われる。

こうした関係は、公共図書館と地方議会との関係に擬することもできようが、公共図書館の場合は、教育委員会（実質的にはその事務局）が行政部門内での上部機関として存在するのに対して、同館と議院運営委員会との関係は直接的である。このような関係は、国権の最高機関に対して図書館活動への理解を直接的に求めることができるという積極的部分と、その運営において常に国会の意向を慮った運営が要求される――それは国民に代わって不適切な活動をチェックする重要な役割を担っているわけであるが――という二つの面をもっている。

いずれにせよ、国立国会図書館にとって重要と思われる施策を実行するためには、両院事務局を含めて国会との良好な関係を保ち、それを発展させることは不可欠の要件である。

国会関係については、同館の担当は総務課国会係があたっているが、館長以下幹部の役割が重要なことは言うまでもない。

なお、図書議員連盟の事務局が同館に置かれていることを付言しておきたい。

b　行政官庁

各省庁におかれた図書館が、国立国会図書館の支部図書館として機能する支部図書館制度は、わが国独特のものとして知られている。しかし国立国会図書館法の趣旨からすれば、支部図書館は、同館が行政・司法各部門に対して行うサービスの窓口として第一義的に考えられており、同館の運営方針形成とその実施に直接関わるものではない。立法府に属する同館と行政官庁との間に、ある種の垣根があることは確かであろう。

とは言え、現実には行政官庁との業務交流の範囲は近年広がり、その程度も深まっている。全国的図書館情報ネットワーク形成の問題を中心とした文部省や自治省との協議は当然として、その関係機関を含めた他の行政官庁との関係も無視できない。例えば、同館の関西館構想で想定している大規模な文献複写センター機能の実現には、ＪＩＣＳＴを所管する科学技術庁との調整が不可欠であるように、そこでは行政的側面が強くなることも確かである。図書館資料におけるメディアの多様化や図書館ネットワークにおける情報処理及び情報通信技術の発展など、図書館に影響を与える要因は多様化、複雑化しており、関係する行政分野は広がっている。国の行政レベルで、図書館界の利害を代表するという意味でも、同館の責任は重いと言えよう。歴史的には、一時期を除いて、同館の行政官庁への対応は、関係部署での最小限の応対にとどまることが多かったが、近年新しい関係づくりに取り組む姿勢も見られるようになった。

公共図書館では、他の自治体や国の機関との交渉の機会は少ないと思われるが、同じ自治体内での他の部門（社会教育や学校教育関係はもちろん、障害者サービスなら福祉部門、ビジネス情報サービスなら商工部門など）との関係に同様の問題を見ることができよう。

c　審議会

国立国会図書館には、科学技術関係資料整備審議会（以下、科審と略）など外部関連機関の代表、有識者等を委員とする幾つかの審議会が設けられている（国家行政組織法で定める審議会とは異なる）。

審議会の場を利用して関連機関との利害調整、新しい施策への協力・理解を求める手法は、行政運営上広く行われており、国会図書館の諸審議会も本来そのような運営を前提としたはずである。また実際に、例えば科審の答申が同館の科学技術資料購入費予算の大幅な増額に寄与した時期もあった。しかし、その科審も、毎年一回開催され続けているものの、一九八一年七月を最後に答申を出しておらず、その運営は形式化している。ジャパン・マーク審議会のように何年も開かれないものもある。その理由としては、図書館の施策を実現するために審議会の活用を図っていく行政的観点が不十分なことがあると思われる。

公共図書館で言えば、図書館協議会の運営に類似の問題を指摘できよう。

d　職員団体

国立国会図書館職員組合は、同館の唯一の労働組合であり、その組織率も比較的高く、職員の労働条件その他運営に関して一定の影響力を保持しているように思われる。経営的立場からすれば、労働組合の存在はある種の制約条件であるが、ＰＲの観点からは、図書館運営の状況を評価し、改善するための広聴の機会を与えるものと捉えることもできる。当局と組合のコミュニケーション不全が、職員のモラール低下につながりかねないことは、一般企業と変わりがない。

同館では、個人レベルでの各種図書館関係団体への参加にとどまらず、グループとして活動している例（日本図書館協会国会班、図書館フォーラム事務局など）も少なくない。このような団体の活性化が、一方では職員モラール全体の向上に結びつく可能性にも注意を払う必要がある。

e　記者クラブ

国立国会図書館記者クラブの存在は、図書館界においてもユニークなものであり[13]、その意義は大きい。ＰＲ手段としてのパブリシティの効果はきわめて大きいが、一般の図書館ではその取り組みに限界があり、同館に関係する事項だけではなく、図書館界を代表して行う視点が求められよう。とは言え、同記者クラブは、主要新聞社等の社会部記者から成り、報道の観点が限定されざるを得ないことも確かである。例えば、大きな不祥事であればあるほど報道価値が高くなる事態も考えられるが、図書館としてはそれをいかに防ぐかが目的となり、両者の利害が衝突することもある。

同館記者クラブへの応対は、広報係が中心となっている。

f　特徴と方法

「図書館に対して維持・管理者的立場にある人々」へのＰＲ活動の重要性は、すでに主張され続けてきたことである。(14) しかし、図書館の管理・運営に関してＰＲの対象となるのは管理者にとどまらず、その範囲は広がっている。そして重要な点は、これらの集団が図書館運営に与える直接的影響力の大きさであり、それは図書館活動の発展あるいは停滞の両方向に働きうるのである。その意味で、ＰＲの中でも枢要な分野と言える。

ここでのＰＲの手法は、人対人の関係による工作が中心となる。それは担当者の能力に負う部分が大きいため、訓練を含めた人事上の配慮が必要になる。さらに重要なことは、その成否が図書館運営全体の方針に関わることが多い点で、館長を始めとする幹部の役割が大きな比重を占めることであろう。また、幹部の積極的な関与と理解がない限り、直接の担当者が十分な対応を図ることは困難である。

③　サービス対象

a　国会

設置法においてまっさきに「国会議員の職務の遂行に資する」と規定されているように、国会議員及び国会関係者（両院事務局など）は、同館の第一義的サービス対象である。公共図書館にとっての地方議会あるいは私立大学図書館にとっての理事会のように、それはサービス対象としての重要性だけではなく、サービスを通じて図書館の意義を理解してもらい、必要な政治的・財政的支援を得るための大きな手がかりともなるのである。

ＰＲ手段としては、広報誌『れじすめいと』の配布、新人議員秘書を対象とした利用ガイダンスの実施などの広告・交流が中心であるが、国会議員に対しては、人対人の接触を基本としたＰＲ活動を積極的に考えるべきであろう。

対応する部門としては、調査及び立法考査局が中心である。

b　行政・司法各部門

国の行政官庁・裁判所職員に対するサービスは、個人への直接的サービスと支部図書館を通じて行うサービスの二通りがあり、同館では歴史的に後者の方法を重視してきたと言える。後者に関しては、支部図書館課を設置してサービスの窓口にするとともに、各支部図書館の運営全般に関与しており、支部図書館職員とは業務や研修を通じて、他館種職員と比べるとかなり密接な関係を保っている。その一方、一般職員に対しては、同館からの特別な働きかけは行われていない。したがってPR方法は、支部図書館に対しては交流・工作が中心となり、一般職員に対しては広報が中心である。

ところでこのような関係は、同一自治体内の首長部局職員に対する公共図書館のサービスに比することができる。一般に、公共図書館は、自治体内におけるその特殊性を強調する余り、逆に財政部門等他部局からの理解が十分でなく、必要な支援を得にくい場合があると言われる。行政部門への図書館サービスを積極的に行うことによって、図書館への理解を深める努力が必要であろう。

c　国民

一八歳以上の人は国会図書館を利用することができるが、大きく来館・非来館の二つの利用方法がある。後者の方法は、地域の各種図書館を通じて、あるいは個人の直接の郵送・インターネットによる利用であり、前者は東京近県に在住の人が中心になる。

国民へのPRの目的は、大きく二つが考えられる。ひとつは、同館の利用の促進あるいはより効率的な利用を図るものであり、第二に、直接の利用・非利用に拘らず、同館を支える納税者としての国民に対して活動への理解と支持を得るためのものである。

ＰＲ手段は広報（広告とパブリシティ）が、中心となるが、対象の広範さと費用の面から、パブリシティに頼る比率は高い。記者クラブの設置はそのためと言っても良い。

サービス対象の多様さ、利用者サービス以外に果たすべき機能の重要性などの点から、同館の国民へのサービスの基本方針は必ずしも明確ではない。したがってそれがＰＲのあり方にも反映しているように思われる。なお、来館利用者からの投書に対して、サービス改善の契機として積極的に対応しようとする動きが同館であり、広聴の観点から注目すべき事象である。

d　図書館

国立国会図書館は、全国の各種図書館に対して、貸出・レファレンスなどの直接的サービスあるいは全国書誌を始めとする各種書誌・目録の作成、研修などの間接的サービスを行っている。そこでは『図書館協力通信』などによる広報、図書館協力セミナーなどの交流がＰＲ手段となっており、国内協力課が担当している。

e　担当者

サービス対象者については、特定のＰＲ担当者ではなく、関係するサービス担当部門の職員が広範に接することになる。したがって、一般職員に対する接客態度を含めた研修とＰＲ意識の向上が重要である。

④　競合・協力機関

a　情報産業

最近の出版業や印刷業の事例を引くまでもなく、今やあらゆる産業が「情報産業化」している状況であるが、ここでは情報提供サービス業に限定しておきたい。従来国会図書館は、こうした業界とほとんど接点をもっておらず、またその必要性も感じられていなかったようである（少なくとも文献上は認められない）。しかし、二次情報のみならず、一次情報の電子化とその製品化の進展は、そのような無関心を許さなくなっている。納本制度ひとつをとっても、「電子納本」をめぐる諸問題——収集・保管方法、書誌コントロール、利用者への提供方法——の解決は遠い未来の話ではない。仮りに電子化情報資源をこれまで通り提供するとすれば、それを有料で提供する民間情報サービス会社との調整は不可欠であり、それは従来の紙資料の複写をめぐる出版社との関係とは次元を異にするものである。

これまで図書館固有と思われたサービスのかなりの部分が、有料サービス化しうる可能性がでている一方、民間の有料情報サービスを図書館でも利用せざるをえない状況が進む中で、国立図書館がどのような関係を情報産業と構築していくかは、図書館界全体にとって大きな影響をもつはずである。

b　文化・教育・学術機関

英・米を始めとする主要国国立図書館と比べて、国の学術・文化において同館が果たす役割と大学等教育・研究機関や文化諸機関との関係については、現在のところ特に言及すべき事象を見つけることは困難である。

c　図書館関係団体

その設立に深く関与し、現在もその運営を支えている専門図書館協議会（専図協）と、常務理事を始め人的部分を中心にその活動に大きく寄与している日本図書館協会（日図協）を除けば、学校・大学・公共等の他館種団体との関係は緊密とは言い難い。しかも、その専図協と日図協についても、実際の貢献に見合う評価と効果をあげているようには思われない。その最大の理由は、国会図書館がこれらの団体との協力関係を通じて、どのような国レベルの図書館政策を推進していくかという戦略を欠いているからであろう。

d　各図書館

対図書館サービスを中心とした業務上の関係が主になるが、公共図書館長あるいは大学図書館長との懇談会などによる交流活動も行われている。

e　手段と担当者

情報産業や学術・文化機関は当面は交流、図書館団体は工作、個別図書館は広報と交流が中心となる。図書館関係は国内協力課が担当の中心になるが、情報産業や学術・文化機関は関連が多岐にわたり、主要な担当部門を認めることは困難である。広報担当者が調整役を果たすことが望ましいと思われる。いずれにせよ、この分野で効果的なＰＲ活動を行うためには、政策的判断が不可欠であろう。

⑤　社会的影響力を持つ団体

a　マスメディア機関

新聞・雑誌・放送などのマスメディア機関からの取材申込が、他の図書館に比べてはるかに多いことは当然であり、ＰＲの絶好の機会であるのは間違いない。しかも取材に適切に対応することによってその後も良好な関係を保ち、受身ではなく、逆に希望する内容の報道を働きかけることもできる。このようなパブリシティを行うためには、専任の広報担当者の存在が重要である。その点で、同館は要件を満たしていると言えよう。取材を待つのではなく、報道内容に応じて対象機関を選択し、接触する積極的アプローチ（ＰＲ手段としての工作）が可能なのである。

b　諸団体

主要な経済団体や各種社会団体に図書館の意義をアピールすることは、国会図書館のみならず、国レベルでの図書館の地位向上に大きな意味があることは確かである。しかし現状では、同館に特記すべき活動は見うけられない。今後の課題と思われるが、懇談会等の交流が中心となろう。

c　世論

業務遂行を円滑にするための環境作りの一環として世論に対して何かを訴える広報の側面と、逆に、社会のニーズを捉えて業務改善の参考にしようとする広聴の二つの方向がある。

前者ではパブリシティが中心となる。国立国会図書館関西館のような大きなプロジェクトの実現のためには、世論の関心が不可欠である。また、そのような具体的問題ではなくても、国会図書館への一般的関心・支援の世論を醸成しておくことは重要である。同館では、記者クラブその他のマスメディア機関によるパブリシティを行なっているが、現状は活発になされているとは言えない。英国図書館や米国議会図書館などの主要国立図書館が社会的PR活動として力を注いでいる各種文化事業も、年一回程度の展示会を除いて、ほとんど行われていない。

さらに広聴については、制度的にも、実際的にもほとんど行われていないのが現実のようである。

⑥　助言機能

本項では、国立国会図書館のPR対象者別に、公衆との良好なコミュニケーションを目的とするPR活動を概観してきたが、それを前提としたもうひとつの重要なPR活動がある。それは、公衆とのコミュニケーションを通じて得られた様々な情報・知見を基に、館長を始めとする経営幹部に助言することによって図書館業務の改善・発展をめざす機能である。

一旦ひとつの組織ができると、外界の変化とは無関係に組織独自の論理で動き、本来の目的とかけ離れてしまうことはしばしば指摘される事象である。PRは、様々な公衆との関係を通じて、こうした組織の硬直化をチェックすることに大きな意義がある。図書館のようなサービス機関では、その重要性はなおさらと言えよう。

こうした助言行為は、もちろん様々なレベルで可能である――係員が係長に、係長が課長に、というように

——が、その中心は、図書館経営全体に関わる館長等首脳陣へのものである。では一方、誰が助言すべき中心になるかという点については、各図書館の事情による。国会図書館で言えば、各部局筆頭課長及び広報係を含む総務部総務課にＰＲ関係の主要情報が集まること、部局間に関わる諸業務の調整にも責任を負うことなどから、総務部総務課長が担当すると考えるのが妥当であろう。こうした助言行為を行うためには、情報の収集と価値判断、それに基づいて経営トップが行う指示を現場に伝え、実行させるフィードバック機能を保証する権限が助言者に必要なことは言うまでもない。

(4)　ＰＲを担う体制

ＰＲは、その成否の大部分を人的要素に依存する活動であるが、それはさらに三つの要因に規定される。つまり、第一に幹部、特に館長、第二に広報担当者、第三に職員全体である。

館長は、その図書館を代表するものであり、図書館全体のイメージを大きく左右することは言うまでもない。ＰＲにおける館長のリーダーシップを国立国会図書館の指宿館長在任時（一九八六年九月〜一九九〇年六月）に見ることができる。

指宿館長は、その就任当初からＰＲの重要性を明言し(15)、実際に積極的に取り組んだ。就任当初から始めた東京近県の主要図書館訪問と館内各部署の巡回・職員対話、新聞・テレビなどの取材への積極的対応、対外的な会議（大学図書館長との懇談会など）での積極的発言、記者懇談会の定例化、その重要性にも拘らずそれまで国会図書館と疎遠であった図書館関係者との一連の懇談会、有識者による参与会議の設置などがそれである(16)。こうした活動が、どの程度の効果をあげたかを評価することは難しいが、この期間の一般紙記事での同館の露出度の大きさから多少は判断できよう。

広報担当者の明確化も重要である。国立国会図書館では広報係が総務部総務課に設置され、現在二名が担当している。図書館全体の広報業務の企画・調整・実施に携わっているが、本来のPRの趣旨からすれば、国会との連絡や広報誌の編集を含む総務課全体をPRの担当部門と見なすべきであろう。

館長や広報担当者がいかに指導力や企画力を発揮しても、実際にPR対象者の多くと接するのは、一般職員であり、その対応の良否が図書館全体のPR効果を左右する。それは、利用者指向の組織文化を図書館にどのように根づかせるかという問題とも密接に関連するが、PR活動に関するマニュアル作製や研修から手をつけていくことが現実的であろう。この点では、国会図書館においても見るべき成果はまだないように思われる。

さて、本節では国立国会図書館を事例として、図書館PRの実際についてその諸要素を述べてきた。国会図書館と一般図書館では、その性質・規模は大きく異なるが、ここで言及した基本的問題は、程度の差はあれ、ほぼ共通していると考えられても良い。しかし、国会図書館故の特殊事情もある。

他の図書館と比較したプラス要因としては、専任担当者がいること、PRのための人的・財的資源が比較的あること、その活動範囲の広さや国の図書館としての地位・知名度などである。一方、マイナス要因としては、館内外の利害関係が多く、館長や広報担当者のリーダーシップの発揮が難しいこと、PR対象者が種類・数ともにきわめて多いことなどである。こうした事情の違いは、館種や規模が異なれば当然存在するが、まず共通部分に着目して、図書館界としての基本的対策を講ずる必要があると思われる。

3　ＰＲ活動推進の課題

わが国図書館界におけるＰＲ（その名称が何であれ）への関心あるいは実践活動の高まりは近年明らかなようである。[17] しかし、そこでは未だに館報などの出版物やサインによる「お知らせ」機能が中心の話題であり、図書館に関係する様々な集団とのコミュニケーションの改善を通じて、図書館経営そのものを向上させるというＰＲ本来の機能が十分理解されているとは言い難い。ＰＲへの関心を本格的な活動へ今後定着させていくためには、館界全体、県・ブロック、単館それぞれのレベルでの努力が必要となろう。

(1)　図書館界レベル

ここでの主体は、日本図書館協会などの図書館団体、唯一の国立図書館である国立国会図書館、図書館行政を所管する文部科学省になる。

全体レベルでのポスターやパンフレットの配布、全国紙等によるパブリシティ、シンポジウムや展示会など各種事業の実施、政界・財界等への説得工作など全国的ＰＲの推進がその任務である。また、個別の図書館に対して、ＰＲの意義を啓発し、研修の機会を提供する必要もある。そのためには、共通の基盤に立ってＰＲを理解するためのマニュアルの標準化も不可欠であり、その裏付けとなる図書館学界による理論的な支援も望まれる。

学校・大学における図書館利用教育の本格的導入もＰＲ観点から重要である。教育行政と図書館行政は共に文部科学省に属していながら、従来その利点がほとんど生かされていなかった点は問題と言えよう。

(2)　県・ブロックレベル

都道府県立図書館やブロック規模の図書館協議会が中心となって、地域内図書館員への研修機会の提供や研修教材の作成・配布、広域レベルでのＰＲの実施に責任をもつことが考えられる。

(3)　単館レベル

ＯＪＴを中心とする全職員への研修、ＰＲ業務全体に対する責任者の設置——とは言え、わが国ではほとんどの図書館で、他の職務との兼任になるだろうが——、実践事例の蓄積と報告による他の図書館とのノウハウの交換などが当面の課題であろう。

各図書館での経験は、さらに全国レベルのＰＲに反映され、理論化される必要がある。単館レベルのＰＲで忘れてならないのは、館長のリーダーシップである。それなしでは、たとえ他の条件が整っていても、図書館全体のＰＲ活動は十分な効果を持ちえない。

(4)　おわりに

企業経営が、マーケティングを導入することによって、製品指向から顧客指向に変わろうとしたように、図書館経営におけるＰＲの重視は、内部管理中心の考えを利用者指向へ変える大きな契機となりうる。その意味で、図書館ＰＲは、図書館自体の改革に深く結びついた活動なのである。

注

（1）柳与志夫、図書館におけるマーケティングとパブリック・リレーションズの適用（Ⅰ）（Ⅱ）、図書館学会年報。

37（4）・28（1）。一五三—一六五頁。一—一八頁。一九九一・一九九二。（本書第8章）
（2）Kies, Cosette. *Marketing and Public Relations for Librarians*. Scarecrow Press. 1987. p. 5. による。
（3）本書二一六—二一八頁。
（4）同、一八二—一八三頁。
（5）国立国会図書館三十年史。国立国会図書館編・発行。一九七九年、六三頁。以下の記述は、主に本書に基づく。
（6）同上、三五四頁。
（7）このことは単に書誌情報のレベルにとどまらず、国立国会図書館の諸機能全般に当てはまるように思われる。小泉徹ほか、「国の図書館行政——新しい社会システムをめざして」日本図書館学会研究委員会編『論集・図書館学研究の歩み第八集——日本における図書館行政とその施策』日外アソシエーツ、一九八八年、五七—五八頁を参照。
（8）主に『国立国会図書館月報』による。第2節以降の同館のＰＲの状況分析は、この時期に形成された制度にほぼ従っている。
（9）第一期と第二期、さらに第二期と第三期の移行期にそれぞれ本館建設、新館建設の事業があった。また、第一期、二期、三期は、それぞれ金森館長、岡部副館長、鈴木・酒井両副館長の在任期とほぼ重なっている。いずれも偶然の要因としてかたづけることは難しい。
（10）むろん官・民の違いを問わず、わが国で本来のＰＲを理解し、定着させている組織が実際にどれほど存在するか、という疑問は当然起こってくる。
（11）以下の記述は、「広報活動について」『国立国会図書館月報』三一七、一九八七年八月、二三頁。及び各年度の『国立国会図書館年報』「第九章内部管理　7　広報活動」に関する記述を参照した。
（12）国立国会図書館事務分掌内規第六条『国立国会図書館月報』三〇三、一九八六年六月、四八頁。なお、同館の主要な広報誌である『国立国会図書館月報』を総務課編集係が担当しているように、広報実務のすべてが広報係に集中しているわけではない。
（13）その概要は、「館内スコープ」『国立国会図書館月報』三四九、一九九〇年四月、二一頁を参照。
（14）石井敦編『ＰＲと図書館報』日本図書館協会、一九六七、六八頁。

(15)「ＰＲ」という言葉こそ使われていないが、年頭所感で述べられている内容は、まさにＰＲ活動の重視である。『国立国会図書館月報』一九八八年、一九八九年各一月号の年頭所感を参照。

(16) いずれも『国立国会図書館月報』の記事に依った。

(17) 例えば、『図書館雑誌』は、一九九三年一〇月号で「図書館のＰＲ活動を考える」という特集を組んだ。

第11章　図書館マーケティング適用の可能性

――国立国会図書館における「対図書館サービス」の事例分析

出典：『図書館学会年報』四二（四）、日本図書館学会、一九九六年一二月、二一六―二二四頁。

はじめに

図書館におけるマーケティングとパブリック・リレーションズ（ＰＲ）については、英米を中心に理論・実践の両面でその探究は近年ますます盛んに行われている。筆者も、マーケティング及びＰＲに関する図書館経営論上の理論的枠組の構築と、国立国会図書館をひとつの事例としたＰＲの実践例の分析を試みた(1)。また、我が国図書館界でも図書館のマーケティングについての関心は専門図書館等を中心に高まりつつあるように思われる。とは言え、我が国図書館界固有の事情に配慮した理論的考察及びそれに基づくマーケティングの実施は、まだほとんど手つかずの状態と言っても良いだろう。それはしかし、我が国においてこれまで図書館におけるマーケティング「的」活動が皆無であったことを意味するわけではない。

そこで本論では、国立国会図書館の新館完成時（一九八六年）における新しいサービスの開始にあたって行われたマーケティング要素を含むと思われる活動の事例「対図書館サービス」をとりあげ、筆者が第8章で示した図書館マーケティングの理論的枠組に沿って分析してみたい。その過程で明らかにしたいことは、主に以下の二点である。

①図書館マーケティング理論を現実に適用しようとする場合に、どこに問題が生じるか、それは理論上の問題か、あるいは公共サービス等の制約からくる実施上の問題か。その他理論適用上の諸変動的影響要因は何か。

②理論を背景としない（非意図的な）マーケティング的活動の問題点、裏を返せば、図書館マーケティング理論に則った意図的な実践の長所は何か。

本論では、「対図書館サービス」を一般的サービス・マーケティングの事例として分析する。もちろん同サービスは、実際にはそのような図書館マーケティング活動として意識的に実行されたわけではなく、あくまで理論分析上、筆者がその側面に焦点をあてたものである。また、以下の叙述は可能な限り公表された文献に基づいて行なったが、筆者自身が加わった「図書館サービス調査班」における知見と関係者からの聴取による情報で補足したこと、さらに本稿は筆者個人の研究的視点からの分析と評価であり、国立国会図書館としての見解とは無関係であることを断っておきたい。

1　対図書館サービス改善の端緒とマーケティング計画

国立国会図書館では、本館における直接サービス（来館者に対する資料の閲覧・複写・レファレンス等のサービス）に加えて、資料の図書館間貸出や郵送による複写物の提供などの「間接サービス」（来館利用と電話レファレンス以外の、各種図書館に対する、あるいは図書館を通じての個人へのサービスを当時このように国立国会図書館内では呼んでいた）を従来から行なってきたが、様々な制度的・人的制限のために、そのサービスを利用している公共図書館などから、〝従来の直接的図書館サービス以外の公共図書館への援助活動に積極的になってほしい〟(2)という言葉が典型的に示すような厳しい批判と改善の要望が寄せられていた。その背景として、貸出サービス等を軸とした公共図書館活動が定着・発展し、利用者の資料要求も高度化するに従って、自館だけでは応じられない利用者要求を支援する国立図書館の機能が注目されるようになったことがあると思われる。国立国会図書館の図書館間貸出制度の不備と職員のサービス対応の悪さへの非難の集中は、それを象徴するものであった。具体的には、制度加入の諸条件や申込手続の煩雑さ、問合わせ窓口の複雑さから来るたらい回し、貸出の冊数・期間・対象範囲の制約、資料申込から資料到着までの遅さ等、その批判は制度・運用プロセスの全般にわたると言ってもよい(3)。しかも同様の問題が、各種図書館へのレファレンス・サービスなどその他の間接サービスすべてにあてはまっていたのである。

こうした批判に対して、同館内でもそれを認識し、改革の必要を感じる空気が少なからずあったが(4)、それが現実の業務改善にほとんどつながらなかったことが、なおさら外部の反応を厳しいものにしていた。この問題は、国立国会図書館のサービス体制そのものに内在したものであり(5)、同館のサービスの在り方の基本的考え方の変更なしには解決は不可能であった。外部有識者も、図書館員と一般人に同様の対応をしている矛盾を指摘し、間接サービス充実のための独立した組織の設置を求めていたが(6)、同館内では〝解決の仕方は、誠心誠意やれというだけで、体制とか制度にはまるで目が向いていない〟(7)のが実情であった。

当時の同館内で、業務・サービス全体の見直し、将来計画の検討を担当していたのは企画教養課であり、当面の優先課題は、本館と同規模の新館建設とそれに伴う業務再編・サービスの改善計画作りであった。その課内で、言わば「間接サービス」の枠組から「対図書館サービス」へのパラダイム変換に大きく与ったのが、安江明夫企

画係長（一九八二年当時）である。(8)

安江は、図書館（員）に対するサービスもさることながら、当時困難な状況に陥っていた直接サービス（来館利用者の増加と多様化に対応し切れないサービス体制の不備、資料の劣化の進行等）の改善の方途を採るため、実態調査による問題点の把握と、間接サービスとの連関に配慮したサービス全体の概念的枠組の再構成を考えていた。そのための手段とすべく発案されたのが、①来館・非来館利用サービスに関わる職員の業務分析を掲載した『図書館研究シリーズ』第二二号の特集「図書館破壊学入門」、②一九八一年に実施した「来館利用者調査」（その結果は、「図書館研究シリーズ」第二三号の特集として収録）、③一九八三年の「対図書館サービス調査」の実施（本論のテーマである）の三件であり、いずれも企画教養課及びその実務責任者の安江係長が主導したものである。安江はこれを「三段とびにも例えられると考え」、「これら一連の企画を統括するテーマは、国立国会図書館の活動を利用の視点から再検討する」ことと見做していた。(9)

図書館の活動は本質的にサービスであり、利用者の視点が大事であるという安江の指摘は、ある意味では当然のことながら、サービスよりも「業務」という認識が一般的であった当時の国立国会図書館内では画期的なことだったと言えよう。「サービスの評価はサービスの送り手の側ではなく、その受け手の側でされることが肝心」だとすれば、「一番大切なのは、受け手がそれによってどれだけ満足するか（傍点筆者）」であり、「送り手がどれだけ水準の高い、質の高いものを提供するかということではない」のである。(10)

この「受け手が満足するサービスを提供する」という考え方こそ、「製品指向」から「顧客指向」に転換したマーケティング理論成立の原点であり、(11)安江は図書館流にそれを『貯蔵志向型』から『サービス志向』への発想の転換」と表現している。(12)この考え方はすでに当時の公共図書館サービスでは常識となっていたとも言えようが、納本制度によって収集した資料の永久保存をモットーにしていた国立国会図書館にとっては、極めて新鮮な考えだったのである。

〃何か「新しい像」を描くということではなくて、どのようにして社会と国民の要請に応じた活動を築いていくか〃という〃どのようにしての方法的な視点〃は、(13) マーケティングの基本思想であり、広報の重視や〃誰にどんなサービスをするのか〃〃限定する〃(14)という市場細分化・標的設定の萌芽的考えを安江の発言に認めることができる。

このように、図書館に対するサービスの改革は、本来のマーケティング計画におけるようなニーズの発見と積極的市場開拓が第一義的目標ではなく、来館利用に関わる諸問題の噴出と各種図書館へのサービスの不便さに対する図書館員の大きな不満という顕在化した改革要求（ディマンズ）に、いかに応えるかという問題意識が安江ら担当者の出発点であった。(15) その意味で、これを図書館マーケティングの適切な事例とすることはできない。しかし、「要求」を発見し、改革の必要性を認識したこと、その打開策としての「対図書館サービス」マーケットを発見したこと、その根底に「利用者」側の視点でサービスを捉え直そうとする意思が存在すること、それらはまさに本格的マーケティングにつながっていくものである。

以下では、「対図書館サービス」に関わる一連の実施過程を、理論的マーケティング過程にあてはめて分析していきたい。

2　マーケティング・リサーチと標的設定

通常のマーケティングは、①市場機会の分析、②標的市場の選定、③マーケティング・ミックスの開発、④計画と実施の制御、⑤マーケティング監査、の五段階の過程を経て行われる。しかし、「対図書館サービス」について言えば、現前する直接・間接サービスの諸困難の解決策を探ることが予め課題として設定され、その手段としての「対図書館サービス」の開発がめざされていたことを考えれば、すでに上記過程①②は事実上事前に決まっていたと言える。

マーケティング環境要因の抽出を含めた市場調査とその分析は、マーケティング過程の出発点であり、基盤となるものだが、本件の場合は、①来館者中心のサービスから、非来館者サービスを加えた二本の柱による利用者サービスへの転換（それによる利用の地域格差の是正、来館利用増加による諸困難の解消）、②各種図書館への協力事業としてのバックアップ・サービスの確立、の二つの目的の有効性の検証が明確に意図されており[16]、リサーチは、利用実態や利用者（館）の実際の要求を把握する実態調査であった。その意味で、情報ニーズに関わる様々な要因分析を行う本来のマーケティング・リサーチには遠いものである。

さて、実際の調査は次のように行われた[17]。まず、企画教養課長を長とする「対図書館サービス調査班」が一九八二年一一月に発足した。構成員は図書館へのサービス（図書館間貸出、複写、レファレンスなど）に関わる部門の担当者等一〇数名、企画教養課が事務局となり、安江は事務局長と言える立場にあった。

調査の実施（一九八三年）は二期に分けられ、第一期は公共図書館、第二期は大学図書館が対象となった。調査内容は、国立国会図書館が各図書館の依頼に応じて行なっている貸出、複写、レファレンスの各サービス、あるいは書誌作成などの図書館協力の基盤となる業務の現状と問題点、さらにその改善点についてである。

まず第一期では、都道府県立図書館全六一館に対してアンケート調査、市区立図書館については、その規模や活動状況を評価したうえで二〇館を選び、ヒアリングを行なった。県立図書館を重視したのは、市区町村立図書館へのサービスの中継点としての役割を想定してのものである。

大学図書館に対しては、予備調査を兼ねて都内の四館にインタビュー調査を実施し、次に国立国会図書館の利用度を勘案して全国から一六二館を選び、アンケート調査を行なった（回収は一五一館）。

これらの調査は、利用実態と改善への具体的要求を確証し、さらにそれを受けての改善の可能性を探るフィージビリティ調査であり、社会心理的・行動論的要因の分析などを含むマーケティング・リサーチとは異なる。この点は、図書館による他の各種利用（者）調査にもしばしば見られる問題点であろう。

調査結果に表れた各図書館からの問題点の指摘とそれに基づく改善提案のほとんどは、調査班が事前に想定していたものであった(18)。むしろそれを確証するための調査であり、さらに進めて言えば改革への国立国会図書館内の合意を得るための戦術であったとも考えられる。他の図書館がそれまでの一〇〜二〇年間にサービス等を進展させていったのに比べて、国立国会図書館は遅れており、調査でつかんだ要求を生かす必要を職員一般に意識させるための側面が強くあったのである(19)。その意味で、〝国会図書館はすでに問題を察知したとわれわれは思う(20)〟というある公共図書館員の発言は、その狙いが無駄に終わらなかったことを示していると言えよう。

このような調査を受けた市場細分化とそれに基づく標的設定についても、図書館をセグメントとして選び出し、それを標的とすることが最初に想定されていた以上、本来の標的設定とは見做し難い。したがって、マーケティングの効果という観点からは、「別の」「より適切な」セグメントを選ぶ可能性があったにも拘らず、それは予め排除されているのである。しかし、逆に、「図書館サービスを改善する」という目的の明確化によって公共機関であるが故のマーケティング制約要因〈不適切なセグメントを選ばざるを得ない、セグメントの選別自体を回避する、競合相手との摩擦を避け、補完的役割に徹する〉(21)からも免れることができたと言って良い。

しかしながら、国立国会図書館のサービス対象を大きく「個人」と「図書館」に分けたとき、調査班が当初目論んだ図書館へのサービスの重視〈経営資源の重点的投入〉には至らず、重要なセグメントとして認知した〈従ってそれなりには資源配分はなされることになった〉に止まったことに関しては、差別化を避けようとする公共サービスの制約が働いたと考えられる。

3　マーケティング・ミックスの開発

(1)　図書館サービスの改善

調査の結果、調査班が導き出した改善案は以下の六点であった。(22)

①図書館間貸出

a．資料請求記号調査と請求の一元化
b．貸出制限資料の範囲の明示とその代替となるマイクロ資料・複本など貸出コレクションの形成
c．登録・請求手続の簡素化

②複写

a．申込から提供までの日数の短縮
b．郵送申込地域制限の緩和
c．図書館を通じての申込の優遇

③レファレンス

a．対図書館専用電話の設置
b．関連部局回付の迅速化
c．館内共通処理様式の作成

④蔵書目録の早期刊行

⑤図書館へのサービスの窓口一本化
⑥ＰＲの強化：図書館用広報誌の発行や図書館協力担当実務者会議の開催など

裏を返せば、以上の六点について各図書館から強い不満と改善の要望が寄せられたということである。調査班の提言を受けて、その後に国立国会図書館としての改善の基本方針が定められた。[23] それはまず従来の図書館へのサービスの問題点として、館内窓口の分散と電話利用の不便をあげ、新館開館に伴う全面的な機構改革・サービス改善の原則のひとつである来館利用から非来館利用への誘導を図るため、図書館を通じたサービスの向上の必要を認めたものである。改善点としては、図書館に対するサービス窓口の一本化と個々のサービスのこれまでの制限の撤廃や処理手続等の改良があげられ、各図書館を通じての国立国会図書館利用の利便化によって、個人による直接来館利用から生じる諸困難を減じる効果が期待された。一言で言えば、図書館というマーケットに「対図書館サービス」という新しい「製品」を提供しようとしたのである。

具体的対応策としては、窓口一本化の象徴として「図書館サービス係」が国内協力課に一九八六年六月に設置され（全面的な機構改編の一環）、同年九月から実際の業務を開始した。それに合わせて貸出、レファレンス、複写等の個別サービス及び関連業務の改善が行われた。図書館間貸出を例にあげれば、これまでその業務処理をレファレンス部門と閲覧・貸出部門が別々に担当していたため、連絡の行き違いや処理票の滞留等による処理日数の遅延があった所蔵調査と貸出業務を、図書館サービス係が一括した最初の申込窓口になり、各作業の連絡・調整を行うことになったこと、同係に図書館からの専用電話及びファクシミリを設置し、相互連絡の正確さと迅速化を図ったこと、貸出制限資料の範囲を明示したこと等調査で指摘を受けた事項のかなりの部分について、程度の差こそあれ改善がなされた。それは複写サービスやレファレンスについても同様である。

また、図書館協力業務についても、新サービスを紹介するための『図書館協力ハンドブック』の発行と全大学図書館・公共図書館への配布、広報誌『図書館協力通信』発刊、国立国会図書館の役割や「対図書館サービス」への理解を得るための図書館協力セミナーの開催などが行われている[24]。

しかし、改革当初の大きな目的である、図書館へのサービス（もちろん最終的にはそれらの図書館を利用する個人へのサービス）を一般個人への直接サービスよりも優遇するという方針は実現せず、個人サービスに埋没していた図書館へのサービスをひとつの別のサービスとして確立するに止まったことは否めない。

その理由としては、来館者サービスへの指向性が強い国立国会図書館内において、「対図書館サービス」がその重要性を未だ十分に一般職員に認知されず、同館のサービス資源を重点的に同サービスに配分するには至らなかったことが大きかったのではないかと推測される。

図書館サービス係の設置に伴う業務処理とサービスの改善を個別に見れば、実はそのほとんどの事項が、それぞれの担当部署の判断と努力で、それ以前に解決されていても不思議ではないように思われる。外部から見れば、例えば、貸出制限資料の範囲の明示をそれまでできなかった理由を想像することは非常に困難であろう。しかし、やはりそれらの改革は、「対図書館サービス」というマーケティング・ミックスの開発によって初めて可能になったのである。

そこで次に、マーケティング・ミックスの４Ｐ（製品・価格・流通・プロモーション）[25]の観点から、この「対図書館サービス」の内容を捉え直してみたい。

(2)　製品（Product）

図書館マーケティングにおける「製品」が、物理的製品（資料、目録など）やサービスに止まらず、理念や帰属意識にまで拡張できることはすでに指摘したが[26]、製品としての「対図書館サービス」が、通常のマーケティングの対象であるサービスの範疇に入ることは明らかであろう。そこで、製品概念の段階、製品品目等の構造化、ライフ・サイクル、の三つの概念的枠組を使って、「対図書館サービス」という新しい製品（サービス）開発の側面を考えてみたい。

サービスの中核的・実際的・拡大的段階の区別については、従来、同館の情報資源（資料・複写物等）とそれに基づく人的サービスを国民に提供することと、来館利用によるサービスの提供がひとつのものと見做されがちであったのに対して、前者を中核的サービスとして位置付け、実際的サービスとして「来館利用」に並んで「非来館利用：図書館を通じての利用」を提示したことに「対図書館サービス」の意義を認めることができる。とは言え、この区別を当時の調査班がマーケティングの観点から行なったわけではない（以下の分析においても同様）。仮に意図的に行なっていれば、様々な「対図書館サービス」を実際的サービスとして位置付けたうえで、その拡大的サービス（付加的、選択的に行うサービス）を効果的に展開することが可能であったと思われる。

次に、品目（例：資料提供サービスにおける個別の資料）・ライン（児童書、視聴覚資料など資料群の種類）・ミックス（レファレンスなど他のサービスとの組み合わせ）の区別とその構造化に関しては、改革のための問題意識が、既存の図書館へのサービスの個別的改善あるいは各図書館からの新たなサービスの要望への対応に向かい、それらの関係を整理し、構造化することによって「対図書館サービス」という新しい製品ミックス（それを構成する貸出・複写・レファレンス・研修等の製品ラインの組み合わせと各品目の「品揃え」）を開発するまでに至らず、個別の図書館サービスの改善点の集合体という側面が強いものとなった。構造的把握よりも、来館利用サービスという旧来の製品ミックスに対して、「非来館利用サービス」の概念を提示することによって、国立国会図書館の利用者サービスの幅を拡げることが主眼となっている。

製品（サービス）には導入・成長・成熟・衰退の各段階があり、それに合わせたマーケティング戦略の必要性を説く、サービスのライフ・サイクルの考え方についても、その要素を見つけることはできない。従って、導入段階が終わった後、成長・成熟段階へ進める新たな戦略がないまま、「対図書館サービス」がその後固定化されてしまった点は否めない。企業の提供する製品・サービスの場合、そのライフ・サイクルへの配慮は不可欠であるが、公的機関の場合には、「対図書館サービス」の場合には、一旦始めたサービスが状況の変化にも拘らず固定的に継続していくことは珍しいことではない。それまでリーダーシップを発揮していた担当者の交替が原因のひとつであったと考えられるが、市場の評価がサービスの改善に十分反映されないという、公的機関によるマーケティングの問題点のひとつの例と言えよう。

「製品」に関連して言えば、「対図書館サービス」という国が保証する新しい図書館サービスの「ブランド」を創りだしたことは、ひとつの成果であった。

(3)　価格 (Price)

図書館サービスのマーケティング・ミックスにおいては、価格は最も扱いに注意を要する要素であるが、「対図書館サービス」についても手付かずのままであった。

金銭的価格は来館利用サービスと同様に無料とされたため（複写サービスを除く）、仮に課金しようとする場合に考慮すべき要因（要求規模、コスト分析、競合関係）の分析がなおざりになったことは否めない。それは、必要なサービスの差別化が以下の三重の意味で行えなかったことを示してもいる。つまり、

①他機関の同様のサービスとの差別

②来館利用サービスとの差別

③「対図書館サービス」内の個別サービス間の差別

である、例えば、来館利用から、他の図書館を通じての利用への誘導という目的のために、その正否は別として、来館による資料利用を有料とし、図書館間貸出は無料に止めるという価格政策も理論的にはありえたのである。社会的価格（例：来館のため個人が費やす時間と経費）の是正については、国民への公平なサービスの提供という観点から、ある程度の配慮がなされたと考えられる。つまり、来館利用に関しては、東京近郊在住者に比べて著しく不利な地方在住者へのサービス改善の意味が、「対図書館サービス」の改善には込められていたと言えよう。

（4）流通（場所：Place）

この点では前進が見られた。場所（国立国会図書館内）に拘束された来館利用に対して、ファクシミリの導入や郵送サービス利用の簡便化、業務処理過程の合理化などを伴う「対図書館サービス」による非来館利用の利便化は、「流通」の重視を図ったものと考えられる。新しい情報技術の活用等による流通における時間要素の比重の高まりはすでに指摘したところであるが、[27]「対図書館サービス」の改善にはそれに応えようとする部分があったことは確かである。

しかし、流通における三つの時間要素〈①図書館員がサービスを提供できるようにするためにかかる時間、②利用者・サービス間の物理的距離を縮めるための時間、③サービスが利用可能な時間〉のうち②については改善が見られたものの、①③については、目録・書誌作成業務や情報システムの改善、職員の勤務体制の変更など、国立国会図書館の側は当然として、例えば同館からの借受資料を地元の利用者に提供する各図書館のサービス体制・開館時間などにも関連するため、目立った改善の成果は認められなかった。現在及び将来の電子メディアや通信ネットワークの発達・普及を考えるとき、新しい図書館サービスにおける流通の重要性はさらに増していくものと思われる。

(5) プロモーション（Promotion）

マーケティングにおけるプロモーションはＰＲと深い関係にあるが、「対図書館サービス」のプロモーションにあたっては、国立国会図書館のそれまでのサービスに大きな不満を持っていた各図書館との関係改善を図る趣旨から、特にその側面が強調された。そのため、本来区別されるべき、サービス改善の環境整備としてのＰＲとサービス自体のプロモーションが区別されず、後者の機能を十分発揮できなかったとも考えられる。また、「対図書館サービス」には、国立国会図書館のサービスを受ける各図書館とその図書館を通じてサービスを受ける個人利用者という二重の標的があり、プロモーションの対象も両者となるはずであったが、実際には前者への対応に止まっている。

プロモーションには、宣伝（広告）、利用促進活動、パブリシティ、人的接触の四分野があり、他の３Ｐとの関係を考慮して最も効果的なプロモーション・ミックスの構成を行うのが定石であるが[28]、対図書館サービスでは、広報、協力業務、調査活動などの観点から個別に各プロモーション分野の活動が行われ、「プロモーション」概念の要素を認めることはできない。むしろ、ＰＲ活動として、これまでの国立国会図書館にない積極性が見られたと言うべきであろう。

宣伝は、費用の点などから印刷物によるものに限られた。新しいサービスの開始と利用方法を紹介した『図書館協力ハンドブック』を発行して全国の図書館に配布するとともに、同館の定期刊行物『国立国会図書館月報』等に関連記事を掲載した。さらにその後、専用の広報誌『図書館協力通信』を発刊している。

パブリシティに関しては、『図書館雑誌』など図書館関連雑誌の記事に止まり、同館記者クラブ等を活用した一般紙、テレビなどでの報道は見られなかった。これは、ＰＲの当面の対象を図書館とし、最終的な個人のサービス利用者（国民）を考慮外にしていたことに一因があろう。

シンポジウム、コンテスト、デモンストレーション等利用誘導のための多様な活動である利用促進に該当するものとしては、各種図書館員を招いた懇談会や、逆に外部の図書館（団体）の会議に出向いて行なった説明会があげられる。それらは、後に定期的に行われることになる図書館協力セミナーにつながるものである。

個人への説得活動を内容とする人的接触が意図的に試みられることはなかったと思われる。しかし、ヒアリング調査の対象となった各図書館担当者に対して、付随的にせよ実質的には行われたと見做すことができる。これについても、もしプロモーションが意識的なものであれば、より影響力を持つ図書館関係者への働きかけも可能であったと考えられる。

4　組織とスタッフ

マーケティング実施のためには、それなりの組織と経営資源の投入が必要であるが、「対図書館サービス」についても、ある程度それは保証された。

まず核となる組織としては、企業教養課があった。同課は、国立国会図書館全体の機構・業務の見直しを所掌し、新館開館を控えて、当時はまさに全面的な組織改革を企画していた。さらに、担当者である安江の、「対図書館サービス」の導入を改革の柱のひとつにしようとした計画性と実現への熱意がある。このような改革の中心となる組織と、それを支え、リーダーシップを発揮する個人の存在を見過ごすことはできない。また、関係部局の職員から成る調査班の設置も、その問題意識や解決に必要な知識の吸収と、現場に改革案を無理なく受け入れさせてその実効を得る点で、大きな意味を持った。

改革前から図書館間貸出等の現場の担当部門では、サービス利用館からの不満・改善要望をしばしば受けており、改善の必要性は認識されていたと思われる。しかし実際には、現場では改善がなぜ困難かの事情を並べるに止まり、それを克服しようとする意欲に欠けていたのは確かである。公的部門におけるサービス改善へのインセンティブのなさが一般に指摘されるように、ここでも問題であった。その意味でも、企画教養課の果たした役割は大きかったと思われる。サービスの改編とそれに伴う業務処理体制の変更（時として労働慣行の変更も伴う）に対する職員の抵抗と反発にどのように対処するか、これはマーケティング的活動を成功させるための大きな内部要因と言える。それは、職員の意識改革も必要とするのである。

おわりに

「対図書館サービス」は、マーケティング理論及びそれに基づく計画によって実施されたものではない。しかし、これまで述べてきたように、サービスの供給側の都合ではなく、利用者（館）の要求を満たすことを第一義とした改革方針とその具体的手法に、多くのマーケティング的要素を見いだすことができるのである。そして、その後の同サービスの利用増や図書館界からの評価[29]から判断して、「対図書館サービス」がある程度の成功を収めたことは確かである。その要因としては以下の三点をあげることができよう。
①既存のサービスの矛盾、行詰まりが顕在化し、担当者の間で何らかの改革の必要性が認識されていたこと。また、改善へのサービス利用館の強い要望が明らかであったこと。
②新館開館を契機とした業務と機構の全面的再編時に改革時期を合わせたこと。

③サービスの表面的な諸矛盾の裏にある解決すべき真の問題を発見し、それを協力者に提示し、さらに解決の方向に誘導するリーダーシップを発揮できる人材を得たこと。

とは言え、この改革が、仮にマーケティング計画に基づいて意図的に実施されていた場合には、また別の（より企画者の目的に合致した）結果を得たのではないかと思われる。その意味で、あえて今後の我が国における図書館マーケティング導入上の注意点をひとつあげるとすれば、図書館経営の確立は当然として、このような活動を意図的・計画的に行える知識・経験をもつ図書館マーケティング担当者（専任である必要はない）とそれを支える図書館員全体のマーケティング的発想をいかに育成するか、ということであろう。それは欧米においても、同様の課題となっているのである。[30]

なお、本論は、再三言及したとおり、本来マーケティング活動として行われたわけではない「対図書館サービス」をあえて図書館マーケティング理論の枠組で分析したために、本格的事例研究としては文献等による実証が不足し、かといって厳密な概念分析としても不十分なものであり、理論的枠組による事例解釈という試論的性格にとどまった。今後の事例の蓄積を待って、再度本格的分析を試みたいと考えている。

注

（1）本書第8章及び第10章。
（2）磯村英一・松浦総三編「国立国会図書館の課題」白石書店、一九七九、五七頁。
（3）（匿名投書）「国会図書館さん！　もう少し親切にしてください。」「同　part II」『みんなの図書館』四七、一九八一年四月、六二―六三頁。四八、一九八一年五月、五七頁。
竹嶋和子「なんのために国立国会図書館はあるンですか⁉」『みんなの図書館』一〇二、一九八五年一一月、一二―一六頁。

(4) 図書館問題研究会国会図書館班「〝国立国会図書館〟を考える」『みんなの図書館』五四、一九八一年一一月、五四―五五頁。
(5) 小泉徹「貸出制度は今のままでよいか」『図研論集』四、一九八二年三月、五頁。
(6) 酒川玲子「他館は当館に何を望むか」『図研論集』五、一九八二年一一月、二六頁。
(7) (匿名発言)「他館は当館に何を望むか」『図研論集』五、一九八二年一一月、三九頁。
(8) ここで敢えて個人名をあげたのは、同氏抜きではこの転換は考えられなかったこと、そして彼の新サービス開拓への意志にマーケティングの原点を見るからである。
(9) 安江明夫「『対図書館サービス調査』から」図書館フォーラム編『私の国立図書館像』図書館フォーラム、一九八四、二一頁。
(10) 前掲書、二二頁。
(11) 本書、一六九頁。
(12) 図書館フォーラム編、前掲書、二二頁。
(13) 前掲書、二四頁。
(14) 前掲書、二三頁。
(15) 前掲書、二〇頁。
(16) 対図書館サービス調査班「〝図書館の図書館〟をめざして――対図書館サービス調査班報告(その1公共図書館の部)」『国立国会図書館月報』二六八、一九八三年七月、二―三頁。
(17) 以下の『カレント　アウェアネス』各記事による。柳与志夫「第一期調査始める――対図書館サービス調査班」四三、一九八三年九月、四―五頁。
住谷雄幸「図書館をインタビュー――対図書館サービス調査班」四四、一九八三年三月、五頁。

宇賀正一「第2次調査に向けて準備中――対図書館サービス調査」五〇、一九八三年二月、三―四頁。

柳与志夫「学生のNDL利用を大学図書館はどう考えているか――対図書館サービス調査から」五五、一九八四年九月、四―五頁。

宇賀正一「NDLに何を望むか――対図書館サービス調査から」五六、一九八四年三月、二―三頁。

鈴木和子「図書館サービス係の設置と公共図書館相互貸借の実態調査」九二、一九八七年三月、四―五頁。

（18）対図書館サービス調査班「〝図書館の図書館〟をめざして――対図書館サービス調査報告（その1　公共図書館の部）」『国立国会図書館月報』二六八、一九八三年七月、四―五頁。「同（その2　大学図書館の部、今後の課題）」『国立国会図書館月報』二七七、一九八四年四月、一一―一三頁。

（19）図書館フォーラム編、前掲書、三四頁。

（20）前掲書、四〇頁。

（21）本書、一九九―二〇〇頁。

（22）注18の後掲論文「（その2　大学図書館の部、今後の課題）」一四―一七頁。

（23）寺村由比子「国立国会図書館の対図書館サービスの新体制」『図書館雑誌』七九（一二）、一九八五年一二月、七一六―七一八頁。

（24）改善事項の詳細については、図書館フォーラム編『どうなる新館開館後の国立国会図書館』図書館フォーラム、表Aを参照。

（25）本書、二〇一―二一二頁。以下の分析をこの枠組に沿って行う。

（26）同、二〇一頁。

（27）同、二〇六―二〇七頁。

（28）同、二〇八頁。

（29）座談会「図書館協力への新たな一歩――国立国会図書館の対図書館サービスをめぐって」『図書館雑誌』八二（二）、一九八八年九月、七六―七七頁。

（30）Kinnell, Margaret & Jennifer MacDougall. *Meeting the marketing challenge*, Taylor Graham, 1994, pp. 143-146.

第12章　図書館財務——その理論的枠組と今後の課題

出典：『日本図書館情報学会誌』四七（二）、日本図書館情報学会、二〇〇一年一一月、八一—九三頁。

はじめに

図書館内外の経営環境の急激な変化を受けて、図書館経営論が、電子図書館論や知識組織化論と並んで、最も活性化している図書館情報学分野のひとつとなっていることに大きな異論はないであろう。しかし、人材養成、組織、マーケティング、法的諸問題などの経営論諸分野と比べて、図書館の財務論（financial management）は、近年まで活発に議論されてきたとは言い難い状況である。それでも欧米では、図書館の経済的・財務的環境の大きな変化に対応して、一九八〇年代後半には専門誌が発行され、コスト管理や資金獲得などの幾つかの分野では、理論と実践があいまって議論が活性化している(1)。

一方わが国では、近年刊行された図書館経営論の著作を見ても、財政・予算の仕組みの簡単な説明あるいは資料購入に伴う契約手続きの解説などにとどまり（それも公共図書館に限る）(2)、近年の予算執行にまつわるリース契約や業務委託に若干ふれているものが目立つ程度である。[3] このような理論面での停滞は、〝司書といえども自治体職員であり、予算やその執行に当たっては基礎的な知識とともに、最低限度の係わりをもつべきであろう。[4]〟という指摘をせざるを得ない図書館現場の雰囲気を反映しているとも言えよう。しかし、わが国においても、図書館の設置母体である大学や地方公共団体の財務悪化、ネットワークや情報電子化の進展による図書館環境の急激な変化などの影響によって、図書館経営における財務的要因の比重は急速に高まっていると考えられる。

本章では、こうした図書館の経済的・財務的諸要因を分析し、図書館財務の今後の方向性を、理論的枠組の構築によって提示することとしたい。

1　図書館財務をめぐる状況と問題点

(1)　図書館財務環境要因の変化

ブライソン（J. Bryson）は、図書館財務の新しい課題として以下の八点をあげている。[5]

・競争方針
・アウトソーシング
・入札
・所有とリース
・戦略マーケティング
・負担と見合う価値の提供（value for money）
・情報の価格方針

・別の収入源

これらは欧米の多くの研究者・実務家の指摘するところでもあり、現実の図書館をめぐる状況を反映していると考えられる。その背景となる経済的要因を、ここでは資金調達、予算編成、予算執行、財務監査の四つの観点から整理したい。

① 資金調達

図書館の設置母体（大学や地方公共団体など）から予め割り当てられた予算の枠内で必要な支出項目を組み立てる、あるいは前年度予算を基準に図書館で作った予算原案を設置母体の財務部門に提出し、図書館と同部門との間で若干の交渉はあるにせよ、決められた範囲の予算額内で遣り繰りするのが多くの図書館における予算確保の旧来の方法であった。しかし、英米の図書館を中心に事情は大きく変わってきている。

そのひとつは、図書館独自の事業収入の確保・増加への設置母体による圧力である。有名な例としては英国図書館文献供給センター（ＢＬＤＳＣ）があるが、企業図書館においてはより切実な課題となってきている。[6] その理由としては、資金不足を補うこともあるが、むしろコスト意識の向上や顧客指向の徹底、新規事業への取組による業務全体の再編など、経営革新のきっかけにするという意味合いが強く含まれている。とは言え、館種・規模による違いも大きく、欧米ですら中小規模の公共図書館で積極的に行われているとは言い難い。

資金確保という観点から言えば、館種を問わず現在重点がおかれているのが、民間からの資金寄贈を中心とする基金獲得（fund-raising）である。米国では図書館への専任マネージャーの設置やノウハウ本の出版が相次いでおり、またかなりの図書館でその実績を上げている。[7] 電子図書館などの新規大規模プロジェクトの多くは、原資をこれによっていると言っても過言ではない。[8]

もちろんこのような取組は、欧米の社会制度と組織風土を前提としたものであり、資金寄贈ひとつをとっても、

などへの動きは、その方向性を裏付けるものと言えよう。

図書館と設置母体との関係や会計制度・税制などを考慮すると、そのままの形ですぐ日本に適用できるものではない。しかし、私立大学における事業の多様化や拡大、国立大学の独立行政法人化、公共図書館へのＰＦＩ導入などへの動きは、その方向性を裏付けるものと言えよう。

② 予算編成

多くの図書館では、一般の公的機関と同様に、漸増的予算（incremental budget）が予算編成の典型的方法として考えられてきた。これは、前年度の予算項目及びそれに割り当てられた予算額を基礎に、単価増や需要増などの変化要因を加味して次年度の予算を編成するものである。ある程度の新規要求項目の追加や、状況によっては漸減ということも当然ありうるが、編成の骨格には大きな変更がない。しかも予算の各項目は、通常、「人件費」「資料費」「役務費」のように予算管理上の観点から構成されており、どのような業務・サービスにどの費目からどれだけ使おうとしているかが明示されていない問題があった。

しかし、業務・サービスの定常性を前提としたこのような予算編成方式も、年度ごとの各事業プログラムの優先順位に従って編成する政策的方式への変化をせまられている[9]。

その最大の理由は、情報環境の急速な変化やサービス要求の質・量両面の増大に対応して、業務及び提供サービスを頻繁に見直し、改善する必要が生じたことにある。また、予算執行面で委託業務やリース契約などへの柔軟な対応がせまられたことも大きな要因であろう。そしてこのような諸要因を考慮して予算編成を行うことは、まさにその図書館の経営方針を定めることであり、その意味でも予算編成の重要性は増すばかりである。

書誌ユーティリティへの加入に止まらず、ＩＬＬや電子ジャーナルの利用を目的とする図書館コンソーシャムの形成が進展しており、各館の単独事業に加えて、他の図書館や出版社などとの連繋協力事業を視野に入れた予算編成も必要とされている。

資金獲得と同様、行財政制度・会計制度の異なる欧米諸国とわが国では、新しい予算編成の対応方式に違いが出てくるのは当然であるが、その背景となる事情に大きな差はないと思われる。

③ 予算執行

職員人件費や資料購入費の着実な執行管理を中心とする定型的業務から、政策的判断を常に必要とする創造的業務へと、予算の執行もその様相を変えている。その要因として以下の三点をあげることができる。

ひとつは、執行管理方式の複雑化・多様化である。入札その他の諸手続を必要とし、その後も適切な運営管理が求められる業務委託、電子ジャーナルやネットワークの使用契約、コンピュータ等のリース契約、非常勤職員・パートタイマー・ボランティア等の様々な雇用契約など、法律的・経済的知識に基づいた処理を必要とする業務が増大しており、しかもそれらが図書館業務・サービスの中核的位置を占めてきている。これは、いったん職員を採用したり、資料を購入すれば、その後は人事管理や物品管理の問題に置き換わるような従来の状況とは様相を異にしている。

第二の要因は、業務のIT化に伴う、維持管理コストの増大と最新技術への素早い対応との均衡を図る必要性である[10]。ここでも、いつ現行システムを新しいシステムに置き換えるか、買い取りかリースか、要員の確保はどうするかなど、複雑な判断が必要とされるのである。

第三に、費用対効果または費用対便益への配慮が不可欠となっていることがある。ISO11620[11]（図書館パフォーマンス指標）において、来館当り費用や貸出当り費用など費用関係の四指標が採用されていることは、その象徴と言えよう。

④ 財務監査

行政サービスや企業経営において、それぞれ市民や株主に対して説明責任（accountability）を負うという考え方は、日本でも一般的なものとなりつつある。公的機関に対する会計検査においても、従来の基準である合規性（関係諸法規に則っているか）や経済性（事業が最小限のコストで実施されているか）に加えて、「目標がどこまで達成できたか」という有効性の観点が重要性を増している[12]。

図書館業務・サービスの情報化を支えるため、従来の資料費や人件費を中心とした予算に比較して、大きな額が情報システムの導入・拡張・維持・更新に使われるようになり、それに見合うだけの業務の効率化とサービスの向上が実現しているか否かを利用者や理事者に対して説明する責任が図書館に生じているのである。このことは従来の業務やサービスについても該当し、例えばある業務の継続にあたっても、それが業務委託ではなく、固有の職員で行うことの優位性が説明できなければならないと言えよう。

以上、図書館における財務を論じる際の背景となる要因をあげてきた。全体として指摘したいことは、これまで設置母体の財務の枠組の中に埋もれがちだった図書館財務が、その独自性を増していること、そして公的セクターあるいは民間非営利セクターにある図書館においても、今後の財務運営を行うにあたって企業財務の要素を取り込む必要に迫られていることである。

（2）「図書館財務」の概念とわが国の図書館情報学における論調

本稿ではこれまで図書館の「財務」という概念を特に定義せずに使用してきた。その理由は、旧来の財務概念をそのまま図書館に適用するのではなく、新しい状況を踏まえたうえで新たな意味を与えようとしたためであるが、（1）で述べた状況を前提に、ここでその対象とする範囲をある程度明確にしていくことにしたい。

わが国におけるこれまでの図書館情報学文献では、「財政」「予算」という観点から図書館経営の経済的側面が論じられることが多く[13]、予算執行や会計監査を含めて統一的に把握しようとする観点はほとんどなかった。一方、企業経営における財務とは、狭義には収益性向上と流動性の維持を目的とした財務計画、資金調達及び財務統制からなる財務管理を指す（それに財務会計を加えれば広義の財務と言われる[14]）。つまり両者の間には、ほとんど関連性がなかったと言ってよい。

国内外を問わず、図書館情報学において図書館経営論上の経済的側面の論議があまり活発でなかった理由として、以下の三点が考えられる。

①図書館経営論の他の分野、例えば職員論、組織論、ＰＲ論などと比較して、図書館としての理論的独自性が乏しく、理論対象として成立しにくかった。

②実際の運営上も、予算割当や予算執行方法などに関して設置母体による所与性が高く、図書館独自で実施できる裁量範囲が限られていた。

③予算規模が小さく、それらも人件費、資料費などの経常経費が大部分で、事業的経費はほとんど考慮されていなかった。

それに対応して、従来のわが国図書館情報学における主要なテーマは以下のような行財政論というべきものであった。

①財政需要を基にした標準経費の算定等予算増額の方法について。

②資料収集をめぐる予算配分と購入価格、それに関係する出版社・取次・代理店などとの関係。

③図書館の経済的側面（財務を含む経済活動全般）を、経営の観点よりも、政策や理念の観点から論じたもの。

その典型は、一九八〇年代に盛んに論じられた業務委託の問題であろう。

このような状況も、一九九〇年代、特に後半になって変化が生じている。例えば、日本図書館協会の代表的な論説誌である『現代の図書館』では、一九九八、一九九九年と続けて図書館経営、図書館予算を特集としてとりあげ[15]、その論調も政策的主張よりも経営的視点が主流となっている。それらの論説は、各問題に関する現場の状況記述が中心であり、理論的分析は十分とは言えないが、これまで述べてきた図書館をめぐる内外の経済的環境の変化を反映していることは確かである。

このように、わが国の図書館情報学における図書館経営論への関心の高まりと共に、ヒト・モノ・情報などと並ぶ重要な経営資源としての「カネ」の側面がようやく冷静に論じられる素地ができつつある。最近になって、図書館への財務諸表の導入を中心とした図書館会計論に先鞭をつける論考が現れたことも変化の兆しである[16]。

とは言え、公立図書館や国立大学図書館に典型的な、会計諸法規に基づく正確で経済的（最小の費用）な予算の執行を旨とする官庁会計の制約など、図書館財務が企業財務と大きく異なることも相変わらず認めざるをえない。ただしその場合でも、一般に図書館財務の制約としてあげられる要因が、法規上の制約か、あるいは慣例上・便宜上のものなのかは吟味が必要である。最も過激な予算編成方式といわれるＺＢＢ（ゼロベース予算）も、現在の財政法や地方財政法の範囲でかなりの程度まで実施することは理論的には可能なのである。さらに、公的機関の一部に見られる独立行政法人化の動きは、外部からの資金調達（借入金、基金獲得、基金運用等）を始め、予算の編成と執行を含めた経営裁量権の自由化を制度的には保障する（それが裏目に出る可能性も含めて）ものであると言えよう。

このようなわが国の状況を踏まえて、本稿では「図書館財務」を以下のように発見的な（heuristic）定義として暫定的に措定することとしたい(17)。

定義：図書館における物理的及び知的資源を対象として、その財的側面の計画・実行・調整・評価に関わる経営諸活動。

ここで言う「物理的及び知的資源」には、図書館施設・設備、電子資料を含めた図書館資料、図書館スタッフはもちろん、職員のもつノウハウ、補助金などの制度も含まれる。そして、このような図書館財務を理論的に考察するのが、図書館財務論ということになる。

図書館財務をこのように概念的にかなり緩やかな形で定義したのは、主に以下の理由による。

①企業財務における諸概念・理論・方法から多くのことを参照するのは可能であるが、そのままの形では官庁（的）会計を中心とする図書館に適用できないこと。

②とは言え官庁会計も、独立行政法人の設置、財政投融資改革、国・地方公共団体における貸借対照表の作成、PFI（Private Finance Initiative）導入などに見られるような変化の兆しがあり、現在の制度的制約をそのまま今後も前提にする必要もないこと。

③図書館に関わる経済的要因が、大きな変動期にあり、固定的枠組で考えることは適切でないこと。

要するに、厳密な定義によって理論展開の範囲を狭めるのではなく、個々の財的側面を論じていくことによって、逆に図書館財務概念の精緻化を図る相互作用が必要な段階にあること、それがこのような発見的定義を用いる意義である。

（3）　図書館財務論構築上の影響要因

図書館財務に今後大きな影響を与えうる環境要因のうち、特に以下の点は理論的考察に際して、その視野に入れる必要がある。

そのひとつは、開館時間の延長、インターネットによるレファレンスサービス、電子的文献提供など、図書館サービスの拡大と多様化、それに伴う運営費用の上昇が避けがたいものとなっており、それに対処するための資金確保（予算増額や寄付金等による基金獲得その他の方法による）と効率的な予算執行、さらに図書館の利害関係者（理事者、利用者など）に対する合理的な説明責任が不可欠になっていることである。しかも、費用の上昇は、必要な資料収集経費の増大のような量的側面だけではなく、ライセンス契約や決済方法の選択など費用発生要因自体の多様化・複雑化といった質的側面を含んでいる。

例えば雑誌論文に関して、従来は書誌情報の検索、特定原文献の入手、蔵書構築（逐次刊行物）はそれぞれ別の業務であったが、電子ジャーナルでは、利用契約・検索・文献供給・決済の機能が一体化しており、論文の識別コードであるＤＯＩ（Digital Object Identifier）とe-Commerceが不即不離の関係になりつつある。[18] このように、図書館サービスにおける経済的要因とそれに対応する会計処理の重要性は高まっている。

第二の要因は、サービス提供者としての役割が中心であった図書館が、その役割を果たすためにもサービス購入者としての側面を重視せざるを得ない状況となったこと、[19] その結果として、図書館の財務運営がネットワーク経済の渦中に引き込まれ、単館的運営が困難になっていることである。

図書館間の相互協力を前提としていた言わば水平型図書館ネットワークの範囲に、情報資源供給者である出版流通業者が不可欠のメンバーとして参入しており、[20]状況に応じて、しかも時機を逸することなく、他の図書館も含めて必要な取引相手を取捨選択する必要が生じている。そこでは、これまでの図書館協力、図書館コンソーシャム、アウトソーシング、アウトコントラクティング（外部委託）などを統合して利用する財務手腕の差が、図書館経営全体の成否に大きな影響を持つのである。[21]また、従来図書館ではほとんど無視されてきた取引コスト（transaction cost）への配慮が不可欠となろう。

第三に、官民を問わず、わが国においても図書館の設置母体の財政難あるいは経営効率化の動きが不可避になっていることがある。図書館運営の柱となる資料費や人件費の削減圧力は、館種を問わず近年高まっており、図書館自体の資金調達による歳入増加の努力が求められる事態も想定される。

以上三点をあげたが、図書館財務の歳入（input）、執行・会計（throughput）、歳出（output）のあらゆる局面で旧来の構造は変化しており、定型的会計処理では対応が不可能になりつつあると言えよう。

2　図書館財務論の構成要素

これまで図書館財務は、他の図書館経営論諸分野と比べて、図書館独自の理論的領域を見つけることができず、一般の財政論や会計理論を図書館の各対象業務（予算や会計処理など）に適用することが一般的であった。この点で、同じ図書館経営論の分野でも、司書職制度などの独自の対象を持つ人事論とは事情を異にする。

企業と比べて財務運営制度上の制約は大きく、国立図書館、国公立大学図書館、公立図書館、国公立学校図書館など多くの図書館が現在は官庁会計のもとにあり、私立の大学図書館・学校図書館でさえも、学校法人としての財務運用は、民間企業よりも官庁会計の方に近いといっても過言ではない。

また、欧米で盛んな非営利組織や公共部門の経営論における財務論は、それが前提とする経済社会制度面でわが国と大きな隔たりがあり、そのまま参考とすることには無理がある。むしろ独立行政法人などにおける今後の実践事例の積み重ねが、将来の理論的考察の有効な素材となりえよう。

そこで本節では、わが国における図書館財務論の出発点を官庁会計の枠に準拠して、その構成要素を考えていくことにしたい。

商法、独占禁止法などの規制があるにせよ、収益性を目的とする自由な資金調達や資金運用などの経済活動を行う企業財務と比べて、公共的利益を目的とし、財政法、会計法、地方財政法等の法規に基づく適正な執行（合規性）を第一義としてきた官庁会計では、財務構造に大きな違いがあり、それが戦略的財務運用という観点から見ると官庁会計の大きな制約要件と考えられる。

総計予算主義に象徴されるように、官庁会計は、資金調達、資本投資、予算管理、資産評価などの基本的流動性管理（将来にわたって設定する期間ごとの収入・支出の均衡を図る計画的財務管理）の手法を欠き、企業財務における収益性、安定性、成長性、生産性などの評価基準も設定されていない。また予算執行についても、運転資本管理の仕組みがないため、会計諸法規に則るという最低限の準拠枠はあるが、個別案件ごとの担当者の裁量に委ねられる要素が大きく、全体としての合理性・効果性が乏しくなっている。

官庁会計では、予算の編成と執行が事実上分離しており、企業財務において全社レベルの大綱的財務計画（官庁会計の予算編成にあたる）と各部門における月別実施計画（予算執行にあたる）とが連動していることと対照をなしている。投資計画についても、その成否が存立の明暗を分ける企業と、ダム建設や高速道路建設に見られる国の甘さとの違いは明白であろう。

財務関係諸法規については、国レベルで言えば、財政法、会計法、物品管理法、国有財産法等多くの法規が存在するが、それらはそれぞれ固有の目的に沿って制定かつ運用されており、「財務管理」という観点から統一した法律は存在しない。もちろんそれらの諸法規は、相互の理論的矛盾はなく、統合的な運用は可能である。しかしそのためには、官庁会計に基づいて行われている財務運営の実際の流れに沿って、その理論的諸要素を分析し、かつ構造化する必要がある。

（1） 図書館財務のサイクル

ロバーツ（S. A. Roberts）は、図書館財務の構成要素として、資金調達（原語は finance を使用しているが、意味的には必要な資金の調達を指している）、収入、支出、計画、資源、予算、費用、会計、意思決定費用、管理情報システム、執行（制御）を挙げている。[22] それを参考に、ここでは日本の官庁会計に則った現状の図書館財務サイクルのモデルを考えてみたい。

毎年四月に始まる会計年度のサイクルに従うと、当然のことながら予算は前年度中に決定される。財政当局に対する予算要求可能額には一般に上限があり、その要求枠は財政当局と図書館（あるいはその所管部門、すなわち一般の公立図書館であれば社会教育課や教育庁）との事前の交渉で内示される。国でいう概算要求枠である。それを受けて、図書館内の各部門で必要な経費を検討し、各部門から要求された事項と金額について図書館全体の観点から査定・調整し、重点要求事項や優先順位などを盛り込んだ図書館としての予算要求案を編成することになる。その後は財政当局（あるいはその一段階前に図書館所管部門）との交渉を経て予算案が決められ、最終的には議会の審議・議決により予算が確定する。このように、予算は図書館の各年度事業計画を詳細化・具体化したものである。

新年度四月から予算の実際の執行となるが、システム開発の入札や物品購入ひとつをとっても、一般に予算執行は原案の想定どおりにはいかない。従って年度の執行計画の策定だけでなく、例えば四半期ごとの計画の見直しを含む執行管理が必要となり、さらに物品管理や出納管理、収入支出管理などの会計処理がそれに伴うことになる。その間に、前年度予算の執行実績に対する会計検査が行われる。

そこで次に、前述のサイクルにおいて主要局面を成す予算編成、予算執行、会計監査のそれぞれについて、図書館財務論の対象となるべき論点を指摘することにしたい。

(2) 予算編成

公的機関の予算編成方式としては、①主要部門（部局など）ごとに、職員給与、役務費、備品購入費などの支出項目を列挙し、整序した組織・費目別編成、②図書館でいえば、恒常的維持経費は別として、電子ジャーナル提供、障害者向け資料宅配サービス、職員の情報スキル向上研修などの具体的な事業・業務を体系化し、各プログラム別に必要支出項目を列挙するプログラム別編成、の二方式が一般的である。実際には、日本の公的機関の大半は、①の組織・費目別編成をとり、一般に予算規模が小さい公共図書館などでは、さらに組織別も省略した支出項目のみの編成が多いと思われる。[23] しかし、官庁会計の枠組の中でも②のプログラム別編成は可能であり、実際に国立国会図書館を含めて国の各省庁においては、予算編成作業及び予算参考書の作成など、作業及び表現形式の両面で部分的には実行されている。

なお、企業のような、全体の目標（一般には収益目標）だけを定め、具体的な予算編成方針は、生産・資源調達・営業・研究開発・設備・財務などの部門ごとに設定する方式は、全体の目標が一義的に定量化されておらず、組織や予算も小規模である図書館にとっては、適用困難であろう。

組織・費目別予算編成の欠点としては、①その図書館がどの業務・サービスを強化あるいは縮小しようとしているかの方針が形式上表現されず、館内外からの評価が困難なこと、②前年度予算をベースにその項目の増減を図ることが編成作業の中心となりがちなため、新規サービスの開拓や、時代遅れになってしまった事業の廃止に手をつけにくくなること、があげられる。

そのような欠点を克服する意味でも、プログラム別予算編成のほうが好ましいことは明らかであろう。例えばそれを徹底させるものにゼロベース予算方式（ＺＢＢ）がある。実際には提唱した米国政府においても、理論どおりにはほとんど実施されていないが、その簡便方式はヴァージニア州アーリントン地区で採用され、その効果が実証されたと言われる。(24)

ＺＢＢが原理論どおり実施されないのは、編成作業にあまりに多くの時間、費用、労力が必要なことが主な理由と考えられるが、このように、予算編成及びその他の財務事務を考慮するうえで、合目的性・合理性と時間・費用との均衡を図ることは重要な要因である。

国の予算編成が典型であるが、前年度のほぼ一年がかり（あるいはそれ以上）で次の年度の予算を編成していく現状は、急速に変化する情報環境の下で、予算と実際の執行上の必要性との間に大きな時間上のずれを生じさせることになる。これからの図書館業務・サービスにおいて大きな役割を果たす電子情報サービスの構築、維持及び発展ひとつをとっても、数年にわたる予算配分計画と環境変化に応じた予算執行の柔軟性が求められるが、単年度予算や現金主義に代表される官庁会計の枠組は、それに対応しきれていない。それがまた、予算想定額と実際の調達額との乖離を招く大きな原因ともなっている。

予算編成上、企業と比べて公的機関の違いが際立つ予算費目に人件費がある。ここで言う人件費には、職員給与に加えて、社会保険負担額、事務運営関連経費、監理費、超過勤務手当、旅費、研修費、厚生費、非常勤職員手当など様々な経費を含めて考えたい。サービス業という観点から、図書館予算において人件費が大きな比率を占めることは当然と思われているが、アウトソーシングなどの活用を含め、その効率化を図ろうとしている企業に対して、公務員制度を前提とした官庁会計での予算的硬直性は明らかであろう。職員給与にとどまらず、その他の人件費を含めた統合的運用の観点が必要である。

(3) 予算執行

予算は、予算想定価格と競争入札による実際の調達価格との差額の発生など様々な理由によって、予算書どおり執行されることは現実にはありえない。そもそも予算書にすべての予定経費、例えば図書館資料一点ずつを盛り込むことは不可能であり、また編成当初には想定できなかった緊急の支出が予算年度内に生じることも避けられない。従って、予算執行が単なる予算書の正確な実施を旨とする定型的業務でないことは明らかであり、予算編成方針の実現という政策的判断を常に必要としている。

そのような観点から予算執行を見た場合の大きな問題点は、予算編成に関しては図書館内の各部門や幹部、社会教育課などの所管部門、財政部門、議会などにおける交渉・審議を経て決定されるのに対して、予算執行に関しては、その決定過程や責任の所在が必ずしも明確でなく、予算執行の判断が恣意的に行われる可能性があることである。

図書館業務一般が安定的であった時代は、図書館での予算執行も定常的なものが中心でありえたが、財政事情や情報環境の変化は、迅速かつ柔軟な対応を図書館に求めている。第1節であげたブライソンによる図書館財務の新たな八課題のうち、アウトソーシング、入札、所有とリースの三点は、このような状況に対応するための予算執行に直接関わる重要課題である。その背景には、同節（3）で指摘したように、サービスの提供者としての図書館の役割に加えて、あるいはその役割を従来どおり維持するためにも、サービス調達者としての役割が大きな地位を占めつつある事情がある。その例としては、情報システムの導入、電子ジャーナルの利用契約、サービス支援業務の外部委託など枚挙にいとまがない。

このような課題を解決するうえでの問題点は、①アウトソーシング等諸課題の核心をなすサービス調達先の選定について、建設工事や物品購入を主に想定していると考えられる最低価格や従来実績などの基準に代わる、新たな選定基準及び執行手続が図書館の中で明確に規定されておらず、その都度の状況や担当者の判断に左右されがちであること、②委託先との契約締結など法規管理の重要度が増しており、官庁会計に係る会計諸法規に加えて、商法、独占禁止法、労働者派遣法などの一般経済法への配慮も必要とされること、③図書館業務を理解したうえで、このような法的・財務的な判断及び処理を行える人材が、従来の図書館人事（採用、異動、昇進、訓練等）の枠内では確保が難しいこと、の三点が特にあげられよう。

（4）会計監査その他

予算が当初の目的に適って、適法的・経済合理的に執行されたかを点検し、指摘した改善点をその後の予算編成に反映させるのが会計監査の大きな役割であるが、一般に図書館については、その設置母体内の会計監査部門による直接的検査が十分行われているとは言いがたい状況と思われる。そもそも国のレベルで考えてみても、各省庁に対する会計検査院の監査の不十分さは、しばしば指摘されるところである。

このような状況を改善するには、図書館の中に内部監査の仕組みをつくる、外部監査法人を活用する、利用者代表に対して予算執行を含めた活動状況報告を定期的に行う、最終的予算執行結果の情報を公開する、などの手段が有効と考えられる。その前提として、図書館は誰に対して監査を受ける義務があるのかを、個別の図書館業務・サービスについて明示する必要がある。その点で、英国図書館の最近の組織改革において、部局ごとに外部説明責任を明確に規定したことは、今後の参考となろう[25]。

（1）④でふれたように、国や地方公共団体の会計検査において、従来の合規性や経済性に加えて、有効性の基準が注目されつつあるが、その前提となる「行政サービスにおける効果（outcome）」の重視とその評価基準が未だ確立していないことが大きな問題である。

本節では官庁会計を論述の前提としているため、「会計監査」の対象は予算執行が中心となっているが、資金調達や財政管理などの適切性評価を含めた「財務監査」への展開が今後の重要な課題であることは言うまでもない。

ここでさらに、図書館財務サイクルにおける注目すべき機能として、以下の二点をあげておきたい。

ひとつは、官庁組織一般、そして図書館でも希薄と思われる費用管理である。情報システムの高度化や電子ジャーナルの利用に伴う維持管理費用の増大と複雑化、図書館予算の多くを占める人件費と労働生産性の関係など、費用管理の視点から検討すべき財務上の課題は少なくない。

第二に、電子情報の蓄積・利用、情報技術の高度化・多様化による設備・機器の維持管理等に関わる財産管理の複雑化がある。従来の本や備品の管理についても、減価償却概念の導入の必要性が唱えられ始めるなど[26]、図書館の資産状況を明らかにする貸借対照表の作成も現実的課題となりつつある[27]。

3　図書館財務論の構造と取り組むべき理論的課題

第1節では図書館財務をめぐる図書館内外の環境要因、第2節では図書館財務論の構成要素となるべき現実の図書館財務諸過程を分析してきた。本章ではそれらの分析をもとに、図書館財務論構築上の柱となるべき、財務

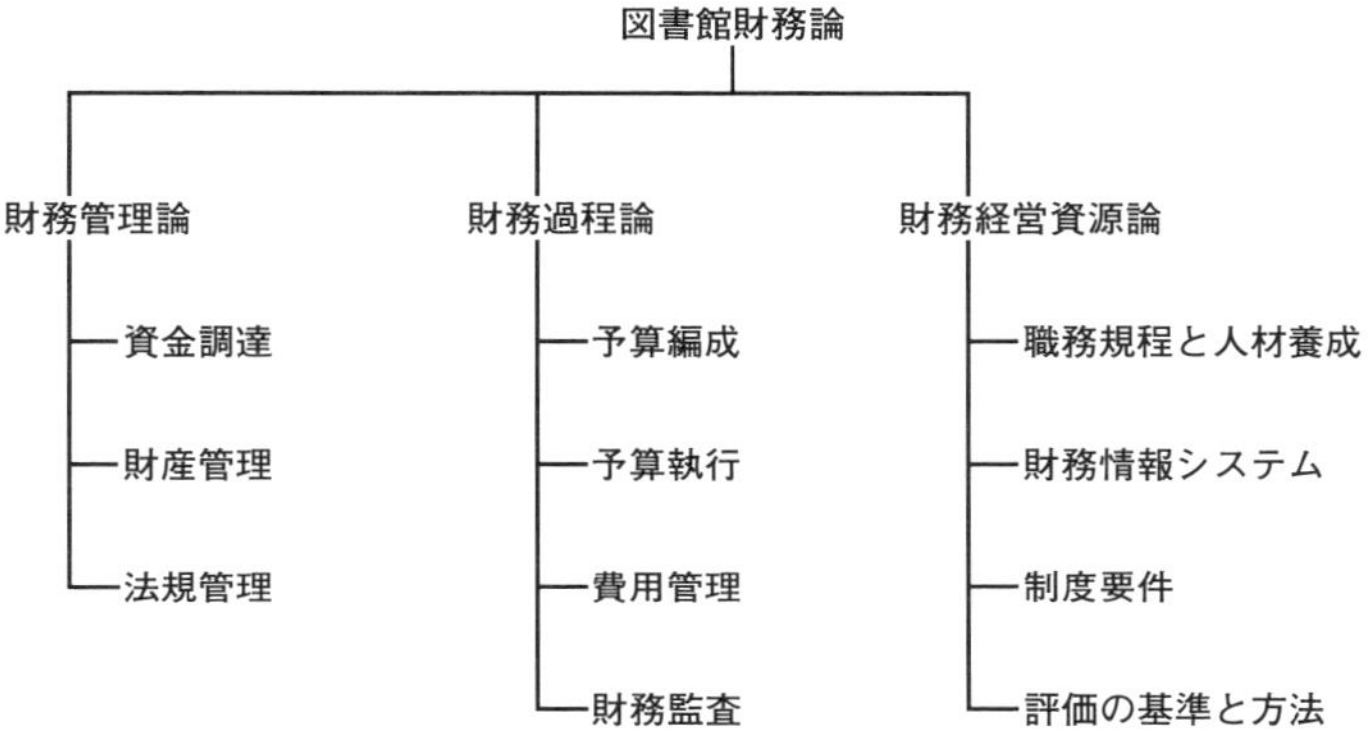

図12－1　図書館財務論の構造と検討課題

管理・財務過程・財務経営資源の三分野と、そこでの理論的課題を提示することにしたい（図12－1参照）。

最近わが国でもＮＰＭ理論[28]（New Public Management）が本格的に論じ始められており、その基本的考え方は妥当であると考える。しかし、例えばその理論に則って英国政府が始めたＲＡＢ（Resource Accounting and Budgeting）[29]のような財務・会計制度を日本で実際に導入するにあたっては、国あるいは地方公共団体の行財政制度の根本的変革を必要とするため、一般に行政の末端組織である図書館が独自にそのような新しい手法を採用することは困難と思われる。したがって、本節でも前節と同様、現在の日本の官庁会計制度を前提に論ずることにするが、それが変更不能なものでないことは言うまでもない。むしろ、そのような制度の変革が、図書館財務論の新たな展開の出発点となろう。

（1）　財務管理

ここで言う「財務管理」は、貸借対照表の作成に代表されるような、企業財務における資産・負債・資本の管理・運営に相当する機能であり、従来の図書館財務ではほとんど議論の対象となってこなかった分野でもある。このような財務管理の考え方を図書館財務に導入するためには、現金主義会計から発生主義会計への転換を必要とするが[30]、それに加えて考察すべき重要課題としては、資金調達、財産管理、法規管理の三つがある。

資金調達に関しては、図書館は設置母体である地方公共団体や大学からの支出金（予算割当て）にその資金の大半を頼っているのが実情であるが、設置母体の財政難や経営合理化などの理由により、独自の資金調達の努力が求められることは明らかであろう。その中で特に注目すべき方策としては、①特定事業を対象として外部機関から寄金・助成金を受ける基金獲得、②図書館建設資金の調達及びその後の運営委託を目的としたＰＦＩの導入[31]、③サービス手数料を始めとする収益事業[32]、がある。こうした資金調達については、問題点の存在も含めてすでに実績のある英米等諸国に比べて、わが国ではようやく実際の取り組みが始まったところであり、基本的考え方の整理やわが国図書館界の実情に適った手法の開発が必要とされる。

財務管理は、企業財務における有形、無形、投資その他の固定資産及び繰延資産並びに負債の管理にあたるものとして考えることができる。有形固定資産については、図書館固有の問題として、図書館が蓄積している情報資源を、それが紙媒体であれ電子媒体であれ、どのように扱うかという基本的問題がある。その考察には、繰延資産[33]の概念を導入する必要があり、電子図書館システム開発経費などもその対象となるであろう。

また、国立国会図書館が建設費に関して国庫債務負担行為を行うことを除いては、一般の図書館が独自に巨額の債務負担行為をすることはほとんどなかったと思われるが、例えばＰＦＩ（Private Finance Initiative）の導入にあたっては、図書館が直接負うことはないとしても、「負債」概念を経営上導入することは不可欠となろう[34]。

財務に関わる法規管理もこれまで等閑視されてきた分野である。しかし、図書館で蓄積・編集した電子情報資源に係る著作（隣接）権の管理、収益事業に伴う利用契約や債務負担など、財務管理のほとんどの業務について、関係諸法規との適合性を図ることにとどまらず、さらに図書館資源の積極的活用を可能とする一種の戦略法務の視点が必要とされる。

（2） 財務過程

予算編成から財務監査に至る過程を考察の対象とするのが財務過程論である。この分野では、当面の検討課題として二点をあげたい。

第一は、予算編成に関して、前節（2）であげたプログラム別編成をさらに展開し、その効果測定と評価を取り込んだＰＢＢ[35]（Performance Baced Budgeting）などの新しい予算編成方式適用の可否を、わが国の財務関係制度との適合性を考えたうえで論じることである。本来予算編成は経営計画の中心を成すものであり[36]、わが国においても、従来型の行政プロセス全体を根底から変える手段として「成果ベース予算」の提案がなされている[37]。図書館経営についても、その重要性は変わるところではない。

第二の課題は、予算執行に関して、執行計画作成から実行決定までのプロセス管理の仕組みを明らかにし、図書館業務・サービスの大きな部分を占めつつある外部委託・発注業務に係る入札、決定基準、契約、実施管理、評価等諸方式の分析と、それに基づく標準化の提示を図ることである。

以上の理論的検討の前提として、現実の各図書館における財務過程の事例分析を積み重ねる必要がある。

（3） 財務経営資源

経営資源の基本要素として、ヒト、モノ、カネ、情報、時間の五点が一般にあげられるが[38]、図書館の現状に照らせば、ヒトの問題への取り組みが急務である。実務的には、各図書館における財務担当者の配置と人材養成、理論的には、財務管理・予算編成・執行管理・財務監査・会計処理その他の業務別にその業務対象範囲と職務規定を明確にすることが求められる[39]。さらに、それらの業務を支援するための財務情報システム構築のあり方も重要な検討課題である。

収益性を始めとする財務評価基準やその分析指標が存在する企業財務と比べて、図書館財務を分析・評価するための手法や指標、基準がわが国ではほとんど開発・認定されていないことは大きな問題である。企業財務における費用分析など一部の手法は十分図書館へも応用可能であるとしても、組織目標の異なる図書館の財務評価基準については、他の公的機関を参照しつつ、独自に提示していく必要があろう[40]。

おわりに

情報・知識を扱うことが本質的業務であると考えられる図書館にとってさえ、近年の電子情報ネットワーク環境の変化は、ランカスターが紙なしシステムで想定していた以上のものと言えよう[41]。電子ジャーナルひとつを例にとっても、第1節（3）でも指摘したように、従来の蔵書構築・情報検索・文献提供・資料保存などの図書館業務及び図書館情報学の諸分野を横断したものとなっており、その中で、契約、著作権処理、電子決済、サービスへの課金などの財務問題は、今後の図書館業務・サービス全般の規制要因でもあり、逆に発展を支える要因ともなりうる。その理論的枠組を整理し、方向性を示唆するための図書館財務論構築の必要性が、まさにその点で認められるのである。

本稿では、図書館財務論の全体的構図を示すことに力点を置き、各論についてはその領域と課題を粗描するにとどめた。その理由は、図書館財務の各分野について論じる以前の問題として、本邦図書館情報学の中で図書館財務論全体の対象と理論的構造が定まっておらず、その措定が第一の課題と考えたからである。とはいえ、現状分析と理論課題の考察にあたっては、予算編成と執行が中心となり、財務管理に関わる諸問題については、現実の図書館における事例がほとんど明らかにされていないこともあり、枠組の提示自体が不十分に終わっている。今後はそれを含めた各論での展開を図りながら、図書館財務論全体の領域と構造の精緻化を期したい。

　なお、本文中でしばしば指摘したように、図書館財務の多くの課題を本格的に論じ、実際の解決を図るためには、わが国の多くの図書館を規定している官庁会計その他の諸制度の変更を必要とする。そして、そのような制度的制約を前提としているために、図書館財務の理論的考察や実務上の改革がこれまであまり試みられることがなかったとも言えよう。しかし、ＮＰＯの活動が活発になり、独立行政法人やＰＦＩが具体化して図書館への適用も現実の問題となってきた現在、そのような動きに対応しうる図書館財務の理論化が急がれるのである。

注

（1）理論誌としては、The Bottom Line: managing library Finance, MCB University Press. が発行され、また英国図書館の第二次戦略計画書では、第一次戦略計画書に比べて、「第五章第三節　財政事情」「第八章第五節　財政」「附録　財務五か年計画」など財政・財務（Finance）の重視が目立つようになる。ref. The British Library, *Advancing with Knowledge: The British Library Strategic Plan 1985–1990*. 1985, 40p. *Gateway to Knowledge: The British Library Strategic Plan 1989–1994*. 1989, p. 35.

（2）例えば、大澤正雄『公立図書館の経営』日本図書館協会、一九九九、一五七―一六七頁。山本宣親「第2章図書館と地方自治体」『図書館経営論』竹内紀吉編、東京書籍、一九九八、三七―四五頁。

（3）田窪直規「第3章　図書館業務の理論と実際」『図書館経営論』高山正也ほか、樹村房、一九九七、三七頁。

（4）山本宣親、前掲（2）四三頁。

（5）Bryson. Jo. "Financial planning" *Gower Handbook of Library and Information Management*. Raymond John

Prytherch ed. Gower. 1998, p.53.

（6）わが国でも、例えばレファレンスサービスの独立採算化が具体的課題として提起されている。ref. 大石弥栄ほか「経済不況化における専門図書館運営アンケート調査結果報告」『専門図書館』一七〇、一九九八年七月、一二頁。

（7）全米の大学図書館における状況については次の文献を参照。Hoffman, Irene M. et al. "Factors success: academic library development survey results," *Library Trends*, Vol. 48, No. 3, winter 2000, pp.540-559.

（8）例えば、米国議会図書館のＮＤＬ（National Digital Library）プログラムでは、全資金六〇〇〇万ドルのうち四分の三の四五〇〇万ドルを民間に仰ごうとした。ref. Library of Congress, *Annual Report of The Library of Congress 1998*, 1999, p. 72.

（9）とはいえ、第二次世界大戦後、政府（地方公共団体を含む）における政策的予算編成の様々な理論（ＰＰＢＳ、ＺＢＢ、ＰＢＢなど）が米国を中心に唱えられ、実際に試みられてきたが、内容の点でも、普及度から見ても、定着しているとは言いがたい。ある意味でそれを企業並みに徹底しようとした英国の強制入札制度も、必ずしもうまく機能したとは言えないようである。ref. 高島進「ＣＣＴからベスト・バリューへ」『地方公務員月報』四三六、一九九九、一一月、八五―八七頁。

（10）Tebbetts, Diane R. "The costs of information technology and the electronic Library," *Electronic Library*, Vol. 18, No.2, 2000, pp.128-133.

（11）戸田あきら「図書館の働きを測る　ISO11620図書館パフォーマンス指標の解説」『現代の図書館』三八（一）、二〇〇〇年三月、三〇頁。

（12）勝野憲昭「『有効性検査』の方法論及び技法を巡って」『会計検査研究』一六、一九九七年九月、八七―九五頁。

（13）『図書館情報学研究文献要覧（一九八二～一九九〇）』（日外アソシエーツ、一九九三）を見ると、図書館の経済的側面に関わる分類項目は、「図書館行政―政策―予算」があるだけで、そこに掲げられた論考の多くは、資料費の増額を中心とする予算獲得や地方交付税による補助金の標準経費の問題に限られている。「図書館管理―運営」の分類のもとには財務的問題を扱った論説はほとんど上がっていない。

（14）金森久雄ほか編『有斐閣経済辞典』第三版、有斐閣、一九九八、四八八頁。

(15)「特集：図書館経営論の課題」『現代の図書館』三六（四）、一九九八年一二月、二二三―二八五頁。及び「特集：図書館の予算」『現代の図書館』三七（一）、一九九九年三月、三―三九頁。
(16) 高山正也「図書館会計論確立に向けてのノート：図書館経営論のさらなる発展のために」『図書館情報学の創造的再構築』藤野幸雄先生古希記念事業委員会編、勉誠出版、二〇〇一、三一六―三二五頁。
(17) 以下のロバーツによる定義を参考にした。Roberts, Stephen A. *Financial and Cost Management for Librarians and Information Services, 2nd ed.* Bowker-Saur, 1997, p.2.
(18) 長谷川豊祐「E-Commerce と学術雑誌」『情報の科学と技術』五一（一）、二〇〇一年一月、一八一頁。
(19) 前掲（5）、p. 56.
(20) 出版社相互、出版社と二次データベース機関、それらとコンピュータ関連会社などとの連携も進み、それを長谷川は「垂直統合型システム」と呼んでいる。ref. 前掲（18）、一九頁。
(21) 図書館の情報サービスを対象とした試みが、すでに英国の公共図書館で始まっている。ref. Readman, John. "Rewriting contractor relationships." *The Library Association Record*, Vol. 103, No.1, Jan. 2001, pp.35-36.
(22) 前掲（17）、七八頁。
(23) その一例として、浦安市立図書館の平成八年度当初予算を見ることができる。前掲（4）、四二頁。
(24) 一瀬智司「公企業財務管理」第二版、春秋社、一九八一、六〇―六三頁。
(25) 柳与志夫「英国図書館政策の再編進む　ＢＬと Resource」『カレント　アウェアネス』二六〇、二〇〇一年四月、二一―三頁。
(26) 前掲（16）、三二二頁。
(27) 平成一〇年度分から国立国会図書館でも、大蔵省（当時）の統一的方針のもとに、各省庁と同様に貸借対照表の原型ともいえる表の作成を始めている。
(28) その概要については、以下の文献を参照。大住荘四郎『ニュー・パブリック・マネジメント　理念・ビジョン・戦略』日本評論社、一九九九、二二八頁。
(29) 前掲（28）、一四九―一五六頁。
(30) 前掲（16）、三一八―三二〇頁。官庁会計全体における意義については、以下の文献を参照。大住荘四郎「公会計改革の方向性」『経済セミナー』五四九、二〇〇〇年一〇月、七六―七七頁。

(31) その概要については、以下を参照。ただし、同論文中のＶＦＭ（Value for Money）の説明は、コストの低さだけを強制しすぎている印象がある。本来のＰＦＩは、「安上り行政」を目的とするものではない。浜野道博「図書館とＰＦＩ」『みんなの図書館』二八五、二〇〇〇年一月、六〇―六九頁。

(32) 図書館で考えられる収入源として、手数料、予約料、コピー代、広告、場所貸、コンサルティング、電子情報提供、情報検索、出版・書誌作成、セミナー開催などをロバーツはあげている。前掲（17）、一〇三―一一〇頁。

(33) ある支出額について、その対価は年度内にすべて受け取っているが、（例えば資料の購入）、その効果の一部、例えば蔵書としての効果が及ぶと予想される、次年度以降の期間の費用として計上された資産のこと。ref. 大野敏男編『財務用語辞典』四訂版、経済法令研究会、一九九九、一〇三頁。

(34) このような財産管理を行う前提として、貸借対照表の作成が不可欠であることは言うまでもない。すでにわが国でも地方公共団体レベルでは、理論及び実践の両面でその検討が急速に進んでいる。ref.「特集：公会計改革を考える　バランスシートを中心にして」『都市問題』九二（一）、二〇〇一年一月、三―八七頁。

(35) ＰＢＢの概要及びその有効性の有無については、以下の文献を参照。Willoughby, Katherine G. et al. "Implementing PBB: conflicting views of success," *Public Budgeting & Finance*, Vol. 20, No.1, Spring 2000, pp.105-120.

(36) プログラム別予算編成も、米国国防計画の再編成のための中核的手段として、米国国防総省で初めて本格的に導入された。ref. 一瀬智司『日本の公経営　その理論と実証』ぎょうせい、一九八八、四五―五〇頁。

(37) 上山信一「行政評価と予算制度改革　①変革のパワー秘める『成果ベース予算』」『地方行政』九二三六、一九九九年一二月一六日、二―九頁。

(38) これらに加えて、「制度」も重要な経営資源と考えられる。例えば、国立国会図書館法第二六条「館長は、国立国会図書館に関し、直ちに支払に供し得る金銭の寄贈を受けることができる。」は、財政法の例外として実際には活用は難しいとされてきたが、独立行政法人でも、政府以外の者からの出資を受けることは排除されない。ref. 独立行政法人制度研究会『独立行政法人制度の解説』第一法規出版、二〇〇一、四四―四五頁。

(39) もちろん、このような業務別担当職員を実際に配置できる図書館は日本ではほとんどないと思われるが、理論的には区別する必要がある。

(40) 例えば、英国図書館界では、公共サービスのコストと質の両方の観点を統合した"best value"という考え方が、費用対効果に代わる重要な基準として浮上している。ref. Liddle, David. "Best value — the impact on libraries: practical ateps in demonstrating best value," *Library Management*, Vol. 20, No.4, 1999, pp.206-212.

(41) ウィルフリッド・F・ランカスター『紙なし情報システム』〔Toward Paperless Information Systems〕植村俊亮訳、共立出版、一九八四、一一九—一三七頁。

第Ⅳ部　新たな政策論への展開

第Ⅳ部　まえがき

ここには、近年私が取り組んでいる文化情報資源政策論の基本的な考え方と、図書館経営の諸問題を発展的に解決していくためにそこに至った理由がわかっていただけるような二つの論考を並べた。

第13章では、それまで私が様々な場面で個別に論じてきた公共図書館経営の現状の問題点とその背景となる要因五点を挙げた。残念ながらいまだにこれらの問題は解決されていないように思われる。

今回書き下ろした第14章では、私が図書館経営論から文化資源政策論へと移ってきた思想的経緯と、文化資源政策論の理論スキームを定立することによって、文化資源に関わるどのような理論的・実践的課題が明確になってくるかをスケッチ的に示した。

第13章　公共図書館経営の諸問題

出典：『図書館の活動と経営』（大串夏身編）青弓社、二〇〇八年九月、二六九—二八六頁。

はじめに——公共図書館に経営があったのか

いささか刺激的な副題だが、実は公共図書館で「経営」が始まったのは、それほど昔のことではない。いまでこそ「行政経営」は珍しい表現ではないが、そもそも日本では長らく「行政管理」の時代が続いた。同じように、図書館の管理・運営はあったが、「図書館経営」という言葉が一般的に使われるようになったのはようやくこの十年程度のことだ。そのことは単なる言葉じりや流行上の問題ではなく、これまで公共図書館経営がおかれてきた社会環境や関係者の意識を反映しているように思われる。

早くからシティ・マネージャーの導入など自治体経営に経営的要素を取り込んできた米国と異なり、日本では、行政側だけでなく民間企業や一般社会の間でも、行政と経営とはまったく別のことだという考えが共有されてきた。単純化して言えば、行政の最大の目的は法律・条例を作ることで、あとはそれに基づいて着実に執行していくことに行政の役割があるという考えだ。各国の中央省庁のキャリア職の出身学部を比べても、経済学部はもちろん文学部や理工学部出身者も珍しくない英国や中国などと異なり、日本ではいまだに法学部出身者が異様に多いことにもそうした考えが現れている。そのような風土では経営的視点や社会工学的発想は育ちにくく、法律の制定と運用、行政事務の運営・管理が仕事の中心になるのは自然の成り行きだった。

そうした行政一般の問題に加えて、さらに図書館の場合は、出先意識あるいは現場意識という特殊要因が大きな影響を与えている。「本庁」の首長部局に対して、公共図書館が属する教育委員会自体が少し「はずれた」位置にあり、さらに、図書館はその教育委員会事務局内部組織には属していない施設として位置づけられている。つまり行政中枢部門から見ると末端の施設である。同じ行政サービスを担っている公務員であるにもかかわらず、公立図書館職員にありがちな「行政が何を考えているのかわからない」「行政は図書館に理解がない」という、外部の人間から見ると不思議な発言も、こうした背景を考えると多少の合点はいく。自治体内の人事配置の優先度や人事考課の実際を見ると、図書館職員の単なる被害者意識というだけではすまされない深刻な問題だ。

こうした職員の出先意識に加えて、図書館政策や経営方針というのは教育委員会など別のところで考えることであり、図書館サービスの「現場」では淡々と日常的作業をこなすことが大事とする現場意識がある。本庁から二、三年のローテーションで「派遣」されてくる館長（管理職）の任務は、こうした図書館現場の労務管理にある、というような自治体も少なくないだろう。現場こそ政策を考え、それを実現するための経営方針を策定していく場であるという考えが、そうした環境では育ちにくかったことは確かだ。しかし、公共図書館を取り巻く環境は大きく変化し、図書館の現場でも主体的に経営をおこなっていく必要が生じている。

1　公共図書館の経営をめぐる問題

どのような組織の経営にも常に問題や課題がある。そういう意味で、公共図書館経営にもさまざまな問題がある。そのすべてをここで論じることはできないので、これからの公共図書館のあり方に大きく関わりをもつであろう六つの問題点をあげてみたい。

（1）貸出サービスの肥大化

公共図書館の重要な役割として、住民への情報・知識の提供があることは異論のないところだ。それを実現するために、館内閲覧、資料貸出、利用ガイダンス、レファレンスサービス、データーベース検索、セミナー開催などの具体的サービスがある。ところが戦後、特に一九七〇年代以降の公共図書館では、それらのなかから資料貸出を基本的・中核的サービスと位置づけ、資料貸出サービスの拡大こそが公共図書館の最大のサービス達成目標と考える風潮が一般的になった。従来の蔵書数に代わって貸出冊数が図書館を評価する重要な指標になったことがそれを象徴している。

資料貸出の重視は、量的拡大だけでなく、リクエスト・予約、相互貸借、インターネットによる申し込みなど、その提供方法の改善をともなった。それがいまや図書館経営を大きく圧迫しているのだ。利用増にともなう作業量の増大は、本来ならほかのサービスに振り向けることができる経営資源（おもに労働力）の余力を失わせている。問題はそれだけではない。一部利用者の際限ない利便性を求める要求に応えていきさえすれば（文句を言われないようにすれば）、それで「滞りなく」毎日の図書館運営がおこなわれているかのような意識を、一般職員だけでなく経営者たるべき館長にまでも抱かせてしまっていることに、むしろ重大な危機が存在する。

(2)　潜在的利用者の反発

一般に公共図書館は、住民に最もよく使われる公的施設だといわれる。しかしそれでも、住民の図書館利用登録率が五〇パーセントを超える自治体は少ない。大勢の図書館未利用者のなかには、知識水準が高く、職業・生活上での情報ニーズと現実のメディア利用度も高い、本来なら最もよく図書館を使うはずの潜在的利用者が存在する。彼らが顕在化した利用者にならない理由はさまざまだろうが、その一つに、従来の公共図書館像、つまり昼間に時間の余裕がある主婦や子どもや高齢者層が小説や軽い読み物を借りるための施設、あるいは昼間から暇な人が時間をつぶすための施設というイメージへの反発が、広く社会に普及していることもその背景としてあるのではないだろうか。そうでなければ、統計的にはあまり根拠がないように思われる、数年前新聞紙上を賑わせた「無料貸本屋」論争で、多くの作家やジャーナリスト、学識経験者が図書館批判側に回ったことの説明はつかないように思われる。

つまり公共図書館は良質の顧客層を獲得し損ねており、経営的観点からいえば、やはり重大な危機なのである。

(3)　委託などの理念なき拡大

公共図書館運営の委託が全国で進んでいる。委託自体が悪いわけではない。問題は、何を目的とした委託であり、非委託部門との関連など図書館経営全体のなかでどのように位置づけ、運営していくのかという方針がはっきりしていない点にある。そのために、コスト削減、もっとはっきり言えば、「給与が高い・あまり働かない公務員」より、「給与がうんと安く・そのわりによく働く委託社員」のほうがまし、という理由しか見えてこない業務委託が蔓延していることは、図書館業務の空洞化という大きな危機につながっている。

また、委託制度とは根本的に考え方が異なる、経営方針策定・管理責任と執行責任を明確に区別し、後者を民間事業者の創意工夫に任せるという指定管理者制度の導入も、本来の趣旨を生かした図書館の実施事例はごくわずかで、単なる全面委託の別称になりかねないような状況がある。

(4) 専門職論議の漂流

図書館には専門職が必要だ、というのは日本の図書館界にとってトラウマのような問題だ。戦後六〇年間延々と論議を重ね、いまだに解決の方向性を見いだせていない。大学院レベルの教育の必要性と上級司書の設置、といった同じテーマが一〇年二〇年おきに話題になるが、実質的成果がないまま、また忘れ去られるというパターンの繰り返しのように思われる。その最大の理由は、何が解決すべき課題であるか明確に把握されていない、あるいは直視しようとしていないからだ。本来の専門職制度と程遠いとはいえ、司書職制度を導入している図書館と、そうではなく一般行政職の人事異動で運営している図書館では事情が異なる。

司書を独自に採用している図書館の課題は、そのなかでどうやって専門職を育てることができるか、可能でないのならばほかにどのような手段があるのかを考えることだ。司書資格者を採用しているから専門職が確保できているというのは誤りである。彼らはあくまで専門職へ向けての第一歩を踏み出したにすぎない。さらに、図書館にずっといれば専門家になるというわけでもない。業務上の成果の知識化と学習で得た知識の業務への応用の両方があってはじめて専門職となっていくための経験が形成されるのである。

司書職制度をとっていない図書館は、内部で専門職を育てることは原理的に不可能だ。したがって、どのような方法・制度によって外部から専門職を確保するか、またその身分を保障するかを考えることが課題である。

当然ながら、こうした課題解決のためには前提となることがある。つまり、図書館に専門職が必要であることを、自治体内部を含めて社会的に納得してもらうことだ。図書館界はそれについても十分な説明責任を果たしてこなかった。専門職の役割が「利用者と資料を結びつける」「草の根を分けても資料を探し出す」程度のことで、社会的影響力のある人々を説得できるだろうか。

（5）新規主力サービス開発の失敗

変わらないことを売りにする江戸時代以来の老舗商店は別として、一般に民間企業では、一〇年も二〇年も同じ製品・サービスを提供していては事業が傾いてしまう。社会状況と顧客ニーズに合わせた新製品・新規サービスの開発と提供こそ、経営の最大の課題だ。その観点から公共図書館を見ると、貸出サービスという主力製品（サービス）を展開した後、三〇年以上もそれに代わる主力製品を提示できないままである。これは普通に考えれば、大きな経営の危機だ。

公共サービスでは、往々にして提供製品（サービス）が公共財的性格をもつため、それ自体が永遠普遍の価値があると考えがちである。たしかに、住民に対して情報・知識へのアクセスを保障するという、図書館の中核的（core）サービスに変わりはないだろう。しかしそれをどのようなかたちで提供するかという実際的（actual）サービスは、環境の変化に合わせて変化しなければならない。

おそらく公共図書館界では、レファレンスサービスがその候補として考えられてきたように思われる。しかし実際には、それが広く図書館サービスの主力製品として利用者に受け入れられることはなかった。また、近年喧伝されるビジネス支援サービスにもいまのところ明るい展望があるとは言い難い状況だ。せっかくのいいサービスを使わない利用者のほうがおかしいと考えるのではなく、提供側（図書館）の原因・問題点を考えることが、新しい公共図書館サービスの方向性を探ることに結びついていくだろう。

(6) 図書館政策の不在

戦前までさかのぼるかどうかは別として、少なくとも戦後六〇年、日本では国レベルで公共図書館政策と呼べるものがなかったことは確かだ。したがって、図書館政策の不在が公共図書館経営に影響を及ぼすこともいまに始まった話ではない。しかし、そのことが今後の図書館経営のあり方にさらに大きな負の影響を与えそうな理由がある。それは、ヨーロッパ先進国の取り組みはもとより、近年のアジア諸国、例えば中国、韓国、シンガポール、マレーシアなどと比べると明確だ。その一つは人材育成への取り組みであり、二つ目は電子情報・ネットワーク化への対応がある。これらの課題は、個別の図書館での対応はもちろん必要だとしても限界があり、国レベルでの基盤整備と財政投入、制度づくりが不可欠である。国全体の情報戦略のなさを考えれば、図書館政策の不在だけを取り上げても仕方ないかもしれないが、これはまさに国家レベルの危機といえるだろう。

2 問題の深層

第1節であげた問題は、たまたまある状況下で起きた一過性のものではなく、その根底には公共図書館経営の根幹に関わる重要な要因が潜んでいる。これらの問題の本質を正確に把握し、解決に真摯に取り組むことによって、新しい方向性を見いだすことができる。では、どのような本質的要因が潜んでいるのだろうか。

（1）図書館モデルの存在または不在

図書館整備の方向性を考えるとき、個々の図書館が無手勝流で試行錯誤を重ねるよりも、適切なモデルが存在すれば、経営の効率化と効果の最大化を図ることができるのは明白だ。しかし、それぞれの図書館は当然ながら異なる歴史的・社会的条件をもっている。どんなモデルであれ、必要な変更を加えなければならない。例えば、戦後の公共図書館のモデル的存在となった日野市立図書館や浦安市立図書館は東京郊外に立地し、地方の町村や東京都心区とは人口動態が大きく異なる。また、公共図書館界で広く普及した館外貸出を中核的サービスと位置づけるモデルも、それを可能とする社会的・経済的条件があってのことだ。日本の公共図書館の問題は、貸出サービス中心モデルが全国的に普及したこと自体が悪いわけではなく、異なる社会条件に合った複数の図書館モデルが長い間ほとんど存在しなかったことである。

（2）新しい理念と目的の不在

日本の図書館界は、「住民に対する情報アクセスを保障する」「暮らしと仕事を資料提供によって支える」などのスローガン的目標はあっても、社会状況を踏まえて、公共図書館の社会的役割を国民各層に明示してこなかったように思われる。二〇〇六年三月に発表された文部科学省の報告書「これからの図書館像――地域を支える情報拠点をめざして」でも、関係者向けの戦術論的色彩が強く、その点は不十分だ。国の教育、文化、産業、情報、福祉、地域振興などの基本政策のなかで、図書館がどのような役割を果たし、そこで達成すべき目標は何かという社会的な理解はほとんどないといっていい。それ以上に深刻なのは、肝心の図書館関係者自身がそれを把握していないことではないだろうか。

（3） 利用者の不在

公共図書館全体の貸出冊数は毎年増加している。ほかの社会教育・文化施設と比べても、老若男女、年齢、社会階層などを問わず誰でも気軽に使える施設としては抜きん出た存在だ。近年は駅前再開発などをおこなう際の集客施設として各地で大きな注目を浴び、青森市などで実績を上げていることはその証拠といっていい。しかし、このことをもって公共図書館が国民に広く受け入れられていると考えていいのだろうか。一部のヘビーユーザーへの対応に追われるあまり、開館時間やサービス内容・提供方法を変えることによって得られるはずの潜在的利用者を逃している可能性を考える必要がある。それは、貸出カウンターに座って受け身で利用者を待っているかぎりは見えてこない「利用者」だ。

（4） 専門職の不在

司書職制度をとっているか否かにかかわりなく、日本の公共図書館の現場に本来の専門職と呼べる司書はわずかしかいなかったし、いまもいない、ということをまず直視する必要がある。それは、本人に熱意があり、利用者のために日々頑張っている、というようなこととは別の次元の話だ。カウンターでの貸出・返却手続きが笑顔を絶やさず的確におこなえる、あるいは資料の収集・整理業務に熟練していることも、それだけなら事務職や技能職の話である。専門職であれば、図書館一般は当然として、特定の専門分野の知識と技能をもちながら豊富な現場経験があり、その主題について論文を書き、大学や現職者研修の講師を務めるという、実務・研究・教育の三要件を満たす必要がある。問題の本質は、日本の図書館界は本当にこのような専門職を公共図書館に置くことを必要と考えているのか、それとも「公務員司書」の身分保障が目的なのか、明確に意識することだ。

浦安市立図書館をはじめ、司書職制度をとっているという自治体でも、その内実は、司書資格者を採用し、本人の希望がない限り図書館以外の部署へ異動させないという範囲までで、それらの司書は実際には自治体他部門の職員同様、一般事務職としての処遇を受けている。教員や医師のように、独自の専門職として遇されているわけではない。現在の公務員制度のもとで、公務員としての司書専門職を処遇することに現実性はない。今後本気で公共図書館の専門職を確保しようとするなら、従来とは異なる対応策を考えるべきだろう。

(5)　外部の不在

人は外の目があってはじめて自分の振る舞いを気にする。組織も同様だ。官・民を問わず、外の目が行き届かない組織の腐敗は日常的に新聞が報道するところである。そして公共図書館も「外界」をあまり意識しないですむ組織になっている。冒頭に述べたように、公共図書館は行政内の末端組織であり、しかも概して本庁舎から離れた場所に建てられている。本来は緊密な結びつきがあるはずの出版界や情報産業、ビジネスマンやジャーナリスト、研究者などとの連携もほとんどなく、業務・サービスは自己完結的だ。大半の利用者は本さえ借りられれば特に注文はなく、一部の権利意識が強く、要求度が高い「うるさい」利用者をなだめてさえいれば、一日が大過なく過ごせる職場だった。こうした環境では、社会状況のなかで自分の役割を考えるのではなく、自らが中心にいて周りの社会が動いている「図書館天動説」に陥りがちだ。

3　変わる図書館と変わらない図書館——図書館の公共性

第1節であげた図書館経営上の諸問題は、一つずつを見てもその解決にはかなりの困難をともなう。さらに第2節であげた、その根底にある諸問題の解決には、現在の公共図書館界の構造的変革を必要としている。しかもその改革は、一昔前の貸出図書館モデルのような全国一律の形式にはならず、地域の歴史と社会環境の特性を生かし、使用可能な経営資源を最大限効果的に活用できるよう、各図書館独自の方向性を自ら考え出す必要がある。その結果当然のことだが、うまくいく図書館もあれば、対応が不十分なまま行き詰まってしまう図書館も出てくるだろう。しかし、すべての図書館の発展を約束する図書館モデルは存在しない。その意味で、自館の経営資源の強みと弱みを把握し、行政の内部事情や社会環境を分析して、図書館の使命とそれを実現するための経営戦略を提示すべき館長の役割は極めて重要である。

民間の会社では、経営の巧拙によって倒産する場合もあれば、逆に短期間に大発展することも当然あるが、公共機関はそのようなものではないと長い間思われてきた。しかし夕張市の例を引くまでもなく、経営がうまくいかず自治体が破綻することはもはや不思議ではない。図書館経営も同じだ。「つぶれる」公共図書館が出てきても驚く必要はないし、これからは、むしろ自然なことだと考えたほうがいい。公共図書館は相互に競い合う時代に突入している。

しかしだからといって、公共図書館が企業化すればいいということを意味しているわけではない。またしようとしても無理なことは明らかだ。住民一人ひとりに対して、公共的な情報・知識へのアクセスを保障し、地域コミュニティでの情報・知識の創出を支援するという公共図書館の理念は、古びていないばかりか、その重要性はむしろ増している。しかしその理念を実現するためには、公共図書館＝公立図書館、公共図書館員＝公務員司書、公共図書館建築＝自治体施設、図書館サービス＝貸出、図書館利用者＝実は一部の貸出ヘビーユーザー、などの旧来の官立図書館パラダイムを脱して、制度や資金、人材、資料、施設などすべての要素において官・民の境界を超えた資源調達ができる経営に転換していく必要がある。各地域の文化的特性を生かした本来の「公共」図書館形成に向かって変わっていくか、従来のままの官立無料貸本図書館を続けていくか、公共図書館経営は大きな岐路に立っている。

4　解決の方向

もし公共図書館経営が大きな変革に向かうとすれば、そのためのさまざまな努力を必要とする。個々の図書館の努力では動かしようがない国レベルの問題もあるが、上が動かなければ何もできないということでもない。国家レベルから職員・関係者の個人レベルまで、経営改革に向けての方策を考えてみたい。

(1)　国家政策レベルの方策

諸外国の動きを見ると、日本の図書館政策あるいはそれを包括する情報資源政策形成の立ち遅れに大きな危機感を抱かざるをえないが、ここでは図書館経営の改革に必要な、現実的な政策——法律改正、財政措置、組織設置の三点に絞る。

まずは図書館法第一七条の、いわゆる図書館無料の原則の修正または廃止だ。この問題はこれまで図書館界ではタブー視され、論議することさえはばかられてきた。しかし私見では、この原則が今後の公共図書館発展の大きな障害になっている。誤解しないでほしいのは、それが図書館サービスの原則有料化を意味するわけではないということだ。おそらく図書館法第一七条が廃止されても、大半の図書館で基本的サービスは無料にとどまるだろう。一方で、利用者間または利用者・非利用者間の費用負担の公正さの確保、図書館サービスの多様化・高度化、利用者セグメントに応じたサービスの提供など、社会環境の変化への柔軟な対応をめざす今後の図書館経営にとってサービスの一律無料の原則は、経営の硬直化・画一化を招くだけだ。

財政措置については、実は建設補助をのぞくと、これまで国はほとんど公共図書館振興に資金投入をおこなっていない。その意味では、公共図書館は地方自治の優等生かもしれない。しかし全国的な知的インフラ整備の重要性を考えると、農業基盤や道路の整備にこれまで大量の財政投入をおこなってきたことに比べて、あまりに政策的配慮に欠けていた。諸外国の状況を勘案しても、相当の資金投入があってしかるべきだが、各地の公共図書館に補助金をばらまけばいいというものではない。目的と目標を明確にして、図書館の人材開発や資料・情報基盤整備の特定分野に重点的に資金配分することが肝要だ。時限的な措置として、効果があった図書館には継続・増額をし、そうでない場合は廃止するなどのメリハリを利かせる必要がある。

各地の図書館経営に対する相談窓口や助言機能、人的援助を含めたさまざまな図書館振興のための全国センター機能を果たす組織の設置も、いま求められる喫緊の課題である。新規に組織を設置するのではなく、諸外国の国立図書館のように、国立国会図書館法を改正して同館でのその役割を明確化するのも一つの方法だろう。

（2） 自治体レベルの方策

公共図書館経営の第一の責任が設置自治体にあるのは明らかだ。しかし、どのような経営形態・運営方法によって図書館サービスの向上を図るかは、各自治体が置かれた状況によって異なり、一律に規定するべきものではない。ここでは共通の課題と思われる点を二つだけあげたい。

第一は、自治体の諸施策での公共図書館の優先順位、少なくとも自治体が運営する社会教育施設や文化施設のなかでの優先順位をはっきりさせることだ。浦安市や千代田区のように高い優先順位をつける自治体もあれば、そうでないところもあるだろう。それを自治体の政策選択の結果として住民に示す必要がある。

第二に、公共図書館運営を自治体政策上重視する場合は、最低限の要件として館長を含む専門的スタッフ（図書館職員全員ではない）の確保を保障することである。その方法は、公務員としての常勤雇用や任期つき職員の採用もあれば、指定管理者制度導入、あるいはほかの工夫もあるだろう。各自治体の状況に応じて選択すればいい。

(3)　図書館レベルの方策

図書館全体の経営改革の方策は多岐にわたる。ここでそのすべてに言及することはできないので、その導火線となりうる点を二つだけあげておきたい。

その一つは、自館の使命宣言（mission statement）を常勤スタッフ全員の討議を経て策定し、最終的には教育委員会の議題として論議し、決定してもらうことだ。そうした論議の過程で、図書館の社会的役割や自治体の諸政策との関連、図書館職員の任務を提示していくことが可能になる。図書館の価値を絶対視するのではなく、社会環境における相対的位置づけをする必要がある。マーケティング用語でいえば、社会政策マーケットでのポジショニング（位置設定）を明らかにすることだ。

もう一つは、ＰＲ・マーケティング担当者を置くことである。専任職員が十人以上いる図書館ではサービス部門を削ってでも専任を一人確保したい。それ以下の職員数なら兼務はやむをえないが、主要な担当業務とすべきだ。広報・マーケティングの意義についての詳細は本書第8章に譲るが、広報やマーケティングをマスコミや利用者受けをねらった宣伝をする付加的業務であり、図書館サービスをきちんとおこなう体制ができてはじめて取り組むもの、という考え方は捨てる必要がある。図書館にとっては利用者を含む図書館の利害関係者（stakeholder）との良好なコミュニケーションを保障するための本質的業務であり、図書館を閉じた組織にしないための装置でもある。

(4) 個人レベルで努力すべきこと

ここでは改革志向の現役図書館員に向けて、三点あげておく。

第一点は、どれほどささやかな改革・改善であっても、自分ができる範囲で何かに着手すること（失敗に終わってもかまわない）。第二に、専門的知識を身につけること（これは努力に見合った成果が期待できる）。第三に、図書館員以外の関係者と付き合うこと（出版関係者、行政改革担当者、利用者、ジャーナリストなどいろいろ）である。要するに、一人で考えていないでほかの人と何かをやってみることが重要なのだ。

第14章　図書館経営論から文化情報資源政策論へ

＊書き下ろし

はじめに

図書館経営論は何のためにあるのか。もちろん、実際の図書館経営に役立たせるためである。しかし図書館の経営それ自体は、図書館経営の目的ではない。つまり、図書館活動によって「何かを」実現するために、「より良い」図書館の経営が必要とされる、そのための図書館経営論なのである。その何かを忘れてしまったとき、あるいは見失ってしまったとき、図書館経営論は単なる図書館の経営技術論になってしまう。

それでは、公共図書館の場合に、その目的は何かと言えば、「市民による公共的知識へのアクセスの保障」であると私は考えている。それを実現する方法を考えるために、情報・知識の収集、組織化、保存、活用などを論ずる図書館情報学の諸分野、つまり図書館資料論、資料組織化論、図書館サービス論など、そしてそれらを効果的・効率的にマネジメントするための図書館経営論が形成されてきたのである。

その公共図書館本来の趣旨に照らして、現在の図書館を取り巻く社会的・経済的・政治的・技術的諸状況を考えた場合に、図書館経営論は、「図書館」の経営ではなく、「知識」の経営に移行する必要が生じている、というのが前著『知識の経営と図書館』以来の私の認識であり、その理論化と実践にこれまで取り組んできた。以下では、こうした認識に至った背景を簡単に振り返り、今後の公共図書館と図書館経営論の向かうべき方向について論じたい。たとえそれがもはや図書館経営論とは呼べない、別の段階の理論に変わっていかざるをえないとしても、である。

なお、以下では特に断らない限り「図書館」は公共図書館を指すことにする。

1　我が国の図書館活動・図書館情報学の成果と限界

（1）図書館活動の成果と限界

ここで戦後の我が国公共図書館史を検証しようという気はないし、またその任でもない。あくまで私の個人的視点で、公共図書館活動の成果と問題点を考えてみたい。

戦後の図書館活動の最大の成果と言えば、公共図書館の全国的な普及、具体的には設置数や利用者数の大幅な増加と、「暗くて閉鎖的な学習室」から「明るく開放的な資料室」へのイメージの転換にあることは間違いないだろう。あらゆる公共施設の中で、老若男女を問わず、これほど誰もが使える施設は他にない。実際には図書館を利用していない人も含めて、資料が気軽に無料で借りられる場所という一定の社会的信頼感があることは確かである。

ここまで発展してきた日本の公共図書館であるが、その一方で、様々な側面で壁に突き当たっていることもまた確かだ。資料費の削減に象徴される地方財政上の制約、非常勤職員の増加や委託の進行による「直営」の空洞化、図書館利用者数の頭打ち、出版界からの根強い無料貸本屋批判などである。地域文化の特色に根差したサービスを展開している少数の図書館を除いて、図書館の「経営方針」が明確でなく、従来の利用者に従来のサービスをしていれば事足れりとしているようにしか見えない図書館も少なくない。

いわゆる前川理論が戦後の図書館運動の理論的背景として、その発展を支えてきたことは確かだろう。また、前川理論はけっして貸出偏重主義でもない。しかし、運動論上の戦術として採用された（と私は思っている）館外貸出の重視が、図書館全体の発展に大きな成果を上げた後も、そこからさらに追求すべき図書館理念やそれに基づく新しいサービスに展開していく代わりに、多くの図書館関係者の間で貸出サービスの充実こそが図書館の目標であると自己目的化してしまったのではないだろうか。

根本彰が『図書館界』誌上で[1]貸出サービス論に対する原理的な問題提起をしたとき、図書館の現場はもとより、図書館情報学界においても、それがいい意味での論争に展開せず、新しい方向を探るための議論の場となることを逸してしまったのは、その後の図書館運動にとっても大きな損失だった。それは、公共図書館界全体として自主的に取り組むことのできる最後の転換点だったように思われる。

その後、鳥取県立図書館や愛荘町立愛知川図書館、私が関与した千代田図書館や日比谷図書文化館、花井館長（当時）主導による小布施町立図書館など、新しい図書館の方向性を示そうとした図書館も少なからずあるが、公共図書館界全体の流れを変えるには至らなかった。

（2）図書館情報学の成果と限界

同じ文化施設でありながら、劇場学や公共ホール学が存在しない一方で、図書館学や博物館学が成立してきたのは、図書館や博物館が、あらゆる知識の組織化と保存、その活用に関わる機能的組織として古代から一定の社会的役割を果たしてきたからだろう。そして、現代の情報量の膨大な増加とコンピュータやインターネットに代表されるＩＣＴ技術の飛躍的向上を背景に、図書館学が図書館情報学へと発展してきたことも当然の流れと言える。その結果、例えば目録、分類、索引など図書館学が長年にわたって蓄積してきた書誌コントロールの理論と技術が、初期のデータベース構築や情報検索の理論と技術開発に大きな貢献をしてきたことは確かである。メタデータやオントロジーなど、現在の情報学・情報工学に不可欠な概念も、その源流のひとつを図書館学に求めても的外れではないだろう。

そのように考えると、加速度的に量産される知識・情報の収集・組織化・蓄積・加工・利用・伝達・制度化に関わる諸理論・技術の体系化と総合化が求められている現在、図書館情報学がこれまでの成果をもとに、その中心的役割を果たしてもおかしくなかったはずである。しかし実際にはそのような方向を学界全体としてめざすことはなかったし、その分野での新しい貢献も近年は乏しかったと言わざるを得ない[2]。その理由は幾つかある。

図書館学と並んで知識・情報の収集・組織化・利用の理論と技術を扱ってきたドキュメンテーションやアーカイブ学の伝統を十分引き継ぐことができなかったこと、それに伴って工学系や理学系の人材を研究者として取りこめなかったこと、日本の場合研究者層が薄く、しかも研究者としてよりも司書課程の教師としての役割が優先されがちなこと（査読誌に一本でも論文を書いたことがある教員の割合はどのぐらいだろうか）、そもそも研究者の間に、図書館情報学とは何か、その研究分野と理論がめざすべき方向性に共通の認識がないこと、などが挙げられるだろう。それに対処すべく理論的な再構築を必要としているときに、本来そちらに振り向けるべき数少ない人的資源（研究者）を、専門職教育のあり方やそれに基づく無益な検定試験の実施に浪費してしまったのが、日本図書館情報学会をあげて取り組んだＬＩＰＥＲ[3]（図書館情報専門職養成教育再構築）の大きな失敗であった。

そして何より問題なのは、図書館情報学にとって「図書館」が今後も意味を持つのか、持つとすればそれはどのような位置づけとなるのか、図書館の枠組みを今後も維持すべきなのか、という根本的な問いが一九九〇年代の電子図書館論[4]を契機として提示されていながら、我が国図書館情報学界がそれに本格的に対峙することをしなかったことではないだろうか。

(3)　停滞の原因は何か

このように、日本の図書館と図書館情報学は停滞の中にある、というのが私の認識だ。しかもそれはそこにそのまま留まっているのではなく、新鮮な空気や水の流れにさらされないまま、少しずつ腐食し始めている。

私が危機感を持つのは、しかし停滞していることにあるのではない。上は国家から家族まで、あらゆる組織には発展期もあれば停滞期もある。学問分野も同じだろう。したがって、停滞そのものが悪いわけではない。問題は、停滞が長引くことによって、劣化が始まること、そして何よりも、今停滞している、限界にきていることの自覚が関係者の多くに共有されていないことにある。図書館という居心地のいい部屋にいたまま、電子書籍、デジタルアーカイブ、MLA連携など、外からの颪は北から南からあらゆる方向から吹いているにもかかわらず、窓を閉め切った生暖かい空気の中でまどろんでいるような感じだ。

しかし部屋全体は、すでに具材が朽ち始めているのではないだろうか。

2　「図書館的機能」への期待

(1)　図書館・アーカイブへの関心の高まり

図書館、書店、古書店などに関する本や雑誌特集は近年明らかに増えている。また、ほんの数年前までは限られた関係者しか知らなかった「アーカイブ」という言葉を、今や普通に新聞記事や雑誌の中で見かけるようになった。しかもそれらに関心を持ったり、利用するだけでなく、市民自らが積極的に関わろうとするマイクロ・ライブラリーの動きも活発になっている。[5] 明らかに図書館等に関する社会的関心は高まっているのである。問題は、現実の図書館にそれに応える用意ができていないことにある。用意ができていない、というのには三つの要因があるように思われる。

ひとつは、職員や行政担当者など図書館の関係者が新しいニーズを把握できていないことである。あるいは、現在の貸出サービスだけで十分だと考えていることの方がより大きな要因かもしれない。第二に、仮に新しいニーズに応えようとしても、予算や人材、施設などの経営資源をそれに振り分ける余裕がないこと、あるいはサービス全体の優先順位を再構築し、図書館の経営資源を再配分することができるような経営判断やリーダーシップがないことがある。第三の要因は、図書館という社会制度に対して、時代の環境や市民の必要性に応じて新しい方向に向けて変革していくための制度設計がなされていないという、社会的・政策的な問題である。

これらの問題を図書館情報学の文脈に置いてみると、第一の局面は図書館サービス論、第二が図書館経営論、第三が図書館政策論の領域に対応していると言えよう。そして、現場の図書館活動だけでなく、図書館情報学においても、その各分野で新しい動きに対応できるような理論的展開がなされているとは言い難いのである。

それでは、どのような方向に向かって図書館活動と図書館情報学は変革されるべきなのだろうか。

(2)　世界的な潮流——公共情報の重要性

近年オープンデータをめぐる議論が盛んになってきた。[6]市民による情報アクセスの向上やビッグデータ解析による商用価値の高まりなど、その背景はいろいろあるだろうが、公共情報の重要性が高まっていることは間違いない。そして、本来なら、図書館、博物館、文書館などの公共施設がもっている資料と情報がそこで大きな位置を占めてもおかしくないはずであるが、日本の現実はそうなっていない。

その理由は幾つかある。オープンデータという形で利用できるように所蔵資料がデジタル化されていないことが最大の直接的理由であるが、その背景は複雑だ。デジタル化の予算がない、人員がいない、施設がない、などの資源不足はもちろん、権利者不明作品の多さとその対応の難しさ、権利処理制度の不備などの法的・制度的問題もある。しかし、何よりも問題と思われるのは、図書館等の現場で、あるいは行政担当者その他関係者の間で、図書館がオープンデータ政策の一翼を担うべきであると思っている人がほとんどいないことである。

資料のデジタル化や電子書籍の導入、各地の図書館のデジタルネットワーク化、デジタル化を契機としたMLA連携など、すでにこの一〇年来図書館の課題と言われ続けたことである。しかし、実際には、すでに九五パーセントの米国公共図書館で電子書籍サービスが導入されている一方、[7]日本で実施している図書館は一〇パーセントにも満たないのが現状である。[8]

そうした反応の悪さ、対応の遅さは、日本の図書館情報学界でも同様である。ヨーロピアナ（Europeana）や全米デジタル公共図書館（DPLA）の動きに象徴される、デジタル化された公共情報提供の場としての図書館の在り方は、まだほとんど論じられていない。我が国では、こうした議論は図書館界の中から出てくるのではなく、文化資源全体の保存と活用を図るという、より大きな文脈の中で論議されることになるだろう。

(3)　図書館・図書館情報学の蓄積を活かす

図書館的機能への社会的期待の高まりと、現実の我が国図書館界の対応の遅れの落差には驚くばかりだが、だからと言ってこれまで図書館や図書館情報学が築いてきた技術や理論、そして理念を投げ捨てる必要はない。それらをどのように、より広い文脈で発展させることができるかを考えるべきだろう。

公共図書館が、あらゆる公共施設の中で住民に一番使われている施設であることはよく知られている。老若男女を問わず、どのような経歴・趣味・社会的立場の人でも、その人なりの利用ができるという点で、その「公開性」に勝る施設はない。また、特定の時代や地域、分野に限定されないあらゆる分野の知識に対応し、それを体系化しようとしてきた「普遍性」も図書館の重要な特徴である。

書誌学、図書館学、図書館情報学と続く伝統において発展・精緻化されてきた、目録、分類、索引などの書誌コントロールに関わる理論や技術は、近年図書館サービスに図書館活動の中心が移る中で等閑視されがちになっていたが、改めてその意義を見直す必要がある。情報探索やレファレンス・サービスに関わる技術も、情報工学や行動心理学などの成果を踏まえた新たな視点でとらえ直すことができるのではないだろうか。しかし、そのためには、従来の図書館の枠組み、特に「図書」という特定の資料形態（確かにすばらしい人類の発明品ではあるが）や「図書館」という物理的施設を中心に据えるのではなく、本来の図書館や図書館情報学が、収集し、組織化し、蓄積・保存の対象と考えていた情報・知識、そしてその具現化としての文化情報資源に、活動と考察の対象を移さなければならない。

3　文化情報資源政策の形成に向けて

(1)　三つの局面での改革

日本の図書館界の停滞を打ち破るためには、現場の図書館経営、図書館情報学理論、図書館政策という三つの異なる局面で、同じ方向を向いた同時並行的な改革が必要である。その前提となるのが、「図書館」という枠組みそのものの変更だと私は考えている。

非常勤職員化と業務委託が進み、正職員の減員やめまぐるしい人事異動が進む各地の図書館で、新しい社会環境・情報環境に合わせた業務改革や新サービスの開発が可能だろうか。何よりも問題は、改革の中心となり、リーダーシップをとらなければならない館長に、ほとんど人を得ていないことがある。そうであるならば、そうした改革ができる人材を図書館界の外に求めるしかないだろう。また、図書館の経営資源に限界がある、あるいは削減されつつあるというなら、図書館以外の公共施設や民間関連機関との連携、さらに一歩進めて統合化を考えてみればいい。たとえその結果できたものが、もはや図書館と呼べないものであっても、である。

図書館情報学も、そろそろ「図書館」の衣を脱ぎ捨てるときが来ているように思う。そうした場面は、これが初めてではない。「図書」を対象とする図書館学に対して、論文・文書単位の文献を対象とするドキュメンテーション論が登場したとき、その最初の危機があった。しかしその時は、情報検索やデータベース構築など「情報」の要素を取り込むことで、図書館学は図書館情報学に脱皮することができた。今や情報検索をするのに、ＯＰＡＣを最初に検索する人はいないだろう。グーグルや各種デジタル化されたアーカイブがある中で、図書館の中でだけ扱える知識や情報を対象とすることに、どれほどの意味があるだろうか。むしろ、図書館の枠を外すことで、これまで図書館情報学が培ってきた書誌コントロールの技術や理論が、アーカイブ学や情報工学など他分野の理論と融合することになり、さらに発展する機会が与えられている。

図書館政策の停滞も目立っている。しかしそれは実は図書館だけのことではなく、博物館や公共ホール、劇場などの文化施設・社会教育施設にも程度の差はあれ言えるように思われる。おそらくその重大な理由のひとつは、先ず設置することが急務だった時代が終わったとき、国においても地方自治体においても、図書館や博物館を単独で振興する目的で政策形成をするだけのインセンティブが関係者の間で生じなかったからではないだろうか。文教政策はもちろん、産業政策、福祉政策、地域振興策など、より大きな政策的文脈の中で、新たな図書館的機能の意味と位置付けをする必要があったのだ。そして、そのための新たな枠組、それが文化情報資源政策論である。

(2)　文化情報資源政策論の定立

紙の本のことを考えてみると、そこに書かれているテクストは、かつての粘土板や竹簡、羊皮紙など様々な物理的媒体を経て、現在ではデジタルデータとしての電子本で読むことができる。デジタル化は、図書館資料、博物館資料、文書館資料、各種アーカイブ資料として別々に扱われてきた資料形態の違い、「資料の壁」を乗り越えてしまった。

同じ本が、値段のついている商品として市場で流通し、書店で売られている一方、図書館が購入して蔵書にすれば、図書館資料として無料で利用者に貸し出される別のモノとされてしまう。しかし、図書館が出版社と契約して電子本を導入しても、それは図書館の蔵書にはならない。契約が打ち切られればなくなってしまう「サービス」としての性質を帯び、しかもそうした電子本の公共的利用は、図書館だけでなく、博物館など他の文化施設はもちろん、病院や福祉施設などの公共施設でも契約さえ結べば可能である。そこには「施設の壁」はなくなっている。

文字・画像・音声等のデジタル化されたデータ・情報を統合的に扱うという観点、あるいは地域固有の文化的・社会的活動の中で生み出された成果を文化資源化する役割、さらに、各種文化資源を使って地域コミュニティ再生や教育、産業等の振興に役立てるという観点に立てば、取り扱う資料や所属する施設の違いによる専門性によって司書、学芸員、アーキビストなどに分けられていた「人の壁」を超えて、（デジタル）文化資源を横断的に扱うことができる新しい人材が求められている(9)。

こうした「資料」「施設」「人」の壁に加えて、それが前提とする「制度の壁」、そしてそれらの違いに基づいて展開される図書館政策や博物館政策、あるいはより大きな文化政策、情報通信政策、教育政策、産業政策などの縦割化された「政策の壁」、これら「五つの壁」を突き崩す概念として、文化情報資源とそれを活用するための政策論を提示したい。

商用・非商用を問わず、社会的に利用可能な書籍、絵画、写真、工芸品、映画、放送番組、芸能、建築、デザイン、工業製品など、（文化活動、文化遺産、文化財等も包摂する）様々な文化資源について、その情報資源としての側面に着目して、デジタル情報を包摂した概念として「文化情報資源」を考えたい(10)。それは、公的機関、企業、NPO、個人等によって生み出され、あらゆる社会活動において、すべての人・機関によって利用可能な知的基盤を形成する社会共通資本としての性格を有する。文化情報資源をどれだけ有効利用できるかの違いが、国のソフトパワーと社会の豊かさを左右するのである。

そして、文化情報資源を発掘、組織化、保存、活用するための実践的経営論・政策論が「文化情報資源政策論」である。そこでは広義の政策論として、以下の七つの研究対象分野が設定できるだろう(11)。

①資源管理論

・文化情報資源の範囲とカテゴリー化：知識を作り出す基盤であり、生成可能で多様な活用が可能な「情報資源」と捉える。
・情報・知識の資源化（発掘）のための方法論：資源化の対象は媒体上の情報・知識に加えて、モノ、ヒト、組織も含まれる。一般的に生産・流通している既存の資源と、これから発見・発掘・組織化が必要な資源の二種類がある。
・学術世界と一般社会生活における文化情報資源の共通性と相違点、価値評価・選択の基準
・資源化の主体（個人、企業、団体、公的機関など）の役割、情報文化施設の意義
・資源の保管と展示（提示）の方法・技術
・資源の運営管理：費用対効果、知的財産権、運営体制などのあり方

②情報組織化論

・文化情報資源の組織化（編集・編成）とその目的
・組織化の対象となるテクスト・コンテクスト論、メディア論
・メタデータのあり方と技術論
・知識工学（オントロジーなど）、認知心理学等の応用による体系化の可能性
・情報アクセスの意味：一般公開とメンバー性、公共性と公開性の関係
・パッケージ型資源とネットワーク型資源の区別：静態的・自己完結的テクストから動態的・開放的テク

ストへの移行の課題

③ **情報システム論**

・文化情報資源の「コンテント」としての意味：ディヴァイス、キャリアー等ハードウェア情報基盤、ソフトウェア及びヒューマンウェアとの関係
・文化情報資源を対象とする、社会経済制度の側面も含めた情報システム構築の目的
・異なる種類の文化情報システムのネットワーク化による情報・知識の融合
・情報システム標準化の役割
・システム開発のあり方：システムの個別化と普遍化、知識ベース構築の自動化、編集工学の適用、インターフェイス・操作性、研究開発体制など

④ **知的サービス論**

・案内、助言、教育、相談、広報などの知的サービスを通じて提供される文化情報資源の特徴
・対象サービスの範囲とカテゴリー化、成立要件
・文化情報資源活用に関わるサービス提供者とサービス享受者の知識・コミュニケーション能力のあり方
・知的サービスが成立するための「場」の分析
・知的サービス成立のための社会・経済的要因と行動心理的要因
・文化情報資源活用の知識・スキルを身につける情報リテラシーの育成方法

⑤ **資源保存論**

・保存するものと保存しないものの選択：保存の社会学・経済学
・保存体制のネットワーク

・ダークアーカイブの役割
・原形保存の程度と媒体変換、コンテンツ保存の選択基準
・保管場所のあり方
・保存技術の研究開発・普及
・公共デジタルアーカイブの構築と編集・加工による活用方法

⑥ **産業政策論**

・文化情報資源の生産・発掘、組織化、利用、保存、再生産のサイクルを保障するビジネスモデルの構築
・公的基盤整備と民間商用利用の連携・棲み分け
・文化情報資源の観点からみた産業構造スキームの見直し
・文化情報資源関連産業のカテゴリー化と振興策のあり方
・開発・提供を担う人材の育成と評価
・文化情報資源の経済学
・知的財産としての文化情報資源活用の法的諸問題

⑦ **政策論（狭義）**

・①国家戦略として、②コミュニティ活性化のため、③個人・家庭生活の充実、の三つの局面での考察が必要
・当面の政策重要分野として、①専門職、資格制度等によって維持すべき人材の知識・スキルの明確化、②地域の文化情報資源活用拠点の確保と運営方法、③国レベルでのデジタルアーカイブセンターの構築とその本来的機能の解明、④それらを可能にする法規・制度保障のあり方、などが挙げられる。

・総合政策的アプローチ（課題解決型）の必要性
・経済・産業政策、教育政策等政策各分野における文化情報資源政策のビルトイン
・政策主体に関わるアクタントの分析（公的機関、企業、NPO等の役割）
・社会共通資本としての「公共的」知識基盤形成における役割

このように、理論化の対象は多岐にわたり、現実の政策への反映を考えると、様々な分野の専門実務家、研究者、行政担当者等の協働作業が文化情報資源政策論の確立と施策化には不可欠である。そのため、志を同じくする方々と協力して自ら「文化情報資源政策研究会」(12)を二〇一二年に立ち上げた。もとより、それだけで文化情報資源政策論が定立できるものでもないが、図書館情報学、博物館学、文化政策学、文化経済学などの研究各分野と、文化施設や文化関連産業の現場における文化情報資源あるいはそれに関わる政策への関心の高まりは明らかなように思われる。文化芸術立国(13)の中で、文化情報資源とそれに関わる政策が占める役割は、今後ますます大きくなっていくだろう。

おわりに

本章では、図書館資源から文化情報資源へ、図書館情報学から文化情報資源政策論への展開を論じてきた。しかし、だからと言って、図書館や図書館情報学の役割が終わった、あるいは価値が減じているというつもりはない。むしろ、文化情報資源という大きな文脈の中に改めてそれらを位置付けることによって、その価値を再生し、高めることができると考えている。

これからの日本の成熟社会の形成にとって、憶測や不確かな情報に基づいて行動するのではなく、官民を横断・包摂した公共的知識基盤の上に立って、社会活動や個人生活を営んでいくことが必要であり、文化情報資源政策はその中核的役割を担うことが期待されるのである。

注

（1）根本彰「貸出サービス論批判――一九七〇年以降の公立図書館をどう評価するか」『図書館界』五六（三）、二〇〇四年九月、一六一―一六八頁。

（2）例えば、『日本図書館情報学会誌』に二〇一一年～二〇一三年の三年間で掲載された論文・研究ノート二五本のうち、私見では七本が図書館などの歴史的研究であった。新しい知見や分野を開拓するよりも、過去を振り返ることに関心があるような印象をぬぐえないのである。

（3）http://www.jslis.jp/liper/report06/report.htm (last access 2014/11/2)

（4）ウィリアム・F・バーゾール『電子図書館の神話』根本彰ほか訳、勁草書房、一九九六年、などがその代表的著作。

（5）礒井純充「新時代におけるマイクロ・ライブラリー考察」『カレントアウェアネス』三一九号、二〇一四年三月を参照。http://current.ndl.go.jp/ca1812

（6）生貝直人「オープンデータと図書館――最新の海外事例と動向」『びぶろす』六五号、二〇一四年七月を参照。http://www.ndl.go.jp/jp/publication/biblos/2014/7/01.html

（7）「米国では九割以上の公共図書館が電子書籍を提供――米国の公共図書館の電子書籍の利用状況調査の二〇一四年版が刊行」『カレントアウェアネス　ポータル』二〇一四年一〇月三一日。http://current.ndl.go.jp/node/27353

（8）電子出版制作・流通協議会「『電子書籍に関する公立図書館での検討状況のアンケート』実施の件」二頁、二〇一三年八月二日。

http://aebs.or.jp/pdf/20130802_%20PublicLibrary_release.pdf（最終アクセス 2014/11/16）

（9）そうした新しい専門家のひとつとして、福島幸宏と佐々木秀彦は「文化情報コーディネーター」を提案している。福島幸宏「地域拠点の形成と意義——デジタル文化資源の『資源』はどう調達されるのか?」、佐々木秀彦「新しい担い手の創出——『文化情報コーディネーター』の養成」『デジタル文化資源の活用——地域の記憶とアーカイブ』ＮＰＯ知的資源イニシアティブ編、勉誠出版、二〇一一年などを参照。

（10）絵画なら美術品としての芸術的価値、茶碗はそれでお茶を飲むという実用的価値、写真には記録的価値、デザインの商品価値など、文化資源には様々な価値の側面があるが、それらが持つ「情報・知識としての価値」に注目したのが文化情報資源である。絵画であれば、それに関する画家や技法、テーマ、流通の歴史、評価など、ひとつの作品に膨大な情報が含まれる。それらの情報・知識を抽出・編集・蓄積・活用できるようにするのが「資源化」の意味である。

（11）文化情報資源政策研究会第一回シンポジウム（二〇一三年三月三〇日開催）で発表した内容を修正した。

（12）http://bunkasigen.wordpress.com/about/

（13）二〇二〇年の東京オリンピック・パラリンピック開催を目途に、「文化芸術立国中期プラン」が発表されている。

http://www.bunka.go.jp/ima/press_release/pdf/geijutsu_plan_140328.pdf（最終アクセス 2014/11/16）

あとがき

本書は、図書館及びその経営について私がこの三〇年来書いてきた論考一三本と、現在取り組んでいる文化情報資源政策論に関わる書きおろし一本をまとめたものである。それらは学術的探究というよりも、一九七九年の国立国会図書館奉職以来、三年余の千代田区出向時代を含め、様々な実務経験から得た知見と、自分が主体的に関わった、あるいは主宰してきた様々な勉強会・研究会で得た知見に基づいて書いたものである。そして、文章化にあたって気をつけてきたのは、経験そのままを記述するのではなく、それらをなるべく整理・理論化し、その後の実務や図書館界での論議に少しでも役立つものにしたいということであった。

今回、このような形で過去の文章をまとめるにあたって自分の書いたものを読み返してみると、そこで取り上げている図書館経営や文化情報資源に関わる課題が古びていないこと、あるいはまだ本格的に議論さえされていないことにいまさらながら驚く。いかに日本の図書館界や文化情報資源をめぐる状況が変わっていないか、あるいは、公共図書館における安上がりを主目的にした業務委託の拡大や、映画フィルム・レコード盤・脚本・マンガ・ゲーム・地域資料その他大量の貴重な資料の散逸や物理的劣化が進んでいることなどを考えれば、むしろ状況が悪化していることにため息をついてしまいたくならないでもない。

しかし、その一方で、このような状況を何とかしようとする志ある方々の努力が、文化情報資源やアーカイブに関わる各分野で続いていたことも確かである。そして、特にこの数年、それらの活動がひとつの社会的な動きになりつつあることを実感している。第14章で提示した文化情報資源政策論は、まだそのアウトラインにとどまるが、文化情報資源やアーカイブの整備を通じた日本の公共的知識基盤形成に向けて、こうした潮流を理論的に支えるものにこれから発展させていきたいと考えている。

その意味で、本書はこれまでの執筆活動のまとめというよりも、過去の蓄積を活用して、新たな出発点に立つものである。それこそがアーカイブの精神かもしれない。

私が図書館学、特にその経営論的側面に関心を持つようになった大きなきっかけは、国会図書館入館二年後に配属された閲覧部図書課で出会った丸山泰通主査と、その紹介で知己を得た丸山昭二郎司書監に触発されたことが大きい。もともと図書館学とは関係のない分析哲学系の勉強をしてきた私にとって、両丸山氏は図書館学の先生であり、その学恩に改めて感謝したい。さらに、お二人にけしかけられて図書課の有志を中心に作った館内の自主的業務勉強会「ロトス（LOTOS）」の運営を実質的に担う経験をしたことは、その後自ら勉強会・研究会を立ち上げ、運営に携わっていくことの原点となっている。

当時たまたま図書課の同僚となり、ロトス立ち上げにも加わった小泉徹氏（現聖心女子大学教授）は、今回収録したうちの三論文の共著者でもあるが、それ以上に日々の会話・議論を通じて、極めて多くのことを学んだ。彼がいなければ、これだけ継続的に書き続けることはなかったかもしれない。本書への共著論文収録に快く応じていただいたことを含めて、大変感謝している。

序文を書いていただいた慶應義塾大学の田村俊作教授には、二〇年来のお付き合いの中で、実務・理論の両面で折にふれて何か疑問を感じたり迷ったりしたときに、先生のご意見を伺うことで自分の考えを修正・補強することが何度もあった。これまでのご助言に感謝するとともに、これからも引き続き率直なご意見を賜れれば幸いである。

ロトス以降、様々な外部の研究会に参加し、近年は自分で率先して新しい場を作ることも増えているが、そこで知り合った何十人・何百人の専門家・実務者・研究者の方々から、多くのことを学び、執筆内容にもそれらの知見を反映させてきた。個々にお名前をあげきれないが、感謝の意を表したい。

本書をまとめようと思ったきっかけは、国会図書館の若い同僚である小林昌樹さんから、これからの人たちがリファーできるように書いたものをまとめておくべきだと再三助言をもらったことによる。当初は気乗りしなかったが、このようにまとめてみると、改めて自分が考えてきた道筋を考えるいい機会となった。

最後に、収録対象には古い文章が多く、データも残っていない中、編集の労をとっていただいた勁草書房の藤尾やしおさんにお礼を申し上げたい。

二〇一五年一月

柳　与志夫

索　引

アルファベット

ア行

カ行

サ行

タ行

ナ行

ハ行

マ行

ヤ行

ラ行

ワ行

資料　主要著作リスト

（2014 年 12 月 31 日現在）

〈著書〉

（単著）

・『図書館経営論』学文社、2007. 4.
・『知識の経営と図書館』勁草書房、2009. 2.
・『千代田図書館とは何か　新しい公共空間の形成』ポット出版、2010. 3.
・『図書館制度・経営論』学文社、2013. 9.

（分担執筆）

・「Ⅱ. 3 日本十進分類法（NDC）1 ～ 4、6.1」『図書分類の記号変換』丸山昭二郎・丸山泰通編、丸善、1984. 10.
・「5.3　図書館のマーケティング」『図書館・情報センターの経営』高山正也編、勁草書房、1994. 1.
・「第 6 章　公共図書館経営の諸問題」『図書館の活動と経営』大串夏身編、青弓社、2008. 9.
・「第Ⅱ部第 7 章 2　図書館のマネジメント：現状と課題」『アーツ・マネジメント概論　三訂版』小林真理ほか編、水曜社、2009. 4
・「デジタル文化資源構築の意義」『デジタル文化資源の活用　地域の記憶とアーカイブ』NPO 知的資源イニシアティブ編、勉誠出版、2011. 7.

〈論文、研究ノート等〉

（学会査読誌）

・「図書館におけるマーケティングとパブリック・リレーションズの適用Ⅰ・Ⅱ：その理論的枠組と図書館経営上の意義」『図書館学会年報』37(4), 38(1)、1991.12, 1992.3.
・「図書館情報学の発展における全国的研究開発助成機関の役割：BLRDD と CLR に見る」『図書館学会年報』42(1)、1996. 3.
・「利用者教育における概念的枠組の再構築：公共図書館における利用者ガイ

ダンスへの展開」（共著）『図書館学会年報』42(3)、1996. 9.
・「図書館マーケティング適用の可能性：国立国会図書館における『対図書館サービス』の事例分析」『図書館学会年報』42(4)、1996. 12.
・「図書館財務：その理論的枠組と今後の課題」『日本図書館情報学会誌』47(2)、2001. 11.
・「わが国における文化・知的情報資源政策形成に向けての基礎的考察」（共著）『文化経済学』3(4)、2003. 9.
・「電子書籍の文化経済学：日本の現状と課題」（共著）『文化経済学』9(1)、2012.3.

（一般誌）

・「リクエストを支える図書館協力：NDLにおける貸出の現状と課題」（共著）『現代の図書館』20(3/4)、1982. 12.
・「国立国会図書館と相互協力：現在と未来」（共著）『現代の図書館』21(2)、1983. 6.
・「有料？無料？：図書館の将来と費用負担」（共著）『現代の図書館』21(4)、1983. 12.
・「図書館の自由：その根拠を求めて」（共著）『現代の図書館』23(2)、1985. 6.
・「図書館・情報学の研究開発助成機関について：米国の事例を中心に」『びぶろす』 36(7)、1985. 7.
・「図書館情報学と非標準論理：自然言語処理をめぐって」『科学技術文献サービス』 79、1987. 1.
・「公共図書館の経営形態：その課題と選択の可能性」（共著）『図書館研究シリーズ』27、1987. 7.
・「都市経営の思想と図書館経営の革新」『現代の図書館』26(1)、1988. 3.
・「国の図書館行政：新しい社会システムをめざして」（共著）『論集・図書館学研究の歩み　第8集：日本における図書館行政とその施策』1988. 9.
・「分担・アクセス・ネットワーク：NDL白書の試み」（分担執筆）『図書館研究シリーズ』28、1989. 3.
・「図書館ネットワークとは何か」『とりつたま』6、1990. 9.
・「ネットワークの意味するもの：その社会思想的背景と将来」『びぶろす』44(3)、1993. 3.
・「結果の評価とプロセスの評価」『情報の科学と技術』44(6)、1994. 6.
・「図書館ＰＲの意義と実践：国立国会図書館を事例として」『論集・図書館学

研究の歩み第13集：図書館経営論の視座』（分担執筆及び責任編集）1994. 7

・「仕組まれた革新：図書館情報学の研究動向と国立図書館の変化」『国立国会図書館月報』410、1995. 5.

・「知の変化と図書館情報学の課題」『びぶろす』46(6)、1995.6.

・「公共図書館の可能性：図書館行政の「発見」は自治体行政変革の足掛かり」『地方自治職員研修』42(3)、2009. 3.

・「社会教育施設への指定管理者制度導入に関わる問題点と今後の課題：図書館および博物館を事例として」『レファレンス』733、2012. 2.

・「我が国の電子書籍流通における出版界の動向と政府の役割：現状と今後の課題」『レファレンス』738、2012. 7.

著者略歴

1954年　大阪府生まれ
1979年　慶應義塾大学卒業。同年国立国会図書館入館。
2004年9月から2008年3月まで千代田区へ出向，教育委員会事務局図書文化財課長兼千代田図書館長，国立国会図書館資料提供部電子資料課長等を経て
現　在　国立国会図書館電子情報部司書監
専　攻　図書館経営論，文化情報資源政策論
主　著　『図書館経営論』（学文社，2007），『図書館の活動と経営』（共著，青弓社，2008），『知識の経営と図書館』（勁草書房，2009），『千代田図書館とは何か——新しい公共空間の形成』（ポット出版，2010），『図書館制度・経営論』（学文社，2013）ほか

文化情報資源と図書館経営
新たな政策論をめざして

2015年２月25日　第１版第１刷発行

著　者　柳《やなぎ》　与《よ》志《し》夫《お》

発行者　井　村　寿　人

発行所　株式会社　勁《けい》　草《そう》　書　房

112-0005　東京都文京区水道2-1-1　振替　00150-2-175253
（編集）電話　03-3815-5277／FAX　03-3814-6968
（営業）電話　03-3814-6861／FAX　03-3814-6854
平文社・松岳社

ISBN978-4-326-00039-5　Printed in Japan